जैनेन्द्र कुमार
की
लोकप्रिय कहानियाँ

जैनेन्द्र कुमार
की
लोकप्रिय कहानियाँ

संचयन

प्रदीप कुमार

प्रभात
पेपरबैक्स
www.prabhatbooks.com

प्रकाशक
प्रभात पेपरबैक्स
प्रभात प्रकाशन प्रा. लि. का उपक्रम
4/19 आसफ अली रोड, नई दिल्ली–110002
फोन : 23289777 • हेल्पलाइन नं. : 7827007777
इ–मेल : prabhatbooks@gmail.com ❖ वेब ठिकाना : www.prabhatbooks.com

संस्करण
प्रथम, 2021

मूल्य
दो सौ पचास रुपए

मुद्रक
आर–टेक ऑफसेट प्रिंटर्स, दिल्ली

JAINENDRA KUMAR KI LOKPRIYA KAHANIYAN

Published by **PRABHAT PAPERBACKS**
An imprint of Prabhat Prakashan Pvt. Ltd.
4/19 Asaf Ali Road, New Delhi-110002

ISBN 978-93-5521-001-2

₹ 250.00

भूमिका

प्रेमचंद के जीवनकाल में हिंदी में जो लेखकों की नई पीढ़ी उभरकर सामने आ रही थी, उनमें जैनेन्द्र कुमार, बच्चन, रामकुमार वर्मा, महादेवी वर्मा, अज्ञेय, विष्णु प्रभाकर, प्रभाकर माचवे, भँवरमल सिंघी, जनार्दन प्रसाद झा 'द्विज', सुदर्शन आदि की एक लंबी सूची दी जा सकती है। प्रेमचंद अपने लेखन-कर्म से बहुत बड़े लेखक थे, पर वे अपने समय की नई पीढ़ी को अपने साथ-साथ लेकर चलने और उन्हें प्रतिष्ठित करने के कारण भी बड़े लेखक थे। प्रेमचंद ने 'मर्यादा', 'माधुरी', 'हंस' तथा 'जागरण' आदि पत्रिकाओं का संपादन किया तो नए-नए उभरते हुए लेखकों को खूब प्रकाशित किया और उनके साथ सहयात्री जैसा व्यवहार किया। इन सभी में जैनेन्द्र कुमार से उनके लगभग दस वर्ष के संबंधों की जानकारी मिलती है। इन संबंधों में प्रेमचंद जैनेन्द्र के निमंत्रण पर दिल्ली जाते हैं और होली भी खेलते हैं; प्रगतिशील लेखक संघ के अधिवेशन में उनके साथ जाते हैं और उनके देहांत के समय उनके पास ही रहते हैं; रात को हुए संवाद को अपने संस्मरण में लिखते हैं और 'हंस' के कुछ अंकों का भी संपादन करते हैं। इन दोनों के ऐसे घनिष्ठ संबंधों के होते हुए भी जैनेन्द्र ने प्रेमचंद का अनुकरण नहीं किया, अपनी रचनात्मकता से एक नई धारा की सर्जना की और प्रेमचंद ने उसका स्वागत भी किया। प्रेमचंद ने उन्हें 'भारत का गोर्की' कहा और मैथिलीशरण गुप्त ने उन्हें रवींद्रनाथ टैगोर तथा शरत के साथ रखा। प्रेमचंद के सम्मुख जैनेन्द्र नई पीढ़ी के लेखक थे और स्वाभाविक था कि उनके निकट होकर भी वे अपना रास्ता अलग बनाकर अपने को स्थापित कर सके। यह प्रेमचंद के साहित्यिक मॉडल के विपरीत एक नए रचनात्मक चिंतन का प्रतिफल था कि जैनेन्द्र ने प्रेमचंद की कथा एवं पात्रसृष्टि तथा उनकी सोद्देश्यता के साथ न चलकर कथा-किस्सागोई की उपेक्षा, पात्रों की सीमित संख्या, पात्रों की समाजोन्मुखता के स्थान पर उनकी निजता तथा समाज की समस्या के स्थान पर विचार को केंद्र में रखकर अपना एक नया सृजन-संसार बनाया और वे साहित्य में मनोवैज्ञानिक धारा के प्रवर्तक के रूप में स्वीकृत हुए। जैनेन्द्र के व्यक्तित्व

और उनके कृतित्व में विचार प्रमुख है, बल्कि यह उनका और आलोचकों का मानना है कि उनके उपन्यास तथा कहानियाँ विचार से ही उत्पन्न होती हैं और कोई-न-कोई विचार ही रचना के उत्स का कारण होता है। इस संबंध में जैनेन्द्र ने अपने जीवन के संदर्भों को दूर रखने की बड़ी कोशिश की, लेकिन मुझसे बातचीत में उन्होंने माना कि 'परख' की कट्टो से उनकी मुलाकात माँ द्वारा संचालित बाल विधवा आश्रम में हुई थी और मैं उससे शादी करना चाहता था, पर माँ ने मामा भगवानदीन से इसकी शिकायत की और उस लड़की को विधवाश्रम से निकाल दिया। मैं उस महिला से मिला और उससे लिया इंटरव्यू 'मैं जब 'परख' की कट्टो से मिला' शीर्षक से प्रकाशित कराया और जैनेन्द्र को दिखाया। उन्होंने कहा कि इसमें परख मेरी ही है कि मैं असफल हो गया। 'त्यागपत्र' मृणाल पर मैंने जब उनसे बात की तो वे बोले कि हाथरस में एक स्त्री थी, जिससे मेरे मधुर संबंध थे, पर मेरे आग्रह पर वे इसके स्वरूप को उद्‌घाटित नहीं करना चाहते थे। उनके उपन्यास 'कल्याणी' की नायिका डॉ. असरानी की तलाश डॉ. रमानाथ त्रिपाठी ने की और उस पर लेख भी लिखा, जो जैनेन्द्र ने देखा भी, लेकिन ऐसे लेखों को उन्होंने कभी अस्वीकार नहीं किया। अत: जैनेन्द्र के कथा-साहित्य की रचना में विचार ही प्रेरक नहीं है, जीवन के निजी अनुभव भी हैं और जीवन की गहन और घनीभूत संवेदनाओं के बिना 'त्यागपत्र' की मृणाल का जन्म नहीं हो सकता था। जैनेन्द्र में विचार और दर्शन का जो व्यापक चिंतन था, तथा वे बार-बार अपने विचार-सूत्रों से रचना के जन्म का आख्यान करते रहे, उसने उनके जीवन और साहित्य के निजी संबंधों की परतों को खोलने का अवसर ही नहीं दिया।

जैनेन्द्र की प्रतिभा का इससे अंदाज हो सकता है कि उन्होंने कुछ कहानियाँ किसी से एक वाक्य सुनकर उस पर पूरी कहानी ही लिख दी और इस तरह सुनते ही उनकी सृजन-प्रक्रिया तुरंत गतिशील हो जाती थी। ऐसी लेखन प्रतिभा का कोई दूसरा उदाहरण नहीं मिलता।

जैनेन्द्र की कहानियों का संसार बड़ा है और उनकी लगभग सौ से अधिक कहानियों के पात्रों की संख्या उनके कुल उपन्यासों के पात्रों से अधिक है, उनमें एक रूपात्मकता नहीं है। मुझे कहानीकार जैनेन्द्र उपन्यासकार जैनेन्द्र से बड़े लगते हैं, क्योंकि उनकी संवेदना में वैविध्य है और पात्रों की दुनिया बड़ी है, यद्यपि अपनी कहानियों में भी जैनेन्द्र का उपन्यासकार तथा विचारक अनुपस्थित नहीं रहता। एक लेखक की रचनात्मकता विभिन्न विधाओं में बँटकर भी समग्रता में एक रूपात्मक तथा संश्लिष्ट होती है और वह एक नदी की विभिन्न धाराओं के रूप में बँटी होती है। जैनेन्द्र की कहानियों का संसार उनकी पहली कहानी 'खेल' से शुरू होता है और यह किसी नौसिखिए लेखक की कहानी प्रतीत नहीं होती। यह लेखक ने 22 वर्ष की आयु में लिखी थी। जैनेन्द्र अपने

जीवन में गांधी के आत्मीय और विचारनिष्ठ रहे हैं, गांधी पर 'अकालपुरुष गांधी' पुस्तक भी लिखते हैं, लेकिन उनके कथा साहित्य में गांधी गायब हैं। प्रेमचंद समय-सापेक्ष हैं, जैनेन्द्र निरपेक्ष, और यह आद्योपांत दिखाई देता है। जैनेन्द्र में वात्सल्य भाव है, जो 'खेल' कहानी से ही प्रकट होता है। कहानी में गंगा किनारे रेत से भाड़ बनाने तथा तोड़ने का बच्चों का खेल दिखाते हैं। सुरबाला भाड़ बनाती है तो कुटी-परिवार की कल्पना करती है, पर मनोहर उसे लात मारकर तोड़ देता है तो वह रूठ जाती है, लेकिन जब मनोहर भाड़ बनाता है तो वह भी उसे तोड़कर पुरुष सत्ता को चुनौती देती है। सुरबाला का यह विद्रोही स्त्री-भाव तथा भाड़ के विध्वंस से अपने मान-मर्दन का मनोहर को उत्तर देने की शक्ति इसके बाद की रचनाओं में फिर दिखाई नहीं देती; वह आत्मपीड़ा एवं भाड़ की रक्षा में बदल जाती है। जैनेन्द्र सुरबाला जैसा स्त्री पात्र फिर पैदा नहीं कर पाए।

जैनेन्द्र की कुछ अन्य कहानियों के रचना-संसार से उनके इस वैशिष्ट्य को देखा-समझा जा सकता है। उनकी कहानी 'फोटोग्राफी' को कुछ आलोचक उनकी पहली कहानी मानते हैं और 'खेल' कहानी को देखते हुए यह लगता भी है। 'खेल' की तुलना में यह कमजोर कहानी है और किसी नौसिखिए लेखक की लगती है। इसका नायक रामेश्वर 23 साल का है और उसमें लेखक के उस काल के जीवन की छाया दिखाई देती है। रामेश्वर निकम्मा है, माँ से चालीस रुपए अनुनय-विनय या लड़-झगड़कर लेता है और कैमरा लटकाते ऐरे-गैरों में घुमाता रहता है। वह अलीगढ़ से दिल्ली की ट्रेन में बैठता है तो डिब्बे में एक माँ तथा उसके मचलते बेटे को देखता है, उसका फोटो खींचने का नाटक करता है। वह दोनों को लाहौर की ट्रेन में बैठाकर घर आता है और राजनीतिक नेता व समालोचक बन जाता है, लाहौर में भाषण देने पहुँचता है, वही रेल वाली औरत उससे मिलती है, अपना फोटो खिंचवाती है, बेटे श्याम का फोटो देती है और जहर खाकर मर जाती है। रामेश्वर दोनों के फोटो अपने कमरे में लगाता है और लेखकी एवं लीडरी को छोड़कर फोटोग्राफर बन जाता है। इसमें लेखक के जीवन की आरंभिक नेतागीरी है और बालक के प्रति आकर्षण है। उनकी 'चोरी' कहानी बाल मनोविज्ञान की कहानी है। प्रद्युम्न आठ वर्ष का है और उसके मन में बैठ गया है कि चोर राक्षस होता है, पर जब वह देखता है कि चोर आदमी ही होता है तो वह सामान्य हो जाता है। बस यही कहानी है। लेखक बाल मनोविज्ञान का चित्रण करता है। कहानी 'अपना-अपना भाग्य' में एक नई कथावस्तु है। नैनीताल की कथा है, अंग्रेज है और गरीब पहाड़ी है और एक पहाड़ी बालक गरीबी और ठंड से मर जाता है, लेखक इसे अपना-अपना भाग्य कहता है, लेकिन वह अंग्रेजियत और भारतीयता की तुलना भी करता है, इससे भारतीयता के स्वरूप का उद्घाटन होता है। जैनेन्द्र 'भारतीयता' शब्द का प्रयोग करते हैं और प्रेमचंद 'भारत माता की जय' का, दोनों ही भारत-भाव

के प्रति निष्ठावान हैं। 'अंधे का भेद' कहानी में अंधा सूरदास है, एक स्त्री है, एक बालक और नेरेटर, पर कहानी रहस्यमय है। 'साधु का हठ' कहानी में साधु दारोगा का हृदय परिवर्तित कर देता है। 'चलित चित्त' भी कुछ अनोखी कहानी है। अंग्रेज की अँगूठी स्टेशन के वेटिंग रूम में छूट जाती है तो लेखक पूरी कहानी ही बना देता है। कथानायक के चित्त की चंचलता ही कहानी बना देती है। 'रुकिया बुढ़िया' में रुक्मिणी रुकिया बुढ़िया बनकर फूलवाली बन जाती है। इसमें भी बच्चे हैं, जो उसे 'नानो' बुलाते हैं। लेखक का 'खेल' कहानी का दर्शन इसमें भी प्रकट होता है। लेखक लिखता है, "परिवर्तन में से ही हम सत्य देखेंगे। सत्य परिवर्तनीय न हो, हम परिमित हैं। हम यही जानते हैं—जो जैसा है, वैसा न था और वैसा न रह पाएगा और हमें इसी भाँति जानना चाहिए। 'जाह्नवी' कहानी एक प्रेम में वियोगिनी जाह्नवी की कहानी है, जिसे कथावाचक कहानी में छत पर कौओं को बुला-बुलाकर रोटी खिलाने तथा कपड़े सुखाने वाली लड़की के रूप में कल्पना करता है। कहानी में जाह्नवी की प्रेम की पीड़ा और फिर से मिलन की आशा में यह लोकगीत गाती है—'दो नैना मत खाइयो/मत खाइयो/पीउ मिलन की आस।' कहानी का चमत्कार है कि छत वाली लड़की जाह्नवी नहीं है, फिर भी उसकी व्यथा-वेदना छाई रहती है। 'एक रात' कहानी में जयराज है, कांग्रेस का नेता है, अविवाहित है, पाँच साल जेल में रहा और सगाई तोड़ दी, राष्ट्र के प्रति समर्पित और निजत्वविहीन है। वह हरीपुर में कांग्रेस की सभा में अनिच्छा से जाता है और अंत में रात को स्टेशन पर भरी बरसात में अकेले लौटता है, उसे रास्ते में सुदर्शना मिलती है, जो सभा में उसके चरणों में माला अर्पित कर चुकी है और पति को पतिव्रता न होने की बताकर घर छोड़कर जयराज से मिल जाती है, स्टेशन पर सारी रात जयराज की गोद में निर्वस्त्र लेटी रहती है। इससे जयराज की स्त्री के स्निग्ध स्पर्श से कुंठा खत्म होती है, उसके स्नेह से जीवन-रस मिल जाता है, सुदर्शना भी संपूर्णता का अनुभव करती है और अगले वर्ष माँ बनने की कहकर जयराज को छोड़कर चली जाती है। 'सुनीता' में सुनीता हरिप्रसन्न के सम्मुख निर्वस्त्र होकर उसकी कुंठा का हरण करती है, पर 'एक रात' कहानी में जयराज और सुदर्शना दोनों ही अपनी-अपनी कुंठाओं से मुक्त होते हैं। सुदर्शना स्वयं प्रणय के लिए जयराज के पास आती है और जयराज उसके स्नेह को पाकर अहंकार से मुक्त होकर जीवन-रस का अनुभव करता है।

जैनेन्द्र की 'जनता में', 'पत्नी', 'तत्सत्', 'पाजेब' तथा 'पढ़ाई' आदि कहानियों में कुछ नए कथा-प्रसंग हैं। 'जनता में' कहानी रेल के तीसरे दर्जे के डिब्बे में यात्रा करने का अनुभव है। इसमें भी एक बालक है, जो दस यात्रियों के आकर्षण का केंद्र है, पर लेखक अंत में लोक-संशय से हिंदू-मुसलमान का प्रश्न उठा देता है। 'पत्नी' कहानी में पत्नी की सेवा, विवशता तथा भारतमाता की स्वतंत्रता के लिए हिंसा या

अहिंसा के रास्ते पर मित्रों में बहस होती है। कालीचरण का मत है कि आतंक विवेक को कुंठित करता है और उसके मित्रों का मत है कि बाघ को मारने के लिए आतंकवाद जरूरी है। लेखक ने दो भिन्न कथाप्रसंगों को जोड़कर कहानी का प्रभाव कम कर दिया है। 'तत्सत्' एक दार्शनिक कहानी है, जो आदमी तथा जंगल के वृक्षों तथा जानवरों के माध्यम से कही गई है। बड़ दादा नायक है और सभी इस निष्कर्ष पर पहुँचते हैं कि वह ही अर्थात् ब्रह्म ही सर्वत्र है। यहाँ 'खेल' कहानी का ही दर्शन है। 'पाजेब' कहानी में फिर बालक है, आठ वर्ष का है और उस पर पाजेब चुराने का अपराध लगाया जाता है। वह बालक है तथा सत्य नहीं कह पाता और अंत में मालूम होता है कि पाजेब बुआ के साथ चली गई थी। 'पढ़ाई' कहानी भी एक बालिका नूनी की है। माँ उसे पढ़ने के लिए दबाती है, गुस्सा करती है, क्योंकि उसे उसकी शादी की चिंता है, पर पिता खेलकूद से ही उसे शिक्षित करना चाहता है। अंत में माँ की जीत होती है और नूनी अब खेलती नहीं, पिता से किताब के मायने पूछती है।

जैनेन्द्र की यहाँ कथा साहित्य की चर्चा हुई है, परंतु वे एक संपूर्ण लेखक हैं, बस उन्होंने कविता नहीं लिखी। जैनेन्द्र ने उपन्यास, कहानी तो लिखी ही, उनकी ख्याति भी कथाकार रूप में ही हुई, लेकिन उन्होंने विचार साहित्य बहुत लिखा—नाटक लिखा, आलोचना, संस्मरण, ललित-निबंध, यात्रा, बाल-साहित्य भी लिखा, अनुवाद एवं संपादन भी किया। इतने विपुल तथा वैविध्यपूर्ण साहित्य के रचयिता होने पर भी जैनेन्द्र को कथा और विचार साहित्य से ही प्रतिष्ठा मिली, लेकिन यह उनकी प्रतिभा का वैशिष्ट्य है कि वे कथा के साथ विचार का तथा अपने जीवन-दर्शन का संगम कर देते हैं। उनके उपन्यासों-कहानियों की कथा उनके दर्शन से समृद्ध होती है और अन्य सहयात्री लेखकों की तुलना में विशिष्ट बनाती हैं। जैनेन्द्र की समाज और व्यक्ति को देखने और समझने की दृष्टि में मानवीय भाव और संबंधों के चित्रण के साथ संबंधों की रूढ़ियों के भंजन में नए रिश्ते बनाने में है। उनके कथा साहित्य में स्त्री की दशा और दिशा की प्रधानता है, इस कारण प्रेम-विवाह, प्रेमी-प्रेमिका, काम, परिवार आदि के कथाप्रसंगों की अधिकता है और यह स्वाभाविक है कि उनकी रचनात्मकता में नैतिकता-अनैतिकता तथा परंपरागत जीवन-मूल्य तथा आधुनिकता का प्रश्न उठे। जैनेन्द्र इन प्रश्नों से जूझते हैं, उनकी प्रश्नात्मकता बनी रहती है। जैनेन्द्र नैतिकता की सामाजिक अवधारणा को नहीं मानते और उसे समय-सापेक्ष मानते हैं। वे लिखते हैं, "नैतिकता अपने आप में कोई स्वतंत्र मूल्य नहीं है। वह नैतिकता बदलती रहती है और देश-काल पर निर्भर करती है।"

जैनेन्द्र के साहित्य का वैशिष्ट्य है, जैसे प्रेमचंद का अपना वैशिष्ट्य है। प्रेमचंद युग निर्माता थे, यद्यपि कुछ लेखकों ने उनकी राह पर चलने की कोशिश की, लेकिन

दूसरा प्रेमचंद पैदा नहीं हुआ। जैनेन्द्र ने भी अपना नया मार्ग बनाया और उनकी व्यक्ति केंद्रित मनोवैज्ञानिक धारा को अज्ञेय, इलाचंद्र जोशी आदि ने आगे बढ़ाया भी, किंतु उनका अनुकरण संभव न हो सका। 'दशार्क' के फ्लैप पर सही लिखा है, "हिंदी के पास दूसरा जैनेन्द्र या जैनेन्द्र का विकल्प कोई नहीं है।" जैनेन्द्र अपनी इस विशिष्ट ऐकांतिकता के कारण हिंदी साहित्य में सदैव स्मरणीय तथा पठनीय बने रहेंगे और उनका यह योगदान समादृत रहेगा।

24.09.2021

—कमल किशोर गोयनका
ए–98, अशोक विहार, फेज प्रथम
दिल्ली–110052

अनुक्रम

फोटोग्राफी

1

बहुतेरा पढ़ने-लिखने के बाद और माँ के बहुत कहने-सुनने पर भी जब रामेश्वर को कमाने की चिंता न हुई तो माँ हार मानकर रह गई। रामेश्वर की बाल-सुलभ प्रकृति चाहती थी कि रुपए का अभाव तो न रहे, पर कमाना भी न पड़े। दिन का बहुत सा समय वह ऐसी ही कोई जुगत सोचने में बिता देता था। खर्च के लिए रुपए मिलने में कुछ हीला-हवाला होते ही, बस अपने को बड़ा कोसता था, बड़ा धिक्कारता था, मन-ही-मन प्रतिज्ञा करता था कि कल से ही किसी काम में लग जाऊँगा; और माँ से अनुनय-विनय करने पर या लड़-झगड़कर जब रुपया मिल जाता था, तब भी वह प्रतिज्ञा को भूलता नहीं था; पर जब अगला सवेरा होता तो फिर कोई सरल सी जुगत ढूँढ़ने की फिक्र में लग जाता।

माँ ने भी होनहार को सिर नवाकर स्वीकार कर लिया। इस तेईस वर्ष के पढ़े-लिखे निर्जीव काठ के उल्लू को, दुलार के साथ अच्छा-अच्छा खिला-पिलाकर, पालते-पोसते रहना माँ ने अपना कर्तव्य समझा।

रामेश्वर बड़े भले स्वभाव का युवक था। उसके चलन में जरा भी खोट न थी, पर था वह आनंदी और निश्चिंत स्वभाव का। उसने प्रशंसनीय सफलता के साथ बी.ए. पास किया था, पर वह यह नहीं जानता था कि इस दो शब्द की पूँछ से कहाँ और किस तरह फायदा उठाया जा सकता है। इस पूँछ के लगने के बाद, एक विशिष्ट गौरव से सिर उठाकर, राह चलते नेटिव लोगों पर हिकारत की निगाह डालते हुए चलने का अधिकार मिल जाता है—यह भी वह मूर्ख नहीं समझता था!

इस फोटोग्राफी की सूझ के बाद अब वह बिल्कुल ऐरे-गैरे लोगों में अपना कैमरा बाँह पर लटकाए और हाथ में स्टैंड को छड़ी के मानिंद घुमाता हुआ कहीं भी देखा जा सकता है। उसकी अपनी खींची हुई अच्छी-बुरी तसवीरों के संग्रह में आप एक जाट को दिल्ली के चाँदनी चौक के फुटपाथ पर बोतल ओठ से लगाए सोडा-वाटर गटकते पा

सकते हैं; होली के उत्सव की खुशी में रंग-बिरंगे उछलते-कूदते आठ-आठ, दस-दस ग्रामीणों की नाचती हुई उन्मत्त टोलियों को पा सकते हैं। सारांश यह कि उसके चित्र अधिकतर साधारण कोटि के लोगों में से लिये गए हैं। वह उनसे जितना अपनापा कर सकता है, उतना बड़े आदमियों से नहीं।

यहाँ हम यह भी कह देना चाहते हैं कि वह कोई धनिक का पुत्र नहीं है। उसे अपने खर्च के लिए चालीस रुपए मासिक मिलते हैं, लड़-झगड़कर दस रुपए मासिक तक और मिल जाते हैं, ज्यादा नहीं। रामेश्वर यह जानता है और वह जहाँ तक होता है, चालीस से अधिक न लेने का ही प्रयत्न करता है। कभी अधिक खर्च होता है तो वह अपने ऊपर जब्र करके, इधर-उधर के खर्चों से काट-छाँटकर पूरा कर लेता है।

2

जब वह अलीगढ़ गया तो साथ में छह प्लेट ले गया था। पहुँचने के दिन ही उसने छहों खींच डाले। चार सँभालकर बैग में रख लिये, दो स्लाइड में ही रहने दिए।

लड़के, जिन्हें प्रकृति ने परमात्मा की तरह निर्दोष बनाकर भी, उसने ताक-झाँक और तोड़-फोड़ की उत्सुकता भरकर शैतान बनाया था और जिन्हें रामेश्वर ने स्लाइड को हाथ न लगाने की सख्त ताकीद कर दी थी, हठात् छेड़छाड़ किए बिना रह न सके। भीतर क्या जादू है, यह जानने के लालच से उन्होंने स्लाइड खोल डाली, प्लेट का काँच निकाल लिया और पटककर तोड़ दिया।

जब रामेश्वर अलीगढ़ स्टेशन पर दिल्ली आनेवाली एक्सप्रेस के एक ड्योढ़े दर्जे में घुसा तो एक भरी, एक खाली, दो स्लाइड उसके पास थीं।

गाड़ी चलते ही सामने की बेंच पर एक रूठते हुए बालक की ओर उसका ध्यान गया। उस बालक को केले की आशा दिलाई गई थी, पर केलेवाला खिड़की के पास आया ही था कि गाड़ी चल दी। इसी पर बच्चा मचल रहा था।

"क्यों मचल रहे हो बेटा, अगले स्टेशन पर केले मँगा दूँगी।" उसकी माँ उसे मनाने के लिए कह रही थी।

बच्चा बहुत ही सुंदर था। लाली छाए हुए उसके गोरे-गोरे गाल और माथे के दोनों ओर खेलते हुए टेढ़े-मेढ़े बाल नए फोटोग्राफर को अलौकिक जान पड़े। उसने ऐसा सुंदर बालक कभी न देखा था।

और हाँ, माँ! माँ बिल्कुल बालक के अनुरूप थी—वही स्वच्छ खिला हुआ रूप और वही मधुर आकृति; पर माता में सलज्ज संकोच था और बालक में लज्जा से अछूता चांचल्य।

बालक मचला हुआ था, किसी तरह नहीं मानता था।

रामेश्वर ने कैमरा खोला। कहा, "आओ श्याम, तुम्हें एक तमाशा दिखाएँ।"

कैमरे को देखते ही बालक श्याम केलेवाले को और केले पर अपने रूट को भूल गया। तुरंत रामेश्वर की गोद में आ बैठा।

रामेश्वर ने पूछा, "तसवीर खिंचवाओगे?"

श्याम ने ताली बजाकर कहा, "किंचवाएँगे।"

माँ बालक की प्रसन्नता से खिल उठी और अनायास बोल पड़ी, "हाँ खींच दो।"

रामेश्वर ने बालक को माँ के पास बेंच पर बैठाकर अपने कैमरे को ठीक जमाना शुरू किया।

बालक बड़े उल्लास से, एक अद्‌भुत चीज पाने की आशा में कैमरे के लेंस की तरफ एकटक देख रहा था। माँ भी यह ध्यान से देख रही थी कि फोटोग्राफी कैसी होती है।

रामेश्वर ने कैमरा ठीक कर लिया। फिर न जाने उसे क्या सूझा कि सकुचाते हुए वह माँ से बोला, "इसमें आपकी तसवीर भी आ जाती है, कुछ हर्ज तो नहीं?"

माँ ने कुछ उत्तर न दिया। उन्होंने बैग में से चश्मा निकालकर पहना और कपड़ों की सलवट ठीक कर बच्चे के पास आ बैठीं।

रामेश्वर के पास खाली स्लाइड थी। उसने फोकस लगाया, श्याम को लेंस दिखाकर कह रखा, "इसमें से चिड़िया निकलेगी।" फिर नियमित रूप से एक दो-तीन किया और कह दिया, "फोटो खिंच गई।"

तमाशा था, खत्म हुआ। रामेश्वर जब कैमरे को बंद करके रख देने का तैयारी में था तो उससे कहा गया, "लाइए, तसवीर दीजिए।"

वह बड़ी उलझन में पड़ा। तसवीर खींची ही कहाँ थी? वह तो झूठ-मूठ का तमाशा था। स्लाइड तो खाली थी और तसवीर खिंचती भी तो दी कैसे जा सकती थी? उसे तैयार करने में अभी तो कम-से-कम दो दिन और लगते; पर उसने फिर सुना, "जितने दाम हों ले लीजिए, तसवीर दे दीजिए।"

उसकी घबराहट बढ़ती जा रही थी। क्या वह कह दे—तसवीर नहीं खींची गई, यह तो सिर्फ धोखा था और तमाशा था? नहीं, वह नहीं कह सकता। माँ ने कितनी उमंग के साथ अपने बालक की और अपनी तसवीर खिंचवाई है! क्या वह सच-सच कहकर उसके मन को अब मार देगा? नहीं, सच बात कहना ठीक नहीं।

"देखिए, यह ठीक नहीं है, तसवीर दे दीजिए।"

रामेश्वर ने कहा, "तसवीर अभी कैसे दी जा सकती है? उसे अभी धोना होगा, छापना होगा—तब कहीं वह तैयार होगी।"

माँ ने कहा, "धोनी होगी? खैर, हम लाहौर में धुलवा लेंगे।"

रामेश्वर बोला, "जी नहीं, उसे जरा सा प्रकाश लगेगा कि वह खराब हो जाएगी!"

अगर सचमुच की तसवीर होती तो रामेश्वर स्लाइड-समेत बिना दाम भेंट करके कितना प्रसन्न होता। पर अब वह मरा जा रहा था। कैसी बुरी विडंबना में फँस गया था वह!

उसे सुनना पड़ा, "यह ठीक नहीं है! जो हो, तसवीर आप दे दीजिए। हमें यह नहीं मालूम था।"

रामेश्वर क्या कहे! बोला, "क्या आप यह समझती थीं, तसवीर अभी तैयार हो जाएगी और आपको मिल जाएगी।"

जवाब मिला, "हमें यह मालूम नहीं था कि तसवीर आपके ही पास रहेगी।"

रामेश्वर ने कहा, "तो इसमें हर्ज ही क्या है?"

महिला अकेली नहीं थी। उनके साथ एक महिला और थी। एक पुरबिया बुड्ढा नौकर था और कई बाल-बच्चे थे। उन्होंने क्षणभर अपनी साथिन की ओर देखा। देखकर कहा, "नहीं-नहीं, आप दे दीजिए।"

रामेश्वर अभी तक कब का दे देता, पर दे तो तब, जब हो। उसने कहा, "देने के माने उसे खराब कर देना है। इससे तो अच्छा, उसे तोड़ ही दिया जाए। आप मेरा परिश्रम क्यों व्यर्थ करवाती हैं?"

उन्होंने फिर साथिन की ओर ऐसे देखा, जैसे वह स्वयं रामेश्वर को छुटकारा दे देना चाहती है। पर शायद साथिन की ओर से उन्हें संकेत मिला—लाहौर जाकर यह बात छिपी न रहेगी, फिर कैसा होगा? उन्होंने कहा, "तो तोड़ डालिए।"

रामेश्वर ने सोचा—अगर कहीं दूसरी महिला भी फोटो में आ गई होती तो शायद कठिनता न होती। उसने अपील करते हुए कहा, "जी देखिए, मैं दिल्ली रहता हूँ, आप लाहौर जा रही हैं। मेरा आपका परिचय भी नहीं है। इस दिन को छोड़कर शायद फिर कभी मिलना भी न होगा। मैं व्यवसायी फोटोग्राफर भी नहीं हूँ। आपको मैं वचन देता हूँ, मेरे पास तसवीर रहने में आपका कुछ भी अहित न होगा।"

माँ ने फिर अपनी साथिन की ओर देखा, पर उनकी तो तसवीर खिंची न थी। माँ ने कहा, "आप अखबार में भेज देंगे, अपने यहाँ लगा लेंगे।"

रामेश्वर ने तुरंत कहा, "मैं वचन देता हूँ, न मैं लगाऊँगा, न कहीं भेजूँगा; पर आप मेरा परिश्रम व्यर्थ न कीजिए।"

माँ को विश्वास हो चुका था कि यह बात लाहौर में बालक के पिता तक अवश्य पहुँचेगी। वह बेचारी क्या करती? बोली, "नहीं, आप तोड़ ही दीजिए।"

वह इतना अविश्वासी समझा जा रहा है, इस पर रामेश्वर भीतर से बड़ा घुट रहा था। इच्छा हुई कि सच-सच बात कह दूँ, पर ध्यान हुआ—उसे सच कौन मानेगा? मैं

कहूँगा, तसवीर नहीं खिंची, सिर्फ बालक को बहलाने का तमाशा किया गया था तो कोई यकीन न करेगा। वह समझेंगी—मैं तसवीर रखना चाहता हूँ, इससे झूठ बोलता हूँ और बहाने बनाता हूँ। रामेश्वर को इस लाचारी पर बहुत दुःख हुआ, परंतु उसने कहा, "अगर आप कहेंगी तो मैं तसवीर को तोड़ ही दूँगा; पर मैं फिर आपसे कहता हूँ, मैं दिल्ली चला जाऊँगा। फिर आपके दर्शन कभी मुझे नहीं होंगे। अगर आपकी तसवीर मेरे पास रही भी और मैंने टाँग भी ली तो इसमें आपका क्या हर्ज है? देखिए, बालक श्याम का चित्र मेरे पास रहने दीजिए। आपके चित्र के बारे में मैंने आपसे पहले ही पूछा लिया था। आपका यह श्याम मुझे फिर कब मिलेगा? इसके दर्शन को आप मुझसे क्यों छीनती है?"

वह बोलीं, "हाँ, श्याम का चित्र आप दूसरा ले लीजिए।"

किंतु दुर्भाग्य, रामेश्वर के पास खाली-प्लेट तो कोई नहीं है। होता तो यह बखेड़ा ही क्यों उठता? कहा, "खेद कि मेरे पास खाली प्लेट ही कोई नहीं है।"

जब उसने अपना पीछा छूटते न देखा तो हार मानकर कहा, "अच्छा लीजिए।" और भरी स्लाइड को खोल डाला!

उससे कहा गया, "देखिए, बदल न लीजिएगा।"

"इतना अविश्वास न करें।" यह कहकर उसने स्लाइड का प्लेट निकालकर चलती हुई रेल के नीचे छोड़ दिया।

जिनकी फोटो न खिंची थी, उनको शायद संदेह बना ही रहा। रामेश्वर से कहा गया, "जरा वह दिखलाइए तो, देखें आपने फेंका भी या नहीं?"

रामेश्वर मर सा गया। उसने उठकर श्याम के सिर पर हाथ रखते हुए कहा, "बालक के सिर पर हाथ रखकर कहता हूँ, मैं इतना असत्यवादी नहीं हूँ।" यह कहकर स्लाइड उसने 'माँ' को दे दिया।

स्लाइड को खोलकर, उसके एक-एक हिस्से को उँगली से दबा-दबाकर और हरेक कोना टटोलकर साथिन महाशया के यह प्रमाण दे देने पर कि अब सचमुच स्लाइड में कोई चीज नहीं है, रामेश्वर के प्रति उनको थोड़ा-थोड़ा विश्वास होने लगा।

रामेश्वर ने अब श्याम से खूब दोस्ती पैदा कर ली और दिल्ली पहुँचते न पहुँचते वह श्याम का पक्का मामा बन गया।

उन्हें आराम से लाहौर की गाड़ी में बैठाकर, उनके पैसों को अस्वीकार करके, श्याम की अम्मा से क्षमा माँगकर और सोते श्याम का अंतिम चुंबन लेकर, दिल्ली स्टेशन पर जब रामेश्वर उनसे सदा के लिए विदा ले लेने को था कि उससे कहा गया, "आपने बड़ा कष्ट उठाया। इतनी कृपा और करें कि सबेरे तार दे दें।"

हाथ में एक रुपया रामेश्वर की ओर बढ़ाते हुए माँ ने लाहौर का अपना पता लिखवा दिया।

पता लिखते ही रामेश्वर भाग गया। 'यह लेते जाइए' की आवाज उसके पीछे दौड़ी, पर वह नहीं लौटा। स्टेशन के बाहर आते ही, जब माँ के नौकर ने उसे पकड़कर रुपया हाथ में थमाना चाहा, तब उसने एक झिड़की के साथ कहा, "जाओ! रेल पर वह अकेली हैं। कह देना, तार सबेरे ही दे दिया जाएगा।"

3

तार घर खुलते ही लाहौर तार दे देने के बाद रामेश्वर ने सोचा—उसके जीवन का एक पन्ना जीवन-क्रम से अनायास ही अलग होकर, जो एक प्रकार की रसमय घटना से रँग गया है, उसे हठात् यहीं अंत करके मुझे अब अगला पन्ना आरंभ कर देना होगा। उसे इस पर दुःख हुआ। प्रत्येक व्यक्ति के जीवन में कुछ घटनाएँ ऐसी घट जाती हैं, जिनको वह समाप्त कर देना नहीं चाहता, उनका सिलसिला बराबर जारी रखना चाहता है। श्याम को सदा के लिए भुला देना होगा—भाग्य का यह विधान उसे बहुत ही कठोर मालूम हुआ! उसकी इच्छा थी कि उसके जीवन-ग्रंथ के अंतिम पन्ने तक 'श्याम' और 'श्याम की अम्मा' का संबंध चलता रहे—टूटे नहीं; परंतु अब उनके बीच में दो सौ पचास से ज्यादा मील का व्यवधान है और उनके जीवन की दिशाएँ भिन्न होने के कारण, उस व्यवधान को क्षण-क्षण बढ़ा रही हैं।

उसके सामने मानो जीवन और संसार की शून्यता एक बड़ी सी निराशा के रूप में प्रत्यक्ष हो गई। कल जो दो व्यक्ति आपस में इस तरह उलझे हुए थे, आज उन्हीं के बीच असंभाव्यता का ऐसा व्यवधान फैला हुआ है कि पुर नहीं सकता। और कल उन्हें एक-दूसरे को भुलाकर अपना समय बिताने की और कुछ तरकीब निकाल लेनी होगी। श्याम को अपने 'मामा' को भुलाकर उसके अभाव में ही अपने तईं जीवित और प्रसन्न रखना होगा। इसी तरह श्याम को भुलाकर रामेश्वर को भी नित्य नियमित जीवन-कार्य में लग जाना होगा।

कंपनी-बाग में सिर झुकाए हुए, लंबे-लंबे डगों से पाँच-छह मिनट सोचते-सोचते इधर-उधर घूमने के बाद, रामेश्वर ने घर आकर माँ से कहा, "अम्मा, जो कहोगी, सो करूँगा। आज्ञा हो तो नौकरी कर लूँ।"

अम्मा ने कुछ नहीं कहा, बस प्यार किया। उस प्यार का अर्थ था, 'बेटा, जो चाहे, सो कर। माँ के लिए तो तू सदा बेटा ही है।'

□

और कार्य के अभाव में रामेश्वर अनवरत उद्योग से साहित्य-समालोचक और राजनीतिक नेता बन बैठा!

4

लाहौर के जिला-कॉन्फ्रेंस के अध्यक्ष के आसन पर से अपना भाषण समाप्त कर चुकने के बाद, अधिवेशन की पहले दिन की काररवाई समाप्त करके जब रामेश्वर अपने स्थान पर आया तो उसके कोई पंद्रह मिनट बाद उसके हाथ में एक चिट्ठी दी गई

"क्या मुझे चार बजे पार्क में मिल सकोगे?—श्याम की अम्मा।"

अलीगढ़ वाले सफर के बाद से तीन सौ पैंसठ के छह गुने दिन गुजर चुके थे, पर हृदय-पटल पर वह दिन जो चिह्न छोड़ गया था, उसे मिटा न सके थे। इस लंबे काल और उसकी विभिन्न व्यस्तताओं ने उसे शुष्क कर दिया था; पर इस पत्र के इन शब्दों ने मानो एकदम उसे फिर हरा कर दिया—उसमें चैतन्य ला दिया।

रामेश्वर ने सोचा, 'श्याम! अहा! वह भी तो साथ होगा!'

समय बिताते-बिताते, जब चार बजने पर रामेश्वर पार्क में पहुँचा तो 'श्याम की अम्मा' उसकी तरफ आ रही थीं।

"तुम्हारा नाम क्या है?"

"रामेश्वर।"

"मैं अब नाम से पुकारूँगी। रामेश्वर, क्या तुम अब फोटो उतार सकते हो?"

रामेश्वर ने देखा, वही अम्मा हैं, पर फिर भी कुछ और हैं। उनके इस व्यग्र आग्रह को समझ नहीं पाया, थोड़ा डरने सा लगा। बोला, "अभी तो कैमरा नहीं है। अभ्यास भी नहीं है।"

"कैमरा ला नहीं सकते?"

"अभी?"

"हाँ, अभी!"

"अभी कहाँ से मिलेगा?"

"क्यों? क्यों नहीं मिलेगा? तुम तो नेता हो, इतना भी नहीं कर सकोगे?"

"जाता हूँ, कोशिश करूँगा।" रामेश्वर ने बड़ा कड़ा दिल करके कह दिया। रामेश्वर जब विदा होकर कुछ ही दूर गया होगा कि उन्होंने फिर बुलाकर उससे कहा, "रामेश्वर! सुनो, ये रुपए लो, कैमरा न मिले तो नया खरीद लाओ।"

"नहीं, नहीं···"

"जाओ, अभी जाओ। जल्दी से लाना, नहीं तो तसवीर नहीं खिंचेगी—रात हो जाएगी।"

रामेश्वर कुछ कह न सका। इस अनुनयपूर्ण आज्ञा में ऐसा कुछ था, जो अनुल्लंघनीय था। वह चल दिया। माँ हत-बुद्धि सी, पागल सी, निर्जीव सी वहीं-की-वहीं बैठ गई।

घंटे भर बाद जब वह कैमरा लाया, माँ ने हँसने का प्रयत्न किया। अब तक वह शायद रो रही थी।

माँ बड़ी सज-धजकर साथ आई थीं। जब फोकस ठीक करके रामेश्वर एक-दो-तीन बोलने को हुआ तो माँ ने अपनी सारी शक्ति लगाकर चेहरे पर स्मित हास्य की चमक ले आने का प्रयत्न किया। आह! वह हँसी कितनी रहस्यपूर्ण और कितनी दुःखपूर्ण थी! जितना ही उसमें उल्लास प्रकट करने का प्रयास था, उतना ही उसमें विषम पीड़ा का प्रत्यक्ष दर्शन था।

फोटो खिंच चुकने पर फिर वह अपना सारा बल लगाकर बड़ी मुश्किल से सँभली रहीं और रामेश्वर के समीप आकर बोली, "एक दिन तुमने श्याम की और मेरी तसवीर साथ खींची थी, याद है न? वह मैंने तुड़वा दी थी! क्यों, भूल तो नहीं गए? अब एक काम करोगे?"

रामेश्वर ने मूक दृष्टि में अपेक्षा और उत्सुक-स्वीकृति भरकर माँ को देखा।

"सुनो, मेरा चित्र तैयार करना।" माँ ने भीतर की जेब से एक फोटो निकालकर देते हुए फिर कहा, "और यह लो श्याम का चित्र। इन दोनों का एक चित्र तैयार करना और उसका बड़े-से-बड़े रूप (Enlargement) करके अपने यहाँ लगा लेना। यह काम तुम्हीं करना, किसी दूसरे को न देना। जानते हो, श्याम तुम्हें प्यार करता था। दिल्ली में जब तुम गए थे, वह सो रहा था। जागते ही उसने पूछा, 'अम्मा, तछबील वाले मामा क आँ एँ?' जानते हो, अब तुम्हारा श्याम कहाँ है, क्या ताकते हो? वह मेरी गोद में छिपकर थोड़े ही बैठा है। यहाँ नहीं, वह बहुत बड़ी गोद में बैठा है! देखते हो यह सब क्या है? आकाश है। यह आकाश ही परमात्मा की गोद है। श्याम उसी गोद में छिप बैठा है। दिखता भी तो नहीं। देखो, चारों तरफ आकाश है। चारों तरफ देखो, कहीं दिखता है क्या? दिखे तो मुझे भी दिखाना। मैं भी देखूँगी। चुपचाप ही चला गया। देख पाऊँ तो कहूँ—देख तेरा तछबील वाला मामा देख रहा है। रामेश्वर, वह तुम्हें याद करता गया है।"

रामेश्वर का गला रुँध रहा था, मानो आँसुओं का घूँट गले में अटक गया हो। माँ की बड़-बड़ चल रही थी, मानो शरीर की बची-खुची शक्ति एकबारगी ही निकलकर खत्म हो जाएगी।

"जानते हो—यही चौथी मार्च का दिन था, इसी दिन, इसी वक्त वह गया था। मैं सालभर से इसी चौथी मार्च को भटक रही थी। सोच रही थी—तुम मिलोगे तो तसवीर खिंचवाऊँगी, तसवीर में हम दोनों साथ रहेंगे और वह तसवीर तुम्हारे पास रहेगी। तुम मिल गए, तसवीर खिंच गई। दोनों को मिलाकर तुम एक तसवीर बनाओगे न? देखो जरूर बनाना। मैं कहती हूँ, जरूर बनाना, बड़ी-से-बड़ी बनाना और अपने कमरे में लगाना। जहाँ चाहे भेजना। अखबारों को भेजना, मित्रों को भेजना। जहाँ दिखें, श्याम और

श्याम की अम्मा साथ दिखें। अब जा रही हूँ, उसी के पास जा रही हूँ। सदा उसी के पास रहने जा रही हूँ।"

माँ की हालत शब्द-शब्द पर क्षीण होती जा रही थी। माँ ने कहा, "सुनो, एक महीना हुआ, मैं विधवा हो गई। वह भी चौथी ही तारीख थी। चौथी तारीख और मार्च का महीना। आज की यह चौथी मार्च का दिन मेरे जीवन की अंतिम साध का अंतिम दिन है। आज मुझे भी अंतर्निहित हो जाना है। मैंने जहर खाया है, तीन घंटे होने आए हैं, अब जहर की अवधि का अंतिम क्षण दूर नहीं है। मैं फिर दुनिया में न रहूँगी।"

रामेश्वर के देखते-देखते माँ की देह निष्प्राण होकर गिर पड़ी।

□

लेखकी और लीडरी को गड्ढे में डाल रामेश्वर फिर भूली हुई अपनी फोटोग्राफी के ज्ञान को चेताने लगा। साल भर में उसने श्याम और श्याम की अम्मा का पूर्णाकार चित्र तैयार कर लिया। जिस कमरे में वह चित्र लगा, वह उसके आत्मचिंतन का कमरा बन गया। वहाँ और कोई चित्र न रह सकता था।

अब फोटोग्राफी को ही उसने अपना व्यवसाय और ध्येय बनाया। थोड़े ही समय में वह मार्के का फोटोग्राफर हो उठा!

सभी बढ़िया अखबारों में श्याम और उसकी अम्मा का वह चित्र निकला और सभी में उसकी सराहना हुई।

□

खेल

मौन-मुग्ध संध्या स्मित प्रकाश से हँस रही थी। उस समय गंगा के निर्जन बालुका-स्थल पर एक बालक और एक बालिका अपने को और सारे विश्व को भूल, गंगा तट के बालू और पानी को अपना एकमात्र आत्मीय बना, उनसे खिलवाड़ कर रहे थे।

प्रकृति इन निर्दोष परमात्मा-खंडों को निस्स्तब्ध और निर्निमेष निहार रही थी। बालक कहीं से एक लकड़ी लाकर तट के जल को छटा-छट उछाल रहा था। पानी मानो चोट खाकर भी बालक से मित्रता जोड़ने के लिए विह्वल हो उछल रहा था। बालिका अपने एक पैर पर रेत जमाकर और थोप-थोपकर एक भाड़ बना रही थी।

बनाते-बनाते भाड़ से बालिका बोली, "देख, ठीक नहीं बना तो मैं तुझे फोड़ दूँगी।" फिर बड़े प्यार से थपका-थपकाकर उसे ठीक करने लगी। सोचती जाती थी—इसके ऊपर मैं एक कुटी बनाऊँगी। वह मेरी कुटी होगी। और मनोहर?...नहीं, वह कुटी में नहीं रहेगा, बाहर खड़ा-खड़ा भाड़ में पत्ते झोंकेगा। जब वह हार जाएगा, बहुत कहेगा, तब मैं उसे अपनी कुटी के भीतर ले लूँगी।

मनोहर उधर अपने पानी से हिल-मिलकर खेल रहा था। उसे क्या मालूम कि यहाँ अकारण ही उस पर रोष और अनुग्रह किया जा रहा है।

बालिका सोच रही थी—मनोहर कैसा अच्छा है, पर वह दंगई बड़ा। हमें छेड़ता ही रहता है। अबके दंगा करेगा तो हम उसे कुटी में साझी नहीं करेंगे। साझी होने को कहेगा तो उससे शर्त करवा लेंगे, तब साझी करेंगे। बालिका सुरबाला सातवें वर्ष में थी। मनोहर कोई दो साल उससे बड़ा था।

बालिका को अचानक ध्यान आया—भाड़ की छत तो गरम होगी। उस पर मनोहर रहेगा कैसे? मैं तो रह जाऊँगी। पर मनोहर तो जलेगा। फिर सोचा—उससे मैं कह दूँगी भई, छत बहुत तप रही है, तुम जलोगे, तुम मत आओ। अगर नहीं माना? मेरे पास वह बैठने को आया ही—तो मैं कहूँगी—भाई, ठहरो, मैं ही बाहर आती हूँ। पर वह मेरे पास आने की जिद करेगा क्या? जरूर करेगा, वह बड़ा हठी है। पर मैं उसे आने नहीं दूँगी।

बेचारा तपेगा। भला कुछ ठीक है! ज्यादा कहेगा, मैं धक्का दे दूँगी और कहूँगी—अरे, जल जाएगा मूरख? यह सोचने पर उसे बड़ा मजा सा आया, पर उसका मुँह सूख गया। उसे मानो सचमुच ही धक्का खाकर मनोहर के गिरने का हास्योत्पादक और करुण दृश्य सत्य की भाँति प्रत्यक्ष हो गया।

बालिका ने दो-एक पक्के हाथ भाड़ पर लगाकर देखा—भाड़ अब बिल्कुल बन गया है। माँ जिस सतर्क-सावधानी के साथ अपने नवजात शिशु को बिछौने पर लेटाने को छोड़ती है, वैसे ही सुरबाला ने अपना पैर धीरे-धीरे भाड़ के नीचे से खींच लिया। इस क्रिया में वह सचमुच भाड़ को पुचकारती सी जाती थी। उसके पैर ही पर तो भाड़ टिका है, पैर का आश्रय हट जाने पर बेचारा कहीं टूट न पड़े! पैर साफ निकालने पर भाड़ जब ज्यों-का-त्यों टिका रहा, तब बालिका एक बार आह्लाद से नाच उठी।

बालिका एकबारगी ही बेवकूफ मनोहर को इस अलौकिक चातुर्य से परिपूर्ण भाड़ के दर्शन के लिए दौड़कर खींच लाने को उद्यत हो गई! मूर्ख लड़का पानी से उलझ रहा है, यहाँ कैसी जबरदस्त कारगुजारी हुई है—सो नहीं देखता! ऐसा पक्का भाड़ उसने कहीं देखा भी है!

पर सोचा—अभी नहीं; पहले कुटी तो बना लूँ। यह सोचकर बालिका ने रेत की एक चुटकी ली और बड़े धीरे से भाड़ के सिर पर छोड़ दी। फिर दूसरी, फिर तीसरी, फिर चौथी। इस प्रकार चार चुटकी रेत धीरे-धीरे छोड़कर सुरबाला ने भाड़ के सिर पर अपनी कुटी तैयार कर ली।

भाड़ तैयार हो गया। पर पड़ोस का भाड़ जब बालिका ने पूरा-पूरा याद किया तो पता चला एक कमी रह गई। धुआँ कहाँ से निकलेगा? तनिक सोचकर उसने एक सींक टेढ़ी करके उसमें गाड़ दी। बस, ब्रह्मांड का सबसे संपूर्ण भाड़ और विश्व की सबसे सुंदर वस्तु तैयार हो गई।

वह उस उजड्ड मनोहर को इस अपूर्व कारीगरी का दर्शन कराएगी, पर अभी जरा थोड़ा देख तो और ले। सुरबाला मुँह बनाए आँखें स्थिर करके इस भाड़-श्रेष्ठ को देख-देखकर विस्मित और पुलकित होने लगी। परमात्मा कहाँ बिराजते हैं, कोई इस बाला से पूछे तो वह बताए—इस भाड़ के जादू में।

मनोहर अपनी 'सुरी-सुरो-सुर्री' की याद कर पानी से नाता तोड़, हाथ की लकड़ी को भरपूर जोर से गंगा की धारा में फेंककर जब मुड़ा, तब श्रीसुरबाला देवी एकटक अपनी परमात्मा लीला के जादू को बूझने और सुलझाने में लगी हुई थीं।

मनोहर ने बाला की दृष्टि का अनुसरण कर देखा—श्रीमतीजी बिल्कुल अपने भाड़ में अटकी हुई हैं। उसने जोर से कहकहा लगाकर एक लात में का काम तमाम कर दिया।

न जाने क्या किला फतह किया हो, ऐसे गर्व से भरकर निर्दयी पर चिल्लाया, "सुर्रो रानी!"

सुर्रो रानी मूक खड़ी थी। उनके मुँह पर जहाँ अभी एक विशद्ध रस वहाँ अब एक शून्य फैल गया। रानी के सामने एक स्वर्ग आ खड़ा हुआ था। वह उन्हीं के हाथ का बनाया हुआ था और वह एक व्यक्ति को अपने साथ लेकर उस स्वर्ग की एक-एक मनोरमता और स्वर्गीयता को दिखलाना चाहती थीं। हा हंत! वही व्यक्ति आया और उसने अपनी लात से उसे तोड़-फोड़ डाला! रानी हमारी बड़ी व्यथा से भर गई।

हमारे विद्वान् पाठकों में से कोई होता तो उन मूर्खों को समझाता—"यह संसार क्षण-भंगुर है। इसमें दु:ख क्या और सुख क्या! जो जिससे बनता है, वह उसी में लय हो जाता है—इसमें शोक और उद्वेग की क्या बात है? यह संसार जल का बुदबुदा है, फूटकर किसी रोज जल में ही मिल जाएगा। फूट जाने में ही बुदबुदे की सार्थकता है। जो यह नहीं समझते, वे दया के पात्र हैं। री, मूर्खा लड़की, तू समझ। सब ब्रह्मांड ब्रह्म का है और उसी में लीन हो जाएगा। इससे तू किसलिए व्यर्थ व्यथा सह रही है? रेत का तेरा भाड़ क्षणिक था, क्षण में लुप्त हो गया, रेत में मिल गया। इस पर खेद मत कर, इससे शिक्षा ले। जिसने लात मारकर उसे तोड़ा है, वह तो परमात्मा का केवल साधन-मात्र है। परमात्मा तुझे नवीन शिक्षा देना चाहते हैं। लड़की, तू मूर्ख क्यों बनती है? परमात्मा की इस शिक्षा को समझ और परमात्मा तक पहुँचने का प्रयास कर। आदि-आदि।"

पर बेचारी बालिका का दुर्भाग्य, कोई विज्ञ धीमान् पंडित तत्त्वोपदेश के लिए उस गंगातट नहीं पहुँच सका। हमें तो यह भी संदेह है कि सुर्री एकदम इतनी जड़-मूर्खा है कि यदि कोई परोपकाररत पंडित परमात्मा-निर्देश से वहाँ पहुँचकर उपदेश देने भी लगते तो वह उनकी बात को न सुनती और समझती। पर अब तो वहाँ निर्बुद्धि शठ मनोहर के सिवा कोई नहीं है और मनोहर विश्वतत्त्व की एक भी बात नहीं जानता। उसका मन न जाने कैसा हो रहा है। कोई जैसे उसे भीतर-ही-भीतर मसोस डाल रहा है। लेकिन उसने बनकर कहा, "सुर्रो, दुत् पगली! रूठती है?"

सुरबाला वैसी ही खड़ी रही।

"सुरी, रूठती क्यों है?" बाला तनिक न हिली।

"सुरी! सुरी!···ओ, सुरो!"

अब बनना न हो सका। मनोहर की आवाज हठात् कँपी सी निकली।

सुरबाला अब और मुँह फेरकर खड़ी हो गई। स्वर के इस कंपन का सामना शायद उससे न हो सका।

"सुरी···ओ सुरिया! मैं मनोहर हूँ···मनोहर! मुझे मारती नहीं।"

यह मनोहर ने उसके पीठ पीछे से कहा और ऐसे कहा, जैसे वह यह प्रकट करना चाहता है कि वह रो नहीं रहा है।

"हम नहीं बोलते।" बालिका से बिना बोले न रहा गया। उसका भाड़ शायद स्वर्गविलीन हो गया। उसका स्थान और बाला की सारी दुनिया का स्थान काँपती हुई मनोहर की आवाज ने ले लिया।

मनोहर ने बड़ा बल लगाकर कहा, "सुरी, मनोहर तेरे पीछे खड़ा है। वह बड़ा दुष्ट है। बोल मत, पर उस पर रेत क्यों नहीं फेंक देती, मार क्यों नहीं देती! उसे एक थप्पड़ लगा—वह अब कभी कसूर नहीं करेगा।"

बाला ने कड़ककर कहा, "चुप रहो जी!"

"चुप रहता हूँ, पर मुझे देखोगी भी नहीं?"

"नहीं देखते।"

"अच्छा मत देखो। मत ही देखो। मैं अब कभी सामने न आऊँगा, मैं इसी लायक हूँ।"

"कह दिया तुमसे, तुम चुप रहो। हम नहीं बोलते।"

बालिका में व्यथा और क्रोध कभी का खत्म हो चुका था। वह तो पिघलकर बह चुका था। यह कुछ और ही भाव था। यह एक उल्लास था, जो व्याज-कोप का रूप धर रहा था। दूसरे शब्दों में यह स्त्रीत्व था।

मनोहर बोला, "लो सुरी, मैं नहीं बोलता। मैं बैठ जाता हूँ। यहीं बैठा रहूँगा। तुम जब तक न कहोगी, न उठूँगा, न बोलूँगा।"

मनोहर चुप बैठ गया। कुछ क्षण बाद हारकर सुरबाला बोली, "हमारा भाड़ क्यों तोड़ा जी? हमारा भाड़ बनाकर दो!"

"लो, अभी लो।"

"हम वैसा ही लेंगे।"

"वैसा ही लो, उससे भी अच्छा!"

"उसपै हमारी कुटी थी, उसपै धुएँ का रास्ता था।"

"लो, सब लो। तुम बताती जाओ, मैं बनाता जाऊँ।"

"हम नहीं बताएँगे। तुमने क्यों तोड़ा? तुमने तोड़ा, तुम्हीं बनाओ।"

"अच्छा, पर तुम इधर देखो तो।"

"हम नहीं देखते, पहले भाड़ बनाकर दो।"

मनोहर ने एक भाड़ बनाकर तैयार किया। कहा, "लो, भाड़ बन गया।"

"बन गया?"

"हाँ।"

"धुएँ का रास्ता बनाया। कुटी बनाई?"

"सो कैसे बनाऊँ—बताओ तो?"

"पहले बनाओ, तब बताऊँगी।"

भाड़ के सिर पर एक सींक लगाकर और एक-एक पत्ते की ओट लगाकर कहा, "बना दिया।"

तुरंत मुड़कर सुरबाला ने कहा, "अच्छा, दिखाओ।"

'सींक ठीक नहीं लगी जी', 'पत्ता ऐसा लगेगा' आदि-आदि संशोधन कर चुकने पर मनोहर को हुक्म हुआ—

"थोड़ा पानी लाओ, भाड़ के सिर का डालेंगे।"

मनोहर पानी लाया।

गंगाजल से कर-पात्रों द्वारा यह भाड़ का अभिषेक करना ही चाहता था कि सुर्रो रानी ने एक लात से भाड़ के सिर को चकनाचूर कर दिया।

सुरबाला रानी हँसी से नाच उठी। मनोहर उत्फुल्लता से कहकहा लगाने लगा। उस निर्जन प्रांत में वह निर्मल शिशु-हास्यारव लहरें लेता हुआ व्याप्त हो गया। सूरज महाराज बालकों जैसे लाल-लाल मुँह से गुलाबी-गुलाबी हँसी हँस रहे थे। गंगा मानो जानबूझकर किलकारियाँ मार रही थी और···और वे लंबे ऊँचे-ऊँचे दिग्गज पेड़ दार्शनिक पंडितों की भाँति, सब हास्य की सार-शून्यता पर मानो मन-ही-मन गंभीर तत्त्वालोचन कर, हँसी में भूले हुए मूर्खों पर थोड़ी दया बख्शना चाह रहे थे।

□

चोरी

घर में आठ बरस का प्रद्युम्न बड़ा ऊधमी है। किसी की नहीं सुनता और जिद पर आ जाए तो पूछिए ही क्या? इधर कुछ दिनों से वह कुछ गुमसुम रहता है। ऊधम-दंगा भी कम हो गया है। जाने क्या बात उसके मन में बैठ गई है। शाम को स्कूल से आता है तो दौड़कर खेलने बाहर नहीं चला जाता। इस-उस कमरे में ही दिखाई देता है। मैं परेशान हूँ। कहती हूँ, 'क्या हुआ है, प्रद्युम्न?' तो सिर हिलाकर कह देता है, कुछ भी नहीं?"

"तो खेलने क्यों नहीं गया?"

"यों ही नहीं गया।"

मैं समझती हूँ कि रूठा है। तब गोद में लेकर प्यार करती हूँ, पर वह बात भी नहीं है। अब सबकी अपनी-अपनी जगह शोभा है। बालक में बुद्धिमानी अच्छी नहीं लगती। उसमें बचपन चाहिए। पर प्रद्युम्न, जो आठ वर्ष की उम्र में बुजुर्ग बन रहा है, सो मैं कैसे देखती रह जाऊँ? डपटकर कहा, "जाता क्यों नहीं खेलने? साथी बच्चों में मन ही बहलेगा।"

डपटती हूँ तो वह सचमुच चला जाता है। मैं डरती हूँ कि घर के बाहर इधर-उधर तो वह नहीं भटक रहा है। घर नहीं, वह सीधा साथियों में जाता है और खेलकर काफी देर में लौटता है। एक बात देखती हूँ। शाम को निबटकर हम चार जनी बैठकर बातें करती हैं तो वह भी पास बैठा हुआ दिखाई देता है। वह कुछ नहीं बोलता, चुपचाप सुनता रहता है। मुझसे सटकर भी नहीं बैठता और न कभी गोद में लेटने की ही चेष्टा करता है। अपना अलग-अलग गुमसुम बैठा रहता है।

आजकल दिन बड़े खराब हैं। गेहूँ ढाई सेर का भी मयस्सर नहीं है। दूध के दाम घोसी ने परसों से आठ आने सेर कर दिए हैं। शाक-भाजी के बारे में छह आने से कम की बात नहीं कीजिए। लौकी और कद्दू दोनों उन्हें बिल्कुल पसंद नहीं, पर अब उन्हीं के हुक्म से वही बनाती हूँ, क्योंकि वे चार आने में जो आ जाते हैं। शहरियों की मुसीबत, बहन कुछ न पूछो। मकान का किराया है कि दम खुश्क करता है। 40 रुपया दे रही हूँ,

पर मैं ही जानती हूँ कि कैसे गुजारा होता है। मेहमान आए तो बैठाने को जगह नहीं। यह मुई लड़ाई जाने कब बंद होगी! आपस में हमारी ऐसी बातें हुआ करती हैं।

सावित्री ने कहा, "अरे जीजी, तुमने सुना, कल हमारे पड़ोस में एक का ताला टूट गया।"

गिरजा बोली, "यह न होगा तो क्या होगा? कुछ नुकसान तो नहीं हुआ?"

सावित्री ने कहा, "यही खैर हुई। चौकीदार की लाठी की ठक-ठक सुनकर कहते हैं, चोर भाग गया।"

सब्जमाला बोली, "मैंने तो लोहे के किवाड़ लगाने को कह दिया है। देखो न, उस रोज उनके यहाँ से कपड़े, जेवर सब चला गया। और तो और बरतन तक ले गए।"

यह समाचार पुराना पड़ गया था, पर आज इस मौके पर वह फिर नया हो आया।

दुलारी बोली, "दूर क्यों जाओ, रात की बात मुमानीजी से ही न पूछो कि रह-रहकर कैसा खटका होता रहा और सबेरे देखते हैं तो साफ निशान हैं कि किसी ने कुंडे पर हाथ आजमाया है।"

मुमानी इस मंडली में कुछ नई हैं। शायद वजह यह भी हो कि वे अकेली मुसलमान हैं। लेकिन उनके कुंडे की बात आई तो उत्साह से उन्होंने पूरा बखान किया, "नवाब साहब आए न थे। दो का वक्त था। एम.आर.पी. के काम में उन्हें अकसर देर हो जाती है। अब घर में हम सब जनी अकेलीं। मर्द कोई भी नहीं। बहन, कुछ पूछो नहीं। खट-खट सुन रही हूँ, पर कुछ करते नहीं बनता। आपस में खुस-फुस करके रह जाती हैं और सबके धुकधुकी हो रही है। मैंने तो सबेरे ही कह दिया, या तो नौ बजे आ जाओ, नहीं तो मकान तब्दील करो। खुदा जाने, मैं तो नौ बजे किवाड़ बंद कर लिया करूँगी। मेरी बला से फिर वे कहीं रहें। सोएँ वहीं जाकर अपने एम.आर.पी. में। खुदा कसम बहन, देर तक छत पर से कई कदमों के चलने की आहट आती रही। यह चोर···।"

जैनमती बोली, "क्या बशीर मियाँ घर में नहीं थे?"

मुमानीजान ने कहा, "उनका भली चलाई। नई शादी हुई है तो उन्हें क्या होश है। दोनों का अपना कमरा है और बस। बाकी उनकी तरफ से सबकुछ क्यों न लुट जाए। अब सच तो यह बहन कि चोर का हौल मुझे भी था। इसी से बोल नहीं रही थी, चुप थी।"

रूपवती बोली, "औरों की बात है तो नहीं कहती, नीम पर चढ़कर इनके घर तो मैं कहो, जब पहुँच जाऊँ।"

सब जनी इस पर बहुत खुश हुईं और कहने लगीं कि यह बात पते की है। मेरे मन में खुद इस कटे नीम की बात कई बार आई थी। सोचती थी म्युनिसिपैलिटी में लिखकर कटवा दूँ। इस मरे पेड़ को भी यहीं होना था। मैंने जैनमती की तरफ देखकर कहा,

"जीजी, बताओ क्या करूँ? पेड़ है तो बड़े बेमौके, कोई चढ़कर आ सकता है। हमारा दिलीप ही रोज यहाँ से सड़क पर उतर जाता है। कहती हूँ, मानता ही नहीं।"

जीजी ने कहा, "तो उनसे कहा?"

मैं बोली, "उनसे जब कहा तो उन्होंने कौन सा काम करके रखा। बोले, 'नीम के पेड़ से ठंडी हवा आती है।' मैंने कहा, 'चोर जो आ सकता है?' बोले, 'जरूर आ सकता है, इसलिए किवाड़ खुले रखा करो और वक्त-बेवक्त के लिए दो-चार रोटियाँ भी बचा के रखा करो। आए कोई तो उसे खाने को तो मिल जाए। चोर बेचारा भूखा होता है।' तब से जीजी, मैंने तो कान पकड़ा, जो कुछ कहूँ। सीधी की वे तो उलटी लगाते हैं। जेठजी से कहना, वे कुछ इंतजाम कर दें तो मुझे कल पड़ जाए। हर घड़ी दिल धुक-धुक करता रहता है। बात यहाँ कर रही हूँ और मन···। क्या बजा होगा?"

"नौ बज गया।"

मैं घबराकर बोली, "नौ।" सब जनी मेरा तमाशा देखने लगीं। मैंने कहा, "मुझे जाने दो। चल प्रद्युम्न, चलें।"

प्रद्युम्न पीछे की एक तरफ बैठा था। औरों के साथ के बच्चे सब सो गए थे। प्रद्युम्न बिल्कुल नहीं सोया था। इस वक्त भी जैसे वह यहाँ से उठना नहीं चाहता था।

सब्जमाला ने उठती-उठती का हाथ पकड़कर मुझे बैठा लिया और कहा, "लाला आ तो गए हैं।"

मैं और भी घबराकर बोली, "आ गए हैं?"

सब्जमाला ने कहा, "वह देख, कमरे में बत्ती जल रही है।" यह कहकर उसने मुझे अंक में भरकर चूम लिया। इस सहेली की मैं यहाँ बात नहीं कर सकती। वह मुझ पर जबरदस्ती करती, लेकिन इस जबरदस्ती से ही मैं उसकी हूँ। बोली, "लाला थोड़ी देर अकेले रह लेंगे तो क्या हो जाएगा? तुझे छोड़कर खुद जो महीनों बाहर रहते हैं।"

मैंने कहा, "उन्होंने खाना नहीं खाया, जीजी। मुझे जाने दो।"

"आप ले के खा लेंगे।" कहते हुए उसने मुझे जबरन बैठा लिया।

प्रद्युम्न अपनी जगह बराबर ध्यान लगाए बैठा था। खैर, मेरे बैठ जाने पर चोरी से हटकर चोरों की बात होने लगी। वे निर्दयी होते हैं, चालाक होते हैं, पास में कुछ-न कुछ हथियार रखते हैं। इसी तरह बात आगे बढ़कर डाकू, जेलखाना, कालापानी और फाँसी तक आ पहुँचीं। घड़ी ने दस बजाए, तब जाकर मेरा छुटकारा हुआ। और जनी भी तब अपने घर गईं। प्रद्युम्न उँगली पकड़े मेरे साथ आ गया।

प्रद्युम्न के बाबूजी लेटे हुए किताब पढ़ रहे थे। कहा, "पता है, अब क्या बजा है?"

मैंने टालते हुए कहा, "खाना खा लिया?"

"खा लिया।"

वे नाराज थे। हों तो हों। मैं प्रद्युम्न को लिटाकर उसके बराबर लेट गई। उनसे बोली नहीं। वे भी किताब पढ़ते रहे। मुझे नींद नहीं आई थी, पर आँख बंद किए लेटी थी। ऐसे समय प्रद्युम्न मेरी खाट से उठा और अपने बाबूजी के पास जाकर बोला, "बाबूजी!"

चौंककर उन्होंने मुँह फेरा। प्रद्युम्न को पास खड़ा देखकर कहा, "आओ प्रद्युम्न, मेरे पास सोओगे?" बच्चा पास बैठ तो गया, लेटा नहीं। "क्यों, बैठे क्यों हो? सो जाओ।"

प्रद्युम्न ने कहा, "चोर रोशनी में नहीं आता, बाबूजी?"

उसके बाबूजी ने कहा, "नहीं, रोशनी में कोई चोर नहीं आता। और भाई, चोर भला कोई होता भी है? सो जाओ।"

लेकिन प्रद्युम्न नहीं सोया। थोड़ी देर बाद उसने पूछा, "अँधेरे में आता है?"

उसके बाबूजी ने कहा, "क्या बकते हो, सो जाओ।" और उसे जबरदस्ती लिटा दिया और अपनी किताब खोलकर पढ़ने लगे। थोड़ी देर बाद उन्होंने मुड़कर देखा होगा कि प्रद्युम्न अब भी आँख फाड़े ऊपर देख रहा है, सोया नहीं है; क्योंकि तभी मैंने सुना कि उन्होंने कहा, "अरे अभी सोए नहीं तुम?" कहकर उन्होंने किताब अलग रख दी और बटन दबा दिया। फिर प्रद्युम्न को छाती के पास खींचकर थपका-थपकाकर सुलाने लगे। ऐसे उन्हें थोड़ी देर में नींद आ गई। मैं नहीं सोई थी। इतने में देखती क्या हूँ कि अँधेरे में टटोल-टटोलकर प्रद्युम्न मेरी खाट पर आ गया।

मैंने उसे अपने में खींचकर फुसफुसाकर कहा, "बेटे, सो जाओ।" वह मेरे अंक में लगकर सोने की चेष्टा करने लगा। मैं थोड़ी-थोड़ी देर में उसके पपोटे देखती थी कि सो तो गया है न? मैंने कहा, "क्यों प्रद्युम्न, नींद नहीं आती? क्या बात है?"

कुछ देर साँस बाँधकर वह लेटा रहा। अंत में वह रोक नहीं सका, एकाएक बोला, "भाभी, चोर कैसा होता है?"

मैं सुनकर हैरत में रह गई। मैंने कहा, "अरे वह सचमुच में थोड़े ही होता है। वह तो झूठ-मूठ की बात।"

"तो वह नहीं होता?"

मैंने कहा, "बिल्कुल नहीं होता।" सुनकर वह चुप रह गया। मैंने कहा, "सो जाओ, भैया!"

उसने जोर से कहा, "होता है।"

मैं हँसकर बोली, "तो बताओ कैसा होता है?"

बोला, "मेरी किताब में राक्षस की तसवीर है, वैसा होता है। दो सींग, गदहे के से कान और लंबी जीभ।"

मैंने कहा, "हटो, कोई चोर-वोर नहीं होता। किताब में तो यों ही तसवीरें बनी होती

हैं। लो अब सो जाओ।" कहकर मैं उसे थपथपाने लगी और कुछ देर में वह सो गया।

इस बात को आठ-दस रोज हो गए। प्रद्युम्न की हालत पहले से ठीक है। मैंने सबसे कह दिया है कि प्रद्युम्न के सामने चोर की बात बिल्कुल मुँह से न निकालें। सब इस बात का ध्यान रखती हैं। और मालूम होता है कि चोर प्रद्युम्न के सिर से भी उतरकर भाग-भूग गया है।

दिलीप हमारा भतीजा है और साथ ही रहता है। वह एफ.ए. में पढ़ता है। कॉलेज दो मील होगा, साइकिल से आता-जाता है। प्रद्युम्न अपने कई साथियों के साथ स्कूल से लौटा था। आते ही बस्ता फेंक उनके साथ भाग जाना चाहता था। मैंने जैसे-तैसे उसे रोका और फल-मिठाई उसे खिलाने लगी। कहा, "सबेरे से गया, तुझे भूख नहीं लगी, प्रद्युम्न?"

खाने तो वह लगा, पर मन उसका दोस्तों में था। इतने में आया दिलीप। बोला, "चाची, एक चोर पकड़ा गया है, चोर। बाहर गली में सिपाही उसे ले जा रहे थे। सच्ची चाची!"

मैंने अनायास कहा, "कहाँ रे?"

दिलीप कॉपी-किताब फेंकते हुए बोला, "यह बाहर ही तो गली के बाहर।"

"तो चलो, होगा—ले, अरे खाता क्यों नहीं?"

लेकिन प्रद्युम्न का मुँह रुक गया था। बरफी का पहला टुकड़ा भी नीचे नहीं उतरा था। वह भूला सा सामने देखता रह गया था।

"ले, खाता क्यों नहीं? खाकर कहीं जाना।"

परंतु प्रद्युम्न कुछ देर उसी तरह खोया सा रहा, फिर एकदम उठकर से भाग छूटा। मैंने तब दिलीप से कहा, "जा भैया; देख तो वह कहाँ जा रहा है?"

दिलीप स्वयं ही जाना चाहता था। इसी से वह भी लपककर भाग गया। आने पर देखा कि दिलीप जितना उल्लसित है, प्रद्युम्न उतना ही चिंतित दिखता है। मैं दिलीप से पूछने-ताछने लगी और वह मुझे अपनी सुनी-सुनाई सब बताने लगा। प्रद्युम्न तब बराबर पास खड़ा था। सहसा बीच में वह बोला, "चोर आदमी होता है, माँ? चोर नहीं होता?"

मैंने कहा, "हाँ बेटा, आदमी ही होता है।"

"राक्षस नहीं होता?"

मैंने कहा, "नहीं भैया, राक्षस नहीं होता।"

वह मेरी तरफ ताकता हुआ देखता रह गया। बोला, "राक्षस नहीं होता—बिल्कुल राक्षस नहीं होता? तो फिर क्या बात है, अम्मा? अब किवाड़ बंद मत किया करो।"

मैंने तो सुनकर माथा ठोक लिया, बहन! सोचा कि इस जरा से में भी तो बाप के लच्छन आ गए!

□

अपना-अपना भाग्य

1

बहुत कुछ निरुद्देश्य घूम चुकने पर हम सड़क के किनारे की बेंच पर बैठ गए। नैनीताल की संध्या धीरे-धीरे उतर रही थी। रुई के रेशे से, भाप से, बादल हमारे सिरों को छू-छूकर बेरोक घूम रहे थे। हलके प्रकाश और अँधियारी से रँगकर कभी वे नीले दिखते, कभी सफेद और फिर जरा देर में अरुण पड़ जाते। वे जैसे हमारे साथ खेलना चाह रहे थे।

पीछे हमारे पोलो वाला मैदान फैला था। सामने अंग्रेजों का एक प्रमोद-गृह था, जहाँ सुहावना-रसीला बाजा बज रहा था और पार्श्व में था वही सुरम्य अनुपम नैनीताल।

ताल में किश्तियाँ अपने सफेद पाल उड़ाती हुईं एक-दो अंग्रेज यात्रियों को लेकर इधर से उधर खेल रही थीं। और कहीं कुछ अंग्रेज एक-एक देवी सामने प्रतिस्थापित कर, अपनी सुई सी शक्ल की डोंगियों को मानो शर्त बाँधकर सरपट दौड़ा रहे थे। कहीं किनारे पर कुछ साहब अपनी बंसी पानी में डाले सधैर्य, एकाग्र, एकस्थ, एकनिष्ठ मछली-चिंतन कर रहे थे।

पीछे, पोलो-लॉन में बच्चे किलकारियाँ भरते हुए हॉकी खेल रहे थे। शोर, मारपीट, गाली-गलौज भी जैसे खेल का ही अंश था। इस तमाम खेल को उतने क्षणों का उद्देश्य बना, वे बालक अपना सारा मन, सारी देह, समग्र बल और समूची विद्या लगाकार मानो खत्म कर देना चाहते थे। उन्हें आगे की चिंता न थी, बीते का ख्याल न था। वे शुद्ध तत्काल के प्राणी थे। वे शब्द की संपूर्ण सच्चाई के साथ जीवित थे।

सड़क पर से नर-नारियों का अविरल प्रवाह आ रहा था और जा रहा था। उसका न ओर था, न छोर। वह प्रवाह कहाँ जा रहा था और कहाँ से आ रहा था, कौन बता सकता है! सब उम्र के सब तरह के लोग उसमें थे। मानो मनुष्यता के नमूनों का बाजार, सजकर, सामने से इठलाता निकला चला जा रहा हो।

अधिकार-गर्व में तने अंग्रेज उसमें थे और चिथड़ों से सजे, घोड़ों की बाग थामे वे

पहाड़ी उसमें थे, जिन्होंने अपनी प्रतिष्ठा और सम्मान को कुचलकर शून्य बना लिया है और जो बड़ी तत्परता से दुम हिलाना सीख गए हैं।

भागते, खेलते, हँसते, शरारत करते, लाल-लाल अंग्रेज बच्चे थे और पीली-पीली आँखें फाड़े पिता की उँगली पकड़कर चलते हुए अपने हिंदुस्तानी नौनिहाल भी थे।

अंग्रेज पिता थे, जो अपने बच्चों के साथ भाग रहे थे, हँस रहे थे और खेल रहे थे। उधर भारतीय पितृदेव भी थे, जो बुजुर्गी को अपने चारों तरफ लपेटे धन-संपन्नता के लक्षणों का प्रदर्शन करते हुए चल रहे थे।

अंग्रेज रमणियाँ थीं, जो धीरे नहीं चलती थीं, तेज चलती थीं। उन्हें न चलने में थकावट आती थी, न हँसने में लाज आती थी। कसरत के नाम पर घोड़ों पर भी बैठ सकती थीं और घोड़े के साथ-ही-साथ, जरा जी होते ही, किसी हिंदुस्तानी पर भी कोड़े फटकार सकती थीं। वे दो-दो, तीन-तीन, चार-चार की टोलियों में निःशंक, निरापद, इस प्रवाह में मानो अपने स्थान को जानती हुईं, सड़क पर से चली जा रही थीं।

उधर हमारी भारत की कुल-लक्ष्मियाँ, सड़क के बिल्कुल किनारे-किनारे, दामन बचातीं और सँभालती हुईं, साड़ी की कई तहों में सिमट-सिमटकर, लोक-लाज, स्त्रीत्व और भारतीय गरिमा के आदर्श को अपने परिवेष्टनों में छिपाकर, सहमी-सहमी धरती में आँखें गाड़ें, कदम-कदम बढ़ रही थीं।

इसके साथ ही भारतीयता का एक और नमूना था। अपने कालेपन को खुरच-खुरचकर बहा देने की इच्छा करनेवाले अंग्रेजी-दाँ पुरुषोत्तम भी थे। जो नेटिव टेखकर मुँह फेर लेते थे और अंग्रेज को देखकर आँखें बिछा देते थे और दुम हिलाने लगते थे। वैसे वे अकड़कर चलते थे, मानो भारतभूमि को इसी अकड़ के साथ कुचल-कुचलकर चलने का उन्हें अधिकार मिला है।

2

घंटे-के-घंटे सरक गए। अंधकार गाढ़ा हो गया। बादल सफेद होकर जम गए। मनुष्यों का वह ताँता एक-एक कर क्षीण हो गया। अब इक्का-दुक्का आदमी सड़क पर छतरी लगाकर निकल रहा था। हम वहीं-के-वहीं बैठे थे। सर्दी-सी मालूम हुई। हमारे ओवरकोट भीग गए थे।

पीछे फिरकर देखा। वह लॉन बर्फ की चादर की तरह बिल्कुल स्तब्ध और सुन्न पड़ा था।

सब ओर सन्नाटा था। तल्ली ताल की बिजली की रोशनियाँ दीपमालिका सी जगमगा रही थीं। वह जगमगाहट दो मील तक फैले हुए प्रकृति के जल-दर्पण पर प्रतिबिंबित हो

रही थीं। और दर्पण का काँपता हुआ, लहरें लेता हुआ, वह तल उन प्रतिबिंबों को सौ–गुना, हजार–गुना करके उनके प्रकाश को मानो एकत्र और पुँजीभूत करके व्याप्त कर रहा था। पहाड़ों के सिर पर की रोशनियाँ तारों सी जान पड़ती थीं।

हमारे देखते–देखते एक घने परदे ने आकर इन सबको ढक दिया। रोशनियाँ मानो मर गईं। जगमगाहट लुप्त हो गई। वे काले–काले भूत से पहाड़ भी इस सफेद परदे के पीछे छिप गए। पास की वस्तु भी न दिखने लगी, मानो वह घनीभूत प्रलय थी। सबकुछ इस घनी, गहरी सफेदी में दब गया। जैसे एक शुभ्र महासागर ने फैलकर संस्तुति के सारे अस्तित्व को डुबो दिया। ऊपर, नीचे, चारों तरफ वह निर्भेध सफेद शून्यता ही फैली हुई थी।

ऐसा घना कुहरा हमने कभी न देखा था। वह टप–टप टपक रहा था।

मार्ग अब बिल्कुल निर्जन, चुप था। वह प्रवाह न जाने किन घोंसलों में जा छिपा था।

उस बृहदाकार शुभ्र शून्य में कहीं से ग्यारह बार टन्–टन् हो उठा। जैसे कहीं दूर कब्र में से आवाज आ रही हो!

हम अपने–अपने होटलों के लिए चल दिए।

3

रास्ते में दो मित्रों का होटल मिला। दोनों वकील मित्र छुट्टी लेकर चले गए। हम दोनों आगे बढ़े। हमारा होटल आगे था।।

ताल के किनारे–किनारे हम चले जा रहे थे। हमारे ओवरकोट तर हो गए थे। बारिश नहीं मालूम होती थी, पर वहाँ तो ऊपर–नीचे हवा के कण–कण में बारिश थी। सर्दी इतनी थी कि सोचा, कोट पर एक कंबल और होता तो अच्छा होता।

रास्ते में ताल के बिल्कुल किनारे एक बेंच पड़ी थी। मेरा जी बेचैन हो रहा था। झटपट होटल पहुँचकर इन भीगे कपड़ों से छुट्टी पा, गरम बिस्तर में छिपकर सोए रहना चाहता था। पर साथ के मित्र की सनक कब उठेगी और कब थमेगी—इसका क्या ठिकाना है। और वह कैसी, क्या होगी—इसका भी कुछ अंदाज है। उन्होंने कहा, "आओ, जरा यहाँ बैठें।"

हम उस चूते कुहरे में रात के ठीक एक बजे, तालाब के किनारे की उस भीगी, बर्फीली, ठंडी हो रही लोहे की बेंच पर बैठ गए।

5–10–15 मिनट हो गए। मित्र के उठने का इरादा न मालूम हुआ। मैंने खिजलाकर कहा, "चलिए भी…"

हाथ पकड़कर जरा बैठने के लिए जब इस जोर से बैठा लिया गया, तो और चारा

न रहा—लाचार बैठ रहना पड़ा। सनक से छुटकारा आसान न था और यह जरा बैठना भी जरा न था।

चुप-चुप बैठे तंग हो रहा था कि मित्र अचानक बोले, "देखो, वह क्या है?"

मैंने देखा—कुहरे की सफेदी में कुछ ही हाथ दूर से एक काली सी मूरत हमारी तरफ बढ़ी आ रही थी। मैंने कहा, "होगा कोई।"

तीन गज दूरी से दिख पड़ा, एक लड़का सिर के बड़े-बड़े बालों को खुजलाता हुआ चला आ रहा है। नंगे पैर है, नंगे सिर। एक मैली सी कमीज लटकाए है।

पैर उसके न जाने कहाँ पड़ रहे थे और वह न जाने कहाँ जा रहा है—कहाँ जाना चाहता है! उसके कदमों में जैसे न कोई अगला है, न पिछला है; न दायाँ है, न बायाँ है।

पास की चुंगी की लालटेन के छोट से प्रकाश-वृत्त में देखा—कोई दस बरस का होगा। गोरे रंग का है, पर मैल से काला पड़ गया है। आँखें अच्छी बड़ी, पर सूनी हैं। माथा जैसे अभी से झुर्रियाँ खा गया है।

वह हमें न देख पाया। वह जैसे कुछ भी नहीं देख रहा था। नीचे की धरती, न ऊपर चारों तरफ फैला हुआ कुहरा; न सामने का तालाब और न बाकी दुनिया। वह बस अपने विकट वर्तमान को देख रहा था।

मित्र ने आवाज दी, "ऐ!"

उसने जैसे जागकर देखा और पास आ गया।

"तू कहाँ जा रहा है रे?"

उसने अपनी सूनी आँखें फाड़ दीं।

"दुनिया सो गई, तू ही क्यों घूम रहा है?"

बालक मौन-मूक, फिर भी बोलता हुआ चेहरा लेकर खड़ा रहा।

"कहाँ सोएगा?"

"यहीं कहीं।"

"कल कहाँ सोया था?"

"दुकान पर।"

"आज वहाँ क्यों नहीं?"

"नौकरी से हटा दिया!"

"क्या नौकरी थी?"

"सब काम। एक रुपया और जूठा खाना।"

"फिर नौकरी करेगा?"

"हाँ।"

"बाहर चलेगा?"

"हाँ।"

"आज क्या खाना खाया?"

"कुछ नहीं।"

"अब खाना मिलेगा?"

"नहीं मिलेगा।"

"यों ही सो जाएगा?"

"हाँ।"

"कहाँ?"

"यहीं कहीं।"

"इन्हीं कपड़ों से?"

बालक फिर आँखों से बोलकर मूक खड़ा रहा। आँख मानो बोलती थीं—'यह भी कैसा मूर्ख प्रश्न!'

"माँ-बाप हैं?"

"हाँ।"

"कहाँ?"

"पंद्रह कोस दूर गाँव में।"

"तू भाग आया।"

"हाँ।"

"क्यों?"

"मेरे कई छोटे भाई-बहन हैं, सो भाग आया। वहाँ काम नहीं, रोटी नहीं। बाप भूखा रहता था और मारता था। माँ भूखी रहती थी और रोती थी। सो भाग आया। एक साथी और था। उसी गाँव का था—मुझसे बड़ा। दोनों साथ यहाँ आए। वह अब नहीं है।"

"कहाँ गया?"

"मर गया।"

इस जरा सी उम्र में ही इसकी मौत से पहचान हो गई! मुझे अचरज हुआ, दर्द हुआ। पूछा, "मर गया?"

"हाँ, साहब ने मारा। मर गया।"

"अच्छा, हमारे साथ चल।"

वह साथ चल दिया। लौटकर हम वकील दोस्तों के होटल में पहुँचे।

□

"वकील साहब!"

वकील लोग होटल के ऊपर के कमरे से उतरकर आए। कश्मीरी दोशाला लपेटे

थे, मोजे चढ़े पैरों में चप्पल थी। स्वर में हलकी सी झुँझलाहट थी, कुछ लापरवाही थी।

"ओ-हो, फिर आप! कहिए?"

"आपको नौकर की जरूरत थी न? देखिए, यह लड़का है।"

"कहाँ से लाए? इसे आप जानते हैं?"

"जानता हूँ। यह बेईमान नहीं हो सकता।"

"अजी, ये पहाड़ी बड़े शैतान होते हैं। बच्चे-बच्चे में गुन छिपे रहते हैं। आप भी क्या अजीब हैं—उठा लाए कहाँ से—लो जी, यह नौकर लो।"

"मानिए तो, यह लड़का अच्छा निकलेगा।"

"आप भी···जी, बस खूब हैं। ऐरे-गैरे को नौकर बना लिया जाए और अगले दिन वह न जाने क्या-क्या लेकर चंपत हो जाए।"

"आप मानते ही नहीं, मैं क्या करूँ?"

"मानें क्या खाक? आप भी···जी अच्छा मजाक करते हैं। अच्छा, अब हम सोने जाते हैं।"

और वह चार रुपए रोज के किराए वाले कमरे में सजी मसहरी पर सोने झटपट चले गए।

4

वकील साहब के चले जाने पर होटल के बाहर आकर मित्र ने अपनी जेब में हाथ डालकर कुछ टटोला। पर झट कुछ निराश भाव से हाथ बाहर कर वे मेरी ओर देखने लगे।

"क्या है?" मैंने पूछा।

"इसे खाने के लिए कुछ देना चाहता था।" अंग्रेजी में मित्र ने कहा, "मगर दस-दस के नोट हैं।"

"नोट ही शायद मेरे पास भी हैं; देखूँ?"

सचमुच मेरी जेब में भी नोट ही थे। हम फिर अंग्रेजी बोलने लगे। लड़के के दाँत बीच-बीच में कटकटा उठते थे—कड़ाके की सर्दी थी।

मित्र ने पूछा, "तब?"

मैंने कहा, "दस का नोट ही दे दो।" सकपकाकर मित्र मेरा मुँह देखने लगे, "अरे यार, बजट बिगड़ जाएगा। हृदय में जितनी दया है, पास उतने पैसे तो नहीं।"

"तो जाने दो; यह दया ही इस जमाने में बहुत है।" मैंने कहा।

मित्र चुप रहे। जैसे कुछ सोचते रहे। फिर लड़के से बोले, "अब आज तो कुछ नहीं हो सकता। कल मिलना। वह 'होटल-डि-पव' जानता है? वहीं कल 10 बजे मिलेगा?"

"हाँ···कुछ काम देंगे, हुजूर?"

"हाँ-हाँ, ढूँढ़ दूँगा।"

"तो जाऊँ?" लड़के ने निराश भाव से पूछा।

"हाँ।" ठंडी साँस खींचकर फिर मित्र ने पूछा, "कहाँ सोएगा?"

"यहीं-कहीं, बेंच पर पेड़ के नीचे। किसी दुकान की भट्ठी में।"

बालक कुछ ठहरा। मैं असमंजस में रहा। तब वह प्रेतगति से एक ओर बढ़ा और कुहरे में मिल गया। हम भी होटल की ओर बढ़े। हवा तीखी थी—हमारे कोटों को पार कर बदन में तीर सी लगती थी।

सिकुड़ते हुए मित्र ने कहा, "भयानक शीत है। उसके पास कम, बहुत कम कपड़े हैं···!"

"यह संसार है, यार!" मैंने स्वार्थ की फिलॉसफी सुनाई, "चलो, पहले बिस्तर में गरम हो लो, फिर किसी और की चिंता करना।"

उदास होकर मित्र ने कहा, "स्वार्थ! जो कहो, लाचारी कहो, निठुराई कहो या बेहयाई!"

□

दूसरे दिन नैनीताल-स्वर्ग के किसी काले के गुलाम पशु के दुलार का वह बेटा—वह बालक, निश्चित समय पर हमारे 'होटल-डि-पव' में नहीं आया। हम अपनी नैनीताल सैर खुशी-खुशी खत्म कर चलने को हुए। उस लड़के की आस लगाए बैठे रहने की जरूरत हमने न समझी।

मोटर में सवार होते ही थे कि समाचार मिला—पिछली रात, एक पहाड़ी बालक सड़क के किनारे पेड़ के नीचे ठिठुरकर मर गया।

मरने के लिए उसे वही जगह, वही दस बरस की उम्र और वही काले चिथड़ों की कमीज मिली! आदमियों की दुनिया ने बस यही उपहार उसके पास छोड़ा था।

पर बतानेवालों ने बताया कि गरीब के मुँह पर, छाती, मुट्ठियों और पैरों पर बर्फ की हलकी सी चादर चिपक गई थी, मानो दुनिया की बेहयाई ढकने के लिए प्रकृति ने शव के लिए सफेद और ठंडे कफन का प्रबंध कर दिया था!

सब सुना और सोचा—अपना-अपना भाग्य!

□

अंधे का भेद

1

यह पचासी रुपए की मेज पारसाल खरीदी गई थी। बात यह हुई कि एक मित्र को शतरंज के बोर्ड की जरूरत हुई। वे शतरंज खेलना नहीं जानते थे, पर अपने सलाहकारों की आवश्यकता पर टुक ध्यान देकर, 5-7 रोज हुए, उन्होंने हाथी दाँत के शतरंज के मोहरे खरीदे हैं। उसके लिए बोर्ड की कमी है। वे मेरे पास आए। चाहते थे कि वह जो कश्मीरी गेट में मेसर्स⋯की दुकान है, मैं वहाँ साथ-साथ चलूँ। बग्घी खड़ी थी। एक रायबहादुर के साथ बाजार में होकर बग्घी में बैठे हुए निकलना बुरा नहीं मालूम हुआ। ऐसे काम के लिए तो मैं अपने किसी छोटे-मोटे काम का हर्ज भी कर देता, पर अभी तो एकदम हाथ में कुछ काम ही नहीं था।

मेसर्स⋯के यहाँ खुद लाला साहब ने चीजें दिखाईं; पर कुछ जँची नहीं। मित्र को तो बढ़िया चाहिए।

लाला साहब ने अर्ज किया, "फरमाइश पर बन सकती है।"

"जरूर बना दीजिए। एतवार तक मिल जाए।"

"पेशगी?"

दस पेशगी दे दिए, बाकी फिर दे दिए जाएँगे।

दिन थे, मैं मेज पर पेंसिल से लकीरें खींचकर शतरंज खेला करता था। मेरी जान में, इस कारण, कुछ कम अच्छी शतरंज नहीं खेली थी। पर अपने अनुभव को जताने का यह मौका नहीं था। अपनी ही ओछी होती। सुनकर रायबहादुर मित्र भी क्या सोचेंगे! इसलिए अपनी बात मैंने अपने मुँह में ही रखी और मन-ही-मन शरमाने लगा।

तभी मेरी निराली निगाह इस पचासी रुपए की मेज पर पड़ी। कहावत है—'ऊँची दुकान, फीका पकवान'। यह कहावत ठीक तो है, पर ढंग ठीक नहीं। मैं इसका शिष्ट रूप पसंद करूँगा—'ऊँची दुकान, सजा पकवान।' अर्थ में तो अंतर पड़ता नहीं; हाँ, दूसरा रूप सभ्य, शिष्ट और सुनने लायक जान पड़ता है। तो साहब इस ऊँची दुकान पर

पकवान तो नहीं, हाँ, फर्नीचर खूब सजा-सजा लगा हुआ था।

पैसों की सुविधा होते ही ऐसा सामान, जिससे दूसरों की भी और अपनी भी आँखों में अपना गौरव बढ़े, इकट्ठा करने में मजा आता है। भीतर से जैसे एक शाबाशी मिलती है। जीवन की कृतकार्यता का यह भी एक जरूरी काम है।

फिर जो अभी एक तरह की शर्म उठ रही थी, उसे मिटाने के ख्याल से थोड़ा सा बढ़ने की इच्छा हुई। अपने को, दुकान-मालिक, लाला साहब और रायबहादुर को सबको यह मालूम होना चाहिए कि मैं भी कुछ-कुछ बराबरी कर सकता हूँ।

शायद यह भी ख्याल रहा हो—मैंने मेज पर निगाह डाल दी, इशारा करके कहा, "इसके क्या··· ?" छूटते ही लाला साहब ने मेज को झाड़-बुहारकर चमका दिया। दराज देखिए, यह आईना, यह जोड़ कैसा दिया गया, पॉलिश बिल्कुल···बड़ी उम्दा चीज है, आपकी निगाह ही। आदि-आदि अविराम बखान करके कहा, "जरूर ले जाइए। कुछ चीज मालूम होगी। ···हाँ, 100 रुपए।"

मेरी 85 से कम करने की हिम्मत न हुई। अजी साहब, रायबहादुर साथ हैं, इसलिए लाला साहब उनके सामने कुछ नहीं कह सकते। बाकी और किसी को 100 रुपए से एक पाई कम नहीं करते। चीज है···लेकिन···सारांश, वह मेज 85 में मेरे यहाँ आ गई।

यहाँ एक बात जरूर कह दूँगा। व्हाइटवे-लेडला के यहाँ ऐसी ही मेज देखी थी। पॉलिश और चमकदार थी। काम भी अच्छा ही होगा। 150 में आती थी। मैंने नहीं ली। देशी फर्म रहते विलायती से क्यों लूँ? देशभक्ति—जो वक्त पर वफा पहुँचाती है, जो महँगी नहीं पड़ती—ऐसी देशभक्ति को मैं नहीं जाने देता हूँ। व्हाइटवे फर्म को मैं बहुत कम अपनाता हूँ। यह मैं भी जानता हूँ और औरों को भी जताता रहता हूँ।

पारसाल जब से यह मेज आई है, तब से इसकी आड़ की कुरसी का अभाव अखरता है। यह बेंत की कुरसी मेज के सामने जँचती नहीं, टेस्ट के खिलाफ है। कोई भलामानस देखेगा तो क्या कहेगा? स्प्रिंगदार घूमती हुई 'रिवॉल्विंग चेयर' हो तो ठीक हो जाए। कुछ मेल की चीज तो दिखे।

जिंदगी के 32 साल ऐसे कुरसी के बगैर कट गए हैं। अब समझ नहीं पड़ता, कैसे कट गए! अब तो जब-तब ध्यान उसके अभाव की ओर हो जाता है। आखिर दाम लेते-लेते, वह कुरसी आज आई है। काली है, चमकदार सीट बड़ी उम्दा है। स्प्रिंग खूब उछलते हैं। मेज के सामने लगा दी गई है। अब कमरे की शक्ल कुछ बन गई है।

पैसे की सुविधा होने से रहता तो अच्छा है। पहले धरती पर ही कागज धरकर लिखता था। कैसी मुश्किल पड़ती होगी! अब आराम से लिखूँगा। सवेरे जो उस अखबार का तकाजा आया है, सो आज इसी कुरसी पर बैठकर लिखूँगा।

खाना खाकर पलंग पर लेट गया। श्रीमतीजी पान दे गईं। पान चबाते-चबाते

सोचा—थोड़ा 10–15 मिनट लेट लूँ, तब लिखना आरंभ करूँगा। पर लेटा तो लेख की बात सोचने लगा। क्या लिखना होगा ? कुछ बात ही समझ में नहीं आता। 5–10 मिनट हो गए और दिमाग शून्य ही रहा। उठकर बाहर छज्जे पर आया, आसमान देखा—इन चीलों की जगह, कोई उड़ती सूझ होती, तो अभी दिमाग से मारकर गिरा लेता और मसाला देकर सजाकर पेश कर देता।

मुट्ठी बाँधी, मुट्ठी खोली, कई कागज की चेपियों को गुड़ी-मुड़ी करके यहाँ-वहाँ फेंका, आसमान देखा, धरती देखी, कदम गिने—इस तरह न जाने क्या-क्या करते 5–7 मिनट होने पर मैं उस नई कुरसी पर जा बैठा।

वह तो डेढ़ हाथ धँसक गई! मैं उछल पड़ा—उछलकर पड़ा वहीं मखमली कुशन पर। हलके 2–1 गद्दे और खाए। यह बड़ा अच्छा लगा। कुरसी का नया-नया स्वाद था, बहुत ही मन भाया।

भागते-उड़ते विचारों की चौकसी के लिए दिमाग को छोड़ दिया। हुक्म था—जो मिले, पकड़कर मेरी कलम के नीचे डाल दो, मैं फिर उसका भोज बनाऊँगा। मैं भी चौकन्ना हो बैठा।

लेकिन मछली के शिकारियों सा धीरज मुझमें नहीं है। अब आए, अब आए—ऐसे कब तक घात लगाए बैठा जाए। मैं तो थकने लगा और मालूम नहीं कब ऊँघ आ गई।

"अरे, यहाँ तो आ।" आवाज पड़ी तो मैं चुप रहा। मालूम पड़े, जैसे काम में व्यस्त हूँ।

"यहाँ आ रे! जल्दी।"

मुझे छुट्टी नहीं है, इस भाव से मैंने कहा, "क्या है ?"

"यहाँ आ, यहाँ आ—आ तो।"

"आया," कहकर थोड़ी देर लगाई। आँखें ऐसी कीं, जैसे बड़े काम से उठकर आई हैं और मैं नीचे उतरकर आया।

देखा—घर की सब औरतें और बाल-बच्चे तथा पड़ोस की भी दो-चार, एक वृत्त बनाए, बीच में किसी को घेरे खड़ी हैं। उत्सुकता हुई, उझककर देखा—सूरदास है। घर की प्रभुता की झोंक में कहा, "यह क्या तमाशा मचा रखा है!" मेरी माँ बोलीं, "अरे, बैठ तो, देख-देख।"

जो कुरसी पेश की गई, उस पर बैठकर सूरदास को देखने लगा। अधेड़ आदमी है। पचास पर पहुँच रहा होगा। निपट अंधा है। मारवाड़ी है। सिर पर चिथड़े हो रही पगड़ी है। रंग साँवला सा, मुँह बनावट में ठीक, अच्छा है, ऐसा नहीं कि उबकाई हो। घुटनों के कुछ ऊपर तक आई धुएँ-सनी धोती है। हाथ में टेकने की लठिया है, पैर में जबड़े निकालता हुआ जूता।

एकदम सब-के-सब उससे बोल रहे हैं। जिसकी आवाज सबसे ऊँची हो, उसी का कहा वह मानता है। एक लड़का चिल्लाया, "बाबा, बकरे की···।" सूरदास ने, "मैं—ऐं—ऐं—ऐं— " करके सबको हँसाया। मैं घबराया—कहीं बकरा ही तो नहीं आ गया!

"बाबा, बंदर···!" कहते देर नहीं हुई कि उसी लड़के पर बंदर घुड़क पड़ा, "गुड़···र्र-र्र···" बच्चा सहम गया, फिर हँस पड़ा।

इसी तरह मोटर चलाई—प्वाँग! प्वाँग! हटो, हटो! गधे को, मुरगे को बुलाया और अपने को खूब तंग होने दिया। लड़कों की एक बात न टाली, जो हुक्म हुआ, वही बात पूरी की।

फिर मेरी माँ ने कहा, "सूरदास, तेरी घरवाली कैसी थी?"

सूरदास का मुँह खिंच आया, आवाज भारी हो गई, जैसे अभी रो उठेगा।

"ओहो! सुभाव बड़ा अच्छा, नैहर गई है, ऐसे बोलती है, जैसे बागों में कोयल बोले। मैं खाता—थोड़ा खाता; कहती—और ले और, दे ही देती। ओहो! सुभाव बड़ा ही अच्छा था। कुछ हो जाता, यों ढुमुक-ढुमुक रोती।"

वह भी दोनों हाथों से दोनों आँखों को मींचते हुए जैसे ढुमक-ढुमक रोने लगा। हम सब खिलखिलाकर हँस पड़े। वह भी एकदम ठहाका मारकर हँस पड़ा।

मैं हृदयहीन नहीं हूँ। अपने हँसने पर शरमाता, पर जब वही अपनी पूरी हँसी से हँस बैठा तो मैंने सोचा, यह अभिनय हँसने के लिए ही है।

"कोई ठंडी-बासी, कोई लत्ता···"

"लत्ता देंगे, पहले···।" मेरी माँ ने कहा और तब उसने कैसे उसकी घरवाली बाल धोती, मुल्तानी लगाती, चोटी करती, आटा गूँधती, उसके पैर दबाती आदि सबका अभिनय ऐसे सच्चे भाव से, मुँह बना-बनाकर, ज्यों-का-त्यों कर दिया कि हँसते-हँसते पेट में बल पड़ गए।

फिर, "बाबा, कोई सूखी-बासी···।"

कुछ रोटी दे दी गई। मेरे ट्रंक में से, मेरे हुक्म से एक फटी कमीज दे दी गई और सूरदास असीस देता हुआ चला। मेरा लड़का लाठी पकड़े-पकड़े मकान से बाहर उसे गली में अच्छी तरह पहुँचा आया।

फिर मैंने माँ की ओर मुखातिब होकर सबको सुनाते हुए कहा, "यह क्या तमाशा फैला लेती हो? ऐसे लोगों को क्यों अंदर आने देती हो? भिखमँगे कहीं के!"

मेरा दिल पत्थर नहीं है, पर बात यह है कि घर की डोर मेरे हाथ में हाल ही साल दो-एक से आई है। और मुझे नई-नई होने के कारण, उस रस्सी को जब-तब ढीलने-तानने-खींचने का शौक है। अधिकार-उपयोग में बड़ा मीठा मजा होता है। लाटसाहब को लाटसाहबी में, शाह को शाहगीरी में तथा जमादार और सिपाही को अपनी जमादारी और

सिपाहीगीरी में जो मजा आता है, वही मुझे अपनी नई-नई घर की प्रभुता का प्रदर्शन करने में आता है। पर माँ को मेरे इस प्रभुत्व का जरा भी खटका नहीं रहता। जब मैं तनता हूँ तो वे ओठों-ओठों में जरा मुस्करा पड़ती हैं।

माँ ने कहा, "अरे भाई, गरीब है, आ जाता है। चलो, बच्चे हँस लेते हैं। अपना क्या जाता है, दो रोटी ही तो। फिर भइया, दीनों की असीस क्या सबको मिलती है?"

सो तो सब ठीक, पर मैं हार नहीं सकता। कहा, "गरीब तो है, लेकिन…।"

माँ ने कहा, "अच्छा-अच्छा।" और मुझे चुप हो जाना पड़ा।

उस रोज लिखना नहीं हुआ। संपादकजी को लिख दिया, "अनवकाश है, जल्दी ही भेज दूँगा।"

2

एक रोज वह अंधा गली में फिर मिला। लड़कों की टोलियों से घिरा हुआ, उन्हें हँसाता खुश करता हुआ चल रहा था। एक लड़के ने अपने घर चलने का उसे निमंत्रण दिया है और वही उसकी लाठी पकड़े अपने घर ले जा रहा है। वह वहाँ वैसी ही बोलियाँ बोल देगा, मोटर चला देगा, अपनी घरवाली की बातें सुनाकर उन्हें हँसा देगा और फिर दो-एक रूखी-सूखी जो पाएगा, ले आएगा। उसका यही व्यवसाय है और वह इसी में सुबह-शाम एक कर देता है।

वह गाता भी है। घर बैठे-बैठे एक दिन तान सुन पड़ी, "ऊधो या जग कोऊ न मीत।" जैसे कोई अच्छे स्वर और अच्छी आवाज से ही नहीं, अच्छे हृदय से भी गा रहा हो। जानना चाहा, यह गानेवाला कौन है। मेरे बच्चे ने आकर ताली बजाकर खबर दी, "बाबा है, बाबूजी। बुड्ढा—बाबा—सूरदास!"

मेरा कौतूहल नहीं रुका, पहुँचा। पास ही मकानों से घिरा जो एक चौक है, उसके बीचोबीच पालथी मारकर सूरदास आलाप रहा है। हाथ की लाठी से कभी पत्थर की फर्श पर ठनकार देता है, कभी हाथ को जाँघ पर मारकर ताल देता है।

'ऊधौ या जग कोऊ न मीत।'

सूरदास की आवाज में मिठास है, लोच है, कँपकँपी है। उसकी गूँजन जी को ग्रस लेती है। लेकिन मैं ज्यादा ठहरा नहीं, लौट आया।

तब से सूरदास का सामना होना मैं नहीं चाहता। देखकर कुछ सुख नहीं मिलता। घर में भी कह दिया, "देखो, उस अंधे को जो देना हो दे दो, पर घर में ज्यादा बैठाने की जरूरत नहीं।"

लेकिन मालूम होता है, जिंदगी के आखिरी दिन तक कभी मेरा हुक्म माँ पर नहीं

चलेगा। एक रोज बाजार से लौटा, देखता हूँ, वही जमघट जमा है। सूरदास नया गीत उड़ा लाया है और उसी को गुँजा रहा है। यह रबड़ छंद का गीत, क्या अचरज, उसी का बनाया हुआ हो।

'एक से सावन भी और जेठ···।'

इस बुढ़ाई के तत्त्व-ज्ञान से मैं बहुत चिढ़ता हूँ। ऐसे भिखमंगे जबरदस्ती हमसे दया छीन लेना चाहते हैं। इस तरह पिघलकर रुपया देना या दया देना समाजतंत्र के किसी भी नियम में नहीं लिखा है, किसी तरह भी हम पर आयद नहीं है।

बात यह है कि अंधे को देखकर जो असंतोष उठता है, वह मेरे प्रभुत्व-दर्प के हाथ में पड़कर न जाने किस मानसिक प्रतिक्रिया से रोष बनकर बाहर निकलता है। मैंने उस पर रोष करना चाहा, पर उस अंधे ने परमात्मा के नीलाकाश में, अपनी अंधी आँखें गाड़कर सुस्निग्ध कंठ से गाया—

'जेठ नाहीं सूखे, औ' सावन नाहि बरसेउ।'

व्यथित कंठ से निकला, बिना देखे परमात्मा को निवेदन-रूप में भेजा गया यह गान मेरे रोष के ऊपर फैल गया। इस अकिंचन सूरदास पर रोष कैसे उतरे?

"सूरदास, गाना खत्म करो, सुनो।" मैंने कहा। वह रुका, एक झटके से हँसा। शायद हँसी का झटका देकर वह अपने को मेरी बात सुनने योग्य मन:स्थिति में लाया। बोला, "हाँ, जी।"

"इतनी सारी रोटी माँगकर तू रोज ले जाता है, सो क्या तू अकेला खाता है?"

एक दिन मैंने उसे बकुचा भर रोटी होने पर भी माँगते देखा था।

सूरदास ने कहा, "नहीं तो! अपने लिए किस मुँह से माँगूँगा!"

तब मेरी माँ ने बताया, "इसके दो लड़के हैं, एक लड़की है। एक लड़का कभी-कभी लाठी लेकर इसे राह बताता है। बड़ा स्कूल में पढ़ने जाता है। बच्ची सबसे छोटी है, घर ही रहती है।"

"तेरा घर कहाँ है रे?" मैंने पूछा।

"क्लाथ-मिल के पीछे कुलियों के रहने की जगह है, वहीं एक कोठरी मेरी है।"

"मैं एक रोज आऊँगा।"

सूरदास ने बिना संकोच कह दिया, "आना जी।"

मैंने देखा, वह मेरे आतिथ्य की बात सोच रहा है। मैं समझ गया, वह सोच रहा है कि आतिथ्य में कुछ भी उठा न रखूँगा। कैसा भिखारी है, अतिथाई करेगा! लेकिन देखा, एक-न-एक रोज इसका आतिथ्य पाना ही होगा।

3

आज दिन भर बारिश हुई है। शाम होने आई, तब कहीं सूर्य दिखा है। बड़ी सुहावनी धूप मालूम होती है। बारिश के बाद धूप निकलने पर जैसे चींटियों की लँगार की लँगार यहाँ-वहाँ दिखाई पड़ती है, वैसे ही छज्जे पर से, घरों में से निकलकर आदमियों की कतारों-की-कतारें चलती-फिरती दिखाई देती हैं। लिखते-लिखते सिर भन्ना गया है। कहीं बाहर चलने की सूझी। सूरदास के घर की याद आई। वक्त भी अच्छा है, अभी घर ही मिलेगा।

दइमारे लोगों के मोहल्ले में पूछते-जाँचते एक बंद दरवाजे पर आ खड़ा हुआ। जिन्हें दैव ने ही मारा, उन्हें म्युनिसिपैलिटी भी क्यों न मारे! इसलिए यह मोहल्ला म्युनिसिपैलिटी के सिर पर गधे के ताज जैसा सजाने लायक बन गया है। गद्दों, कुरसियों, पंखों और न जाने किस-किस से सँवारे हुए म्युनिसिपल-हॉल में जहाँ कुछ छँटे-छँटे आदमी पार्टियाँ और बहसें उड़ाने के लिए जमा हो जाते हैं, वहाँ अगर इस मोहल्ले का नरक ले जाकर पटक दिया जाए तो बड़ा शिक्षाप्रद दृश्य बन जाए!

बंद दरवाजे को खटखटाया। वह खुला नहीं, भीतर से बंद था। पास के एक कुली से मदद माँगी। उसने किवाड़ पर थपकी देकर कहा, "विन्नो!"

इस पर किवाड़ खुले। और जिस विन्नो ने किवाड़ खोले थे, वह मुझे देखते ही भीतर भाग गई।

नौ वर्ग फीट का कमरा होगा। हवा के लिए यही दरवाजा है, जिसमें से मैं घुसा। किवाड़ों की दरारें इस तरह सौभाग्य बन उठी हैं, क्योंकि किवाड़ बंद होने पर उन्हीं से हवा आती-जाती है। एक कोने में घड़ा रखा है, एक तसला लोहे का, जैसा जेल में मिलता है, ऊपर ढका है, एक थाली नीचे रखी है, पास ही एक शकोरा है। एक तरफ एक खटिया है, जिसके बान झूलकर धरती को छूनेवाले ही हो रहे हैं। उस पर कुछ गूदड़ ढेर हो रही है। उसी से एक दर्जे उतरकर या चढ़कर नफीस गूदड़ खाट के बराबर में फैल रहा है। और कोई वर्णनीय बात इसमें नहीं है। एक-दो लाठियाँ, कुछ हँड़ियाँ और एक-दो पोटली-सोटली उस कीचड़ के रंग के बिछौने के पास रखी हैं।

विन्नो इस बिछौने पर आकर आँख मींचकर लेट गई है। मेरा जैसा चशमेवाला, साफ-सफ्फाक, बनाया-सँवारा आदमी महल छोड़कर यहाँ आया है, तो जरूर कोई प्रलय होने वाली है। कुछ ऐसे ही डर से विन्नो यों दुबक रही है।

"विन्नो!"

देखा, यह साफ, सुपरिधान किसी अपर-लोक का जंतु उसी की बोली में उसका नाम ले रहा है और आँखों पर चढ़े चशमे में से उसकी ओर देख रहा है। उसे साहस हुआ।

"विन्नो, डरती हो ?"

जिस लहजे से यह कहा गया, उसने विन्नो का सारा डर भगा दिया। वह आगे बढ़ आई, सामने खड़ी हो गई। बोली, "नहीं।"

उस वक्त वह सामने खड़ी लड़की बुरी नहीं मालूम हुई। आँखें बड़ी-बड़ी कटोरे सी हैं, जो हिरनी की तरह या तो निश्चल विश्वास और प्यार से या डर आशंका से ही देखना जानती हैं। उमर आठ बरस से ऊपर होगी। रंग उज्ज्वल गेहुँआ है, पर उस पर मैल की कलौस लग रही है। दुबली है। टाँगों में छींट की घघरिया है और कमर पर बंडी के नाम पर कुछ चिथड़ियाँ। बदन पर खरोंच लग रही हैं, मालूम होता है, बहुत खुजाने का परिणाम है। सिर के बाल चीकट सन-सरीखे हो रहे हैं।

मैंने उसका हाथ पकड़ा, खटिया के गूदड़ को जरा समतल किया और उसकी खटिया पर बैठ गया। विन्नो को गोदी में लिया।

"विन्नो, तेरा अंधा बाप कहाँ है ?"

विन्नो बड़े आराम से गोदी में बैठी है। यह सौभाग्य जैसे कभी उसे मिला था, अब तो सालों से नहीं मिला। वह जैसे अपना ही मुझे मानने लगी। बोली—

"अम्मा के गए होंगे।"

"अम्मा के! कौन अम्मा ? कहाँ है ?"

"यहीं हैं। बाबा हर सातवीं शाम को जाते हैं।"

"अभी तो बारिश थी।"

"कुछ हो, वह तो जाते हैं।"

इन सब बातों को सुनकर मैं अचरज में पड़ रहा था।

"अम्माँ कहाँ रहती हैं, क्या करती हैं ?"

"सो नहीं जानती। पिछले बार गई थीं। रहती हैं और क्या करतीं—कुछ नहीं करतीं। खूब अच्छी-अच्छी रहती हैं। अम्मा मेरी अच्छी रहती हैं। तुम्हारे जैसे कपड़े पहनती हैं और रोती हैं। मैं गई। तो मुझे चिपटाकर बहुत रोईं।"

यह तो बड़ा अद्‌भुत संवाद सुना। मेरा औपन्यासिक कौतूहल पूर्ण वेग से जाग उठा। पर मैं बहुत-कुछ पूछ-पाछकर भी नहीं पता लगा सका कि अम्मा कौन है, क्या है, कहाँ रहती है, क्यों रहती है ? यही पता मिला कि अच्छी रहती हैं, सजकर रहती हैं।

इस अंधे के इतिहास के चारों ओर जो भेद की तह-की-तह लिपटी हुई है, उसमें एक को छेड़ा है तो अब सबके भीतर तक पहुँचे बिना चैन नहीं मिलेगा।

एक कुली को मैंने खाट लाने का हुक्म दिया। उस कुठरिया के बाहर खाट पर बैठ गया और सूरदास के बारे में जानकारी पाने की टोह में लगा।

पर लोग कुछ ज्यादा न बता सके। जो छोटा लड़का उसके साथ रहता है, उससे

पता लग सकता है। वे खुद इतना ही जानते हैं कि रोटी माँग-माँगकर लाता है और शाम को आता है। रात को उन लोगों को वह कभी गाना सुनाता है, कभी कहानियाँ। सवेरे उठते ही वह अपने चक्कर पर चल देता है। बस दोपहर को एक बार लड़की-बच्चों की खबर लेने आता है। वह जब से जानते हैं, तब से यही नियम। चाहे बीमारी हो, चाहे वर्षा; इसमें फर्क नहीं पड़ता। हाँ, इतवार की शाम को वह जरूर देर से आता है।

इस सबसे मिला तो कुछ नहीं, उत्सुकता और बढ़ गई। तभी उसका सबसे बड़ा लड़का वहाँ आया।

सिर पर जरा पुरानी फैल्ट कैप है, पैरों में कलकत्ते का स्लीपर। बहुत ज्यादा लटकते कॉलरों की कमीज और चौड़ा फैला पायजामा। बालों में तेल भी है, कढ़े भी हैं। चौदह वर्ष का होगा। सातवें दर्जे में पढ़ता है। भरसक इसने अपने पिता सूरदास से अपना जाहिरी संबंध बिल्कुल मिटा डालने की चेष्टा की है। सचमुच देखकर मेरी हिम्मत नहीं हुई कि इसे भिखारी की संतान समझूँ। यह अपने बाप के अस्तित्व पर शरमाने लगा है। अंधे की कमाई का आधे से ज्यादा भाग इसकी शिक्षा और श्रृंगार में खर्च होता है। लेकिन यह उसके लिए कृतज्ञता का पर्याप्त कारण नहीं है। कहीं और जगह होता, तो ऐसे रहता! वही लड़का गोविंद मेरे सामने आया और ठिठककर रह गया।

मैं उसकी पसंद का आदमी था; पर उसके घर पर ही बैठा हूँ, सब हाल जानता हूँ, इसलिए उसकी नापसंदगी का भाजन बन गया।

मैंने पूछा, "भई, तुम्हारे पिता…।"

"मुझे नहीं मालूम।" बात काटकर ही उसने जवाब दे दिया।

मैंने प्यार से उसकी पीठ थपकी, उसे जरा अकेले में ले गया।

"भई, तुम्हारे पिता कहाँ हैं? नहीं बताओगे?"

उसे सचमुच का संकोच था। कैसे कहे?

"तुम्हारी अम्मा… ?"

गोविंद ने हाथ जोड़कर कहा, "बाबूजी, आप जानते हों कुछ तो हाथ जोड़ता हूँ, किसी से कहिएगा नहीं।"

"भाई, मैं जानता-वानता कुछ नहीं। जानना चाहता हूँ। बताओगे नहीं?"

"बाबूजी, हाथ जोड़ूँ, मत पूछो।"

"नहीं-नहीं, डरो मत। कोई बात नहीं। अच्छा, जगह बता दो।"

"बाबूजी, देखो, किसी से कहना नहीं। मेरी मौत हो जाए, जो कहो। चावड़ी बाजार में…। पर बाबूजी, माँ जो है, सो है—बुरी नहीं है। हमें प्यार करती है।…हमारा खर्च…।"

लड़के को ज्यादा कष्ट देना ठीक न समझ, विन्नो को कुछ दे, मैं चला आया।

4

जहाँ कभी नहीं गया, वहाँ गया। जो न करना था, किया। लेकिन उसका पता न चला सका।

इतवार को उस अंधे की प्रतीक्षा में खड़ा हूँ। इस रास्ते से न आया तो अगले इतवार को दूसरे रास्ते पर इंतजार करूँगा। जो हो, उसके जीवन की कमबख्ती का हाल तो मालूम ही करना होगा, लेकिन वह तो वह आ रहा है। मालूम होता है, यही उसका छोटा लड़का है—वह, जो थकान के भाव से लाठी पकड़े उसे लिये आ रहा।

जहाँ नीचे दर्जे की···रहती हैं, जिनमें मिट्टी का दीवट जलाया जाता है, वहाँ एक मैले से जीने के आगे वह लड़का खड़ा हो गया।

सूरदास अब आगे होकर जीने पर चढ़ा। लड़के ने अपने शरीर से जीने को ढाँके रखा—कोई देखे नहीं। फिर देख-दाखकर लड़का भी चढ़ गया। जीना बंद कर लिया। मैं वहाँ पहुँचा, थपथपाया।

ऊपर से किसी ने झाँका, "क्या आप ठहर सकते हैं?"

मैंने कहा, "नहीं।"

यहाँ मेरे-जैसे लोग आते नहीं। मैं आ ही गया हूँ तो काफी अच्छी कमाई का जरिया हो सकता हूँ। यहाँ वालियों को पैसे की उतनी ही तंगी रहती है, जितनी भिखारियों को। इससे मना करते उससे बनता नहीं, हाँ करे तो कैसे?

मैंने जिद की, तो उसने जीना खोल दिया। जीने के पास ही, कोठरी से लगा हुआ एक छोटा सा बरामदा था। कहा, "आप, यहाँ थोड़ी देर बैठें तो बड़ी मेहरबानी हो। हाथ जोड़ती हूँ।"

मैंने कहा, "क्यों कौन है?"

"अजी, एक अंधा भिखारी है।"

"अंधा भिखारी! क्यों, वह कौन है?"

"अजी, आप नाराज न हों। आपकी नाराजगी के लायक नहीं।"

"तो मैं भी कमरे में ही बैठता हूँ। क्या कहती हो?"

उसने खुशी से कहा, "हाँ-हाँ।" फिर कहा, "लेकिन आप बोलें नहीं। अंधा फकीर है, मुझे राह पर लगाना चाहता है। उसका पुराना अहसान भी है। उसका कहा मानना पड़ता है। कुछ देखें तो ताज्जुब न करें।"

कमरे में एक पुराने स्टूल पर मैं बैठ गया।

कमरे में कोई खास बात नहीं है। एक अच्छी सी खाट है, जिस पर सफेद चादर बिछी है, दो-एक तकिए पड़े हैं। वहाँ छोड़कर सफेदी और कहीं नहीं। फर्श पर

मैला टाट है। दो-एक मोढ़े हैं। एक राधा-किशन की तसवीर है, एक कलेंडर। एक लालटेन, दीवट, मिट्टी के कुछ खिलौने, कागज के फूल, पानदान, सुराही और काँच का गिलास—ये चीजें और भी टँगी या रखी हैं। सनी रेशम की एक साड़ी चुनी हुई, एक झालरदार ब्लाउज—ये खूटियों पर टँगे हैं। इस अमीरी की बनावट की एक-एक बात में गरीबी मानो फटी पड़ती है और विलास का लिबास पहनकर दुःख मानो सिसक-सिसककर रो रहा है।

वह सँवारी हुई, साधारणतः सुंदर है। 32 वर्ष की अवस्था होगी, देह झरती जा रही है, पर अब भी उसमें बहुत-कुछ है। इस नारी के चेहरे पर, इस वातावरण में भी, कुछ वह है, जो समझ नहीं पड़ता, मानो यह यहाँ भूल से आ पड़ी है और भूल से ही रह रही है।

उसने दीये को तेज कर दिया, मुझे भुला दिया। सूरदास का हाथ पकड़ा, "आओ।"

दोनों बराबर घुटनों के बल बैठ गए। लड़का भी वैसे ही आ बैठा। सबने हाथ जोड़े, ऊपर को देखा।

तब स्तब्धता छा गई। घड़ियाँ सुन्न हो गईं। हवा ठहर गई, मानो अब आत्मा बहेगी—चुप हो जाओ।

सूरदास के कंठ से तब आत्म-ध्वनि निकली, "मालिक, हम बड़े पापी हैं। कितनों को तुमने उबारा है। क्या हमें भी उबारोगे? पर कैसे कहूँ? मालिक, तू सब जानता है, कोई बात तुझसे छिपी नहीं। क्या तू नहीं देखता? मालिक, हम दोनों बड़े गरीब हैं, तेरे ही बच्चे हैं, रोज भला करते हैं, पर तुझे जरूर याद करते हैं। मालिक! हे मालिक मेरे! तू भी हमें भूलियो मत, नहीं तो हम कहीं के नहीं रहेंगे।

"मालिक, रोटी मिलने में अब मुश्किल होती है। देह बूढ़ी हो चली। अब तेरे पास, तेरे चरणों में आना चाहता हूँ। जल्दी चाहने का हक नहीं है तो भी मालिक, जल्दी करना, जल्दी ही उठा लेना।"

तब वह बोली, "क्या देवी न कहूँ उसे?"

"तुम्हें मैं नहीं जानती, मुझे तो धरती पर यह मालिक मिला था। इसी की मैंने अपने हाथों से आँखें फोड़ दीं। हाय! पर यह कहता है, तभी से मुझे सच्ची आँखें मिलीं। तभी से इसने मुझे तुम्हें याद करना सिखाया। क्या तुम, सच, पापों को माफ कर देते हो?—ऐसे पापों को भी? मुझे भरोसा नहीं होता। पर यह कहता है, विश्वास करने से सबकुछ होता है। ओ मेरे परमात्मा! मुझे कह दे, माफ कर दिया। मेरा अंधा तो सबकुछ माफ कर देता है। वह देखता तो है नहीं, बिना देखे माफ कर देता है। तुम देखते हुए कहो, माफ कर दिया। तब मेरे जी को ठंडक मिलेगी। नहीं तो वह ऐसा जलता है कि मैं मरी जा रही हूँ।

कहाँ बैठी हूँ—तुम देखते हो; मैं भी देखती हूँ। मैं यहाँ से उठ जाना चाहती हूँ। जितना जीना तुमने बाँध दिया है, उसमें से काट नहीं सकती। मुझे जल्दी उठा लो, यही चाहती हूँ।"

दो मिनट तक फिर वे धरती पर माथा टिकाए पड़े रहे। उठे, गले मिले। स्त्री रो पड़ी। सिर पर थपकाते हुए अंधे ने कहा, "घबरा नहीं, घबराते नहीं हैं। छिह, घबराते हैं?"

वह चलने लगा, वह पैरों में पड़ गई, "मेरे मालिक!"

"हें-हें, मालिक एक है, बस एक! मेरा भी, तुम्हारा भी, सारे जगत् का। बाकी सब ढकोसला है। उठ-उठ।"

हठात् बिदा लेकर वह चल दिया।

कई मिनट छज्जे पर खड़ी वह देखती रही। फिर लौटी, मुझे देखकर चौंकी और मेरे पैरों में पड़ गई।

"मुझे माफ कीजिए। मैं···मैं···।"

मैंने दस का नोट निकालकर दिया।

"ओह, नहीं-नहीं। नहीं। मैं मर जाऊँगी, नहीं लूँगी।"

मैंने कहा, "उठो" और उसे उठाया।

मैंने तब झुककर उसके पैरों में हाथ लगाया। वह पीछे को हट गई।

"मुझे तुम क्या समझती हो?"

"माफ कर दीजिए।"

"ये दस रुपए तुम्हें रखने पड़ेंगे।"

हिचकिचाहट-संकोच।

"एक भक्त की भेंट···।"

फिर भी वही।

"गोविंद के···।"

"क्या आप जानते हैं···?"

"कुछ नहीं। मैं धन्य हूँ, अगर आप बतला सकें।"

"अपने पापों को परमात्मा के आगे गिन और गिना चुकी हूँ। उन्हें दोहराने से डरती नहीं। पर न पूछे—"

"न कहिए। मैं जरा हठ न करूँगा।"

उन्होंने दस रुपए ले लिये। मैं उनका मानसिक चरण-स्पर्श लेकर चला।

5

फिर वह घर पर बुलाया गया।

बच्चे ने कहा, "बाबा, बंदर बुला दे?"

उसने 'गुर्र' कर दिया।

दूसरे ने कहा, "गधा…!"

उसने मुँह ऊपर उठाकर रेंक दिया।

इसी तरह सबके बाद मेरी माँ ने कहा, "बाबा, तेरी घरवाली है!"

उसने वही अभिनय किया। फिर उसी तरह ठहाका मारकर हँस दिया। फिर—

"माई, कोई लत्ता-टुकड़ा…"

मैंने कहा, "बाबा, हमारे यहाँ रहें तो कैसा? बच्चों को मैं पढ़ा दूँगा। तू द्वार पर चौकसी करना।"

अंधे ने कहा, "न-अ, जो भुगतना है, सो तो भुगत डालना ही चाहिए। अब बचोगे तो फिर भुगतना होगा। भुगतना तो होगा ही, बच न सकोगे। इससे अपने साथ छल करना ठीक नहीं।"

इस सड़ियल फिलॉसफी पर मैंने अपना माथा ठोका। फिर भी उस सूरदास को पुण्य-पुरुष ही माना।

मैंने कहा, "तेरी मर्जी, पर शाम को तेरे यहाँ आऊँगा।"

"बाबू, जरूर आना। हमारा कहाँ किसी को खिलाने का भाग है?"

मैं अगले रोज पहुँचा, यहाँ-वहाँ की भीख की थोड़ी रोटी खाकर अपने को धन्य किया। लेकिन घरवाली की चर्चा नहीं छेड़ सका।

फिर भी मैं उस भेद से घिरे इतिहास को जानने को भूखा हूँ। आप लोगों में से क्या कोई देवी के पास से वह इतिहास ला सकता है? मेरी तो हिम्मत नहीं होती।

□

साधु की हठ

चलते-चलते वह साधु एक घर के आगे ठहर गया। वह घर शहर के कोतवाल का है, जो मुसलमान है। द्वार पर टाट का परदा पड़ा है।

साधु के लिए यह व्यवसाय और स्थान नया है। उसने सदा दी—"माई, द्वार पर साधु खड़ा है, भीख दे।"

भीतर आँगन में स्वयं कोतवाल कुरसी पर बैठे हुए हुक्का पी रहे थे। आवाज उनके कानों में पड़ी, पर उसका उत्तर देने के स्थान में वे इस फकीरी पेशे के बारे में कुछ अप्रिय बातें सोचने में लग गए।

साधु की आवाज फिर आई। उन्होंने सोचा, इस तरह बोल-बोलकर थककर खुद चला जाएगा और इस निश्चिय के साथ हुक्के की नैंची, जो इस समय मुँह से विलग हो गई थी, फिर उनके मुँह में आ लगी।

परदा हिलता नहीं है और माई ने कदाचित् सुना नहीं है, मन में यह सोच परदा उठा, साधु घर में प्रविष्ट हुआ—"माई, साधु आया है, भीख दे।"

दारोगा इसके लिए तैयार न थे। साधु की आवाज को बढ़ती आती हुई सुन वह तनिक व्यस्त और निरस्त हुए। साधु आकर मकान के दालान के किनारे खड़ा हो गया। उन्होंने देखा—साधु खूब है, पूर्ण युवा है, बड़ा सुंदर है। बदन कठोर बिल्कुल नहीं है, जैसे सर्वदा आराम से कपड़ों में छिपा रहा है। जैसे इस बदन को विलास की आदत हो। सोचा, यह फकीर नहीं है, चालाक है। समझा होगा, अंदर कोई मर्द नहीं है, तभी चला आया। जोर से बोले, "क्या है?"

साधु ने कहा, "फकीर आ गया है, भीख माँगता है।"

दारोगा ने कहा, "देखता नहीं, किसका घर है?"

मतलब था कि दारोगा का घर है, जिन्होंने एक-से-एक बदमाश को सीधा कर दिया।

साधु ने आते ही देख लिया था कि एक मुसलिम गृह में उसका आना हो गया है।

लेकिन जब ऐसा हो ही गया तो इसमें कोई विशेष अनौचित्य भी उसे नहीं जान पड़ा और वह दारोगा की इस या किसी प्रकार की ख्याति से परिचित न था। उसने कहा, "हिंदू उसका है, मुसलमान उसका है। सब उसका है। सब साधु का है। साधु भीख माँगता है।"

दारोगा ने देखा—यह शख्स हठी है, दिलेर है, पक्का शरारती दिखता है। कुरसी से उठ खड़े हुए, एक कदम आगे बढ़ आए और बोले, "भीख माँगता है तो मकान के अंदर घुस आया?"

साधु ने कहा, "अंदर-बाहर सब उसका है। मकान-वन सब उसका है। साधु परदा नहीं रखता। वह भीख माँगता है।"

दारोगा को यह अच्छा नहीं लग रहा था। साधु की हठपूर्ण धृष्टता को कैसे बढ़ने दिया जाए? गरमी ले आए। बोले, "भीख-वीख यहाँ कुछ नहीं मिलती। समझे?"

साधु ने जैसे दारोगा की उत्कट अनिच्छा और उग्रता न देखते हुए कहा, "भीख दो, सबाब होगा।"

साधु के शब्दों में जैसे चुनौती हो। साधु की मुद्रा जैसे कह रही हो, आखिर भीख तुम दोगे ही। तो दारोगा की मर्जी गोया अपने बारे में भी नहीं चलेगी! जोर से कहा, "बदमाश! बाहर निकल।" और दाहिने हाथ से उसे बाहर निकलने का मार्ग दिखला दिया और संपूर्ण मुद्रा से यह जतला दिया कि ऐसा न करने का परिणाम अच्छा न होगा।

साधु ने मानो मुस्कराहट को वाणी में घोलकर कहा, "भाई, गुस्सा बुरा होता है। फकीर को जरा भीख डाल दो। उसका भी भला होगा और तुम्हारा भी भला होगा।"

लेकिन दारोगा की जो मन:स्थिति थी, उसमें साधु की प्रकृत ठंडक चिनगारी-सी जाकर लगी। उसका गुस्सा, जो अभी तक धूम्रावृत अग्नि की भाँति केवल भभक रहा था, अब भड़ककर ज्वालामय हो गया। आगे बढ़ आए और बोले, "भीख लेगा, भीख? ले!" और एक जोर का चपत साधु की कनपटी पर जड़ दिया। "और लेगा? ले और!" दो-एक और लगा दिए।

कौन कहे कि दारोगा तब तक नहीं समझ रहे थे कि वे बदमाश के साथ सिर्फ इनसाफ का सलूक कर रहे हैं, लेकिन क्रोधोन्मत्त का न्याय क्रोधशून्य के लिए सदा जबरदस्त और स्पष्ट अन्याय ही है। मूर्च्छाग्रस्त और प्रमत व्यक्ति के लिए, इसलिए दया और क्षमा ही प्रकृत न्याय है।

दारोगा की धर्मपत्नी चिक के पीछे से यह देख रही थीं और उन्हें पति का यह कार्य बड़ा बुरा लग रहा था। साधु की तरफ उनका मन खिंचा था या न खिंचा था, किंतु पति के दुर्व्यवहार पर वह एकदम साधु का पक्ष लेने को इतनी उद्यत और विवश हो गईं कि मुसलिम गृहस्थी में पत्नी की पाबंदियाँ कहाँ तक हैं, इसका ध्यान, पीढ़ियों से पड़ी हुई

अपनी आदत के विपरीत शिथिल हो गया। भीतर से ही उन्होंने कहा, "हें-हें! उसे मारते क्यों हो? भूल हो गई बेचारे से, जाने दो।"

लेकिन क्रोध का तर्क और है। वह तर्क अतर्क्य है। जिसे बदमाश मान लिया गया, उसे 'बेचारा' कहना उस क्रोध को और क्रुद्ध करना नहीं तो और क्या है? उसी तरह कोप-पात्र को सहानुभूति देना, आग के शिकार में और घी डालना है। बोले, "तुझसे कौन पूछता है, बदजात!" और साधु पर कुछ थप्पड़ और दुहत्थड़ जहाँ पड़े, जमा दिए और उसे धकियाते हुए द्वार की राह दिखाने का प्रयत्न किया।

किंतु साधु ने बाहर चले जाने की आतुरता नहीं प्रदर्शित की और न प्रहारों के प्रति कुछ असहनीयता।

इससे दारोगा का गुस्सा एक साथ ही कुंठित हुआ और तीखा हो गया।

इसी बीच ढिठाई देखो, वह महिला अंत:पुर की परिधि और पाबंदी तोड़ बाहर आ गईं। क्रोधातुर दारोगा हाथों को वज्रशक्ति प्रदान कर उनके प्रहारों द्वारा साधु की शांति को और उसके मुख को चूर कर देने को ही था कि महिला ने दारोगा के हाथों को पकड़ लिया। इस तरह उनकी उन्नति और उनकी इच्छा में यह आकस्मिक और अवैध व्यवधान पड़ गया।

महिला कह रही थीं, "छिह! छिह! यह न करो। बहुत मार लिया। अब यह चला जाएगा। जा, भाई जा, अरे जा न। छोड़ो-छोड़ो, क्यों इस पर हाथ छोड़ते हो? ये इसके लायक भी तो नहीं, नाचीज। आओ, आओ। जा रे, हठ, भाग जा।"

लेकिन यह सब कह पाने का अवकाश उन्हें नहीं दिया गया। क्रोध के पूर्ण स्वराज्य में बातें करने, सुनने-समझने की इतनी फुरसत नहीं रहती। उन्होंने एक झटके से हाथ छुड़ाया, उस हाथ से महिला के केशों को पकड़ा और पैरों को प्रहार करने के लिए स्वतंत्र कर दिया। साथ ही मुख से वह अनर्गल और अश्लील वाक्-प्रवाह जारी किया, जिसका परिचय पाने की आपको इच्छा नहीं होगी और मुझे भी साहस नहीं है। किंतु उससे यह बहुत अंश तक सिद्ध होता था कि पत्नी के ऊपर जो संपूर्ण स्वत्वाधिकार धर्म और कानून की सहायता से उन्होंने पाया है, उसको वह अक्षुण्ण बनाए रखेंगे, चाहे ऐसी-ऐसी दस जूतियों को बदलना और क्यों न फेंकना पड़े और चाहे उन्हें खुद ही क्यों न मरना पड़े; और यदि वह अपनी वफादारी संपूर्ण, सुरक्षित और उन दारोगा की भक्ति में सर्वत: संचित नहीं रखेंगी तो उसकी बोटी-बोटी का पता न चलेगा और साधु के प्रति उस कमबख्त के जो भाव हैं, उन्हें वह खूब जानते हैं और सदा याद रखेंगे तथा उनका मजा और परिणाम वह उचित रूप में उस कमबख्त को देते रहेंगे।

मार जबरदस्त पड़ी। साधु अविचल खड़ा देख रहा था कि जो मार कदाचित् भाग्य

ने उसके लिए भेजी थी, जो उसके हिस्से की थी, यह महिला बीच में अंतःपुर से आकर उसे अपने ऊपर ले लेती है। मानो यह भी उस विपद-हरण संकटमोचन शिवशंकर के अनुरूप है, जिन्होंने जगत् को जहर से बचाने के लिए उसे कंठ में धारण कर लिया था। उस माँ के प्रति साधु के हृदय में दया क्या उठती, भक्ति उठी। वह बिना हिले-डुले, निष्काम, क्रोध के पंजे में आबद्ध अवश कोमलता के दृश्य को देखता रहा।

किंतु महिला को इसकी चिंता थी। उन्हें खटका था कि कहीं पति फिर साधु की ओर न मुड़ पड़ें और उस बेचारे को खामख्वाह और न मारें। इसलिए पिटते-पिटते कई बार उन्होंने सख्त शब्दों में साधु से टल जाने का अनुरोध किया।

साधु इस पर तुरंत न चला गया। हाँ, इन अनुरोधों का परिणाम यह अवश्य हुआ कि पतिदेव के कोपानल को और-और आहुति मिली और महिला पर और-और तीखी मार पड़ी। अंत में महिला ने चिल्लाकर कहा, "और कितना पिटवाएगा! मरवा ही डालेगा क्या, कमबख्त! चला क्यों नहीं जाता, जो मैं बच जाऊँ।"

साधु तब लौट चला।

लेकिन शायद क्रोध का पेट अभी पूरा भरा न था। साधु के मुड़ते ही पत्नी को छोड़, दारोगा उधर बढ़े और पकड़कर लातों और घूसों से साधु की खूब मरम्मत करने लगे। उसके कपड़े फट गए। जगह-जगह नील उभर आए। नाक से लहू आ चला।

अंत में साधुओं के संबंध में कुछ अत्यंत उपयोगी उद्गारों की उद्घोषणा और विभिन्न भाँति की कर-पद-प्रहार-पूजा के साथ साधु को द्वार-बाहर कर दिया गया।

2

उसने फिर भीख नहीं ली। सीधा अपने स्थान पर आ गया।

शहर के बाहर एक देवालय था। वहाँ कुआँ था और निकट ही एक तिदरी सी बनी थी। न जाने कहाँ से आकर आज वहाँ उसने बसेरा डाला था।

हाथ-मुँह धोकर लहू से अपने को स्वच्छ किया। कपड़े पर जहाँ लहू के दाग थे, धो डाला और अपने संक्षिप्त सामान में से सुई-धागा निकाल फटे वस्त्रों को सी लिया। ये आवश्यक कार्य करने के बाद वह अपने कुशासन पर आ बैठा।

यह आज क्या हो गया? क्यों हो गया? क्यों उस व्यक्ति को क्रोध की प्रेरणा प्राप्त हुई? कहाँ से प्राप्त हुई? मुझे देखकर क्यों उसमें क्रोध ही उकसा? मुझे देखकर क्यों नहीं उसमें कोमल भावनाएँ जागीं? मेरे व्यक्तित्व ने उसमें क्रोध सुलगाया, क्रोध भड़काया? आह, मुझमें से शांति की स्फूर्ति उसे क्यों नहीं मिली? कैसे हो कि मुझसे प्रत्येक शांति ही पाए, आनंद ही अनुभव करे? अपने में से क्या काट फेंकूँ कि ओछे भाव मुझे कारण बनाकर दूसरों में जाग्रत् ही न हो सकें? मैं कब ऐसा बनूँगा? क्या ऐसा बन सकूँगा?

आह, अपने इस हीन व्यक्तित्व को कहाँ ले जाऊँ, जिसे समक्ष पाकर लोगों को गुस्सा उठता है? क्या करूँ? ओह भगवन्, क्या करूँ?

बैठे-बैठे साधु की आँखें मिच गईं और उनमें से आँसू आ ढरके।

ओह प्रभु, क्या मैंने नहीं चाहा कि वह सबकुछ मुझमें से मिट जाए, जो तेरा नहीं है? क्या अपने को तुझे सौंपकर तुझसे नहीं प्रार्थना की कि मुझमें, मेरे रोम-रोम में मेरे अणु-अणु में, तू ऐसा रम बैठ कि किसी और भाव का कहीं स्थान ही न रहे? तू मुझे अपना स्वीकार कर ले। क्या मैंने तुझे रोकर अपनी आत्मा के अर्घ्य की अंजलि को तेरी स्वीकृति के समक्ष लिये बैठकर, तुझे सौ-सौ बार, हर-हर बार, विश्वास नहीं दिलाया कि समिधा की भाँति यज्ञ के हुताशन में भस्म होकर भी मैं तुझमें ही पहुँचना चाहता हूँ? ओह, मैं क्या करूँ, बता? तू ही आश्रय है। तुझसे ही प्रार्थना करना मैं जानता हूँ। सबकुछ खोकर मैंने बड़े यत्न से यह प्रार्थना सीखी है। अब तो मेरे लिए तेरी यह प्रार्थना ही सबकुछ है। यही प्रेय है, यही श्रेय है, यही ज्ञान है, यही नेम है। यही मेरी साधना है और यही मेरी साधना का साध्य है।

प्रभु, भगवन्, मैं ऐसा नहीं रहना चाहता। मैं बिल्कुल तेरा ही रहना चाहता हूँ। मेरे रोम-रोम से हरेक तुझे ही प्राप्त करे, तेरी ही स्फूर्ति पाए। किसी को मुझसे क्रोध की प्रेरणा न मिल सके। मेरी यह प्रार्थना क्या तू नहीं सुनता, मेरे मालिक? मेरे व्यक्तित्व को चीर-चीर करके, कतर-कतर करके, वह अंश देख ले और मुझे दिखला दे, जो तेरे अनुकूल अभी नहीं हो पाया है। मैं उसे दंडित करूँगा, अनुशासित करूँगा। आज्ञा दे, मैं उसे भस्म कर दूँगा। मैं शपथ करता हूँ, मैं तेरे समीप स्वीकृत होकर रहूँगा, तेरे दर्शन करके ही छोड़ूँगा, संपूर्ण रूप से मुझे अपना बना लिये बगैर मैं तुझे छुट्टी नहीं लेने दूँगा। मुझे आज्ञा दे, मैं सबकुछ छोड़ दूँगा। तेरी राह में क्या मैंने संपदा नहीं छोड़ी? स्त्री नहीं छोड़ी? पुत्र-कलत्र नहीं छोड़े? घर-बार सबकुछ नहीं छोड़ा? सब जिसके लिए छोड़ा, उसे नहीं छोड़ूँगा और तू भी मुझे नहीं छोड़ सकेगा। बस कह भर दे, बता भर दे कि तेरे सिवा अभी कुछ और भी मेरे साथ लगा है। सच मान, मैं उसे छोड़ने में देर नहीं लगाऊँगा। फिर क्या मैं समझता नहीं कि जिसे मैं छोड़ना कहता हूँ, वह छोड़ना नहीं, पाना है। क्यों मैंने कुछ छोड़ा? धन क्यों छोड़ा? क्या इसलिए नहीं कि जब मैं उसे अपना समझता था, तब और भी अपना समझना तथा बना लेना चाहते थे और इस तरह मुझमें लोभ, दर्प और दंभ उत्पन्न होते थे तथा औरों में लालच, चोरी, झूठ और छल पैदा होते थे। उससे लोगों में तेरी नहीं, तुझसे विमुख प्रवृत्ति होती थी। तुझसे हटकर मेरी उस पर आँख रहती थी और तेरे पुत्रों और अपने भाइयों को विशुद्ध प्रेम से मैं नहीं देख सकता था; या संदेह और भय से उन्हें देखता था, या कृपा और अनुग्रह के साथ। औरों की आँख तुझसे विमुख होकर उस पर गड़ी रहती थी; और वे मुझे, अपने भाई को या तो भय, आशंका और खुशामद

से, नहीं तो द्वेष, ईर्ष्या और प्रवंचकता से ही देख सकते थे। उस अवस्था में उससे मुझे और औरों को भी पाप की प्रेरणा मिलती थी। स्त्री क्यों छोड़ी और सबकुछ क्यों छोड़ा? क्या इसलिए नहीं कि मैं अशुभ प्रवृत्तियों और उद्वेगों का कारण और केंद्र होने से बच जाऊँ, कुछ से अपनेपन का मोहमिश्रित प्यार और शेष से द्वेष करने की लाचारी से छूट जाऊँ, अशेषत: तुझमें हो जाऊँ?

लेकिन मालिक मेरे, आज यह क्या होता है? सबकुछ छोड़ बैठा हूँ, फिर भी पहले घर में, जिसमें भीख माँगने पहुँचता हूँ, द्वेष, क्रोध और कलह मचने का कारण बनता हूँ। वह छोड़ना पर्याप्त नहीं, शायद उस तरह का छोड़ना जरूरी भी न हो। लेकिन बता क्या करूँ? तेरे बताने के ही आसरे हूँ, तुझे छोड़ और कहाँ जाऊँगा? उस मैल को, उस माया को, मोह को और अविद्या को उँगली रखकर बतला दे, जो मुझमें छिपी बैठी है। जहाँ तेरा प्रकाश अभी नहीं फैला है। जहाँ अँधेरा है। मैं क्या करूँ, जिससे वह व्यक्ति उस क्रोध के परिणाम से घुल जाए, जो मेरे कारण उसमें पैदा हुआ है। उस बेचारे का अपराध नहीं। त्रुटि मुझमें ही है, जिससे वह अपराध उससे संभव हुआ। उसे पछतावा होगा, उसे क्षोभ होगा, उसे ख्याल होगा कि उसने व्यर्थ अपनी पत्नी को पीटा—उसकी आत्मा पर एक भारी बोझ सा रहेगा, वह बोझ उस पर क्यों रहे? क्या करूँ कि उसकी आत्मा पर से यह बोझ उठ जाए, क्योंकि मैंने ही वह बोझ वहाँ रखा है। अपनी त्रुटि के परिणाम को मिटा देना होगा। उसकी आत्मा को आत्म-पीड़न और आत्म-त्रास के भार से हलका कर देना होगा। पर मालिक मेरे, बता उसके लिए क्या करना होगा? मैं तुझसे ही पूछूँगा। मैं तुझसे सबकुछ पूछूँगा। तू सबकुछ करता है और सब अच्छा करता है।

यह तो ठीक है कि मैं पीटा गया। जिस गुस्से को मैंने जगाया, वह मुझे झेलना और मुझ पर ही फूटना चाहिए था। अगर मैं गुस्सा पैदा कर सकता हूँ तो उस गुस्से की मार भी जरूर मुझ पर पड़नी चाहिए। लेकिन उस माता को क्यों तू पिटने दे सका? क्यों मैं भूलूँ उस दृश्य को? हृदय की सहानुभूति उसका अपराध था। किंतु यह औरों के सुख-दु:खों को अपना अनुभव करने की क्षमता की एक संपदा ही तो तूने मानव हृदय को दी है। वही उस माता के लिए विपदा बन गई! यह क्या हुआ? यह क्यों हुआ? मैं भूले नहीं भूलूँगा—उस माँ की वह मूर्ति, जब मार खाते-खाते भी मुझे ही बचाने की वह सोच उठती थी। कठिन उपसर्ग में भी जो तेरे मार्ग पर अड़ी रहीं, जिन्होंने तेरी संपदा की रक्षा की। जिन्होंने उसे क्रोध के हाथों हारने और छिनने नहीं दिया। ओह, क्रोध के प्रहार मेरी माँ पर क्यों हुए? उस सबका दोषी क्या मैं ही नहीं हूँ, क्योंकि उस क्रोध की जड़ मेरी त्रुटि में है। हाँ, मैं ही उसका दोषी हूँ।

ओह, मालिक, कैसा अवहनीय यह मेरा दोष है! इससे भीतर अपने ऊपर बड़ी ग्लानि उपजती है। प्रभु, इससे कैसे मेरा उद्धार होगा! ओह, अब मैं समझा। तेरी दया

अपरंपार है। तूने माँ को इसलिए बीच में भेजा कि मैं देख लूँ कि मेरी त्रुटि कितनी भीषण है और वह कैसे अत्याचार को जन्म दे सकती है। ओह! मैं यह साफ देखता हूँ। मैं सह नहीं सकता। मेरे भीतर बैठा वह राक्षस यों दूसरों के हाथों दुष्कृत बनकर स्पष्ट अपनी पूरी भीषणता में मेरे सामने आ खड़ा हुआ है। ओह, मुझसे देखा नहीं जाता, झेला नहीं जाता। मेरा इससे उद्धार कर, त्राण दे। इसको मुझमें से उखाड़ फेंक। ओह, मालिक, मैं इसे अब छोटा समझने की भूल नहीं करूँगा। माँ के रूप में जो अपनी त्रुटि के उत्तरदायित्व के भारीपन की दीक्षा आग और आँसू के अक्षरों में तूने मेरे भीतर खींच दी है, उसे भुलाऊँगा नहीं, ओह, मेरी रक्षा कर। संपूर्णतः अपना बना ले। तेरा प्रतिरूप, तू ही होकर मैं वहाँ विचरूँ। बस एक धब्बा रहूँ, जोकि तेरी शुद्धता से शुद्ध हो, जो स्वयं कुछ भी न हो। शून्य हो; लो बस तुझे चीन्हने के लिए चिह्न हो, याद करने के लिए मात्र आधार हो। मैं वह रहूँ, जो सदा तेरी याद दिलाए, तुझे प्रकाशित करे, तुझे प्रतिष्ठित करे, तुझे संपन्न करे, तुझसे अभिन्न होकर रहे।

3

जब अगले रोज वह साधु फिर ठीक उसी वक्त, द्वार पर दो-तीन सदा देने के बाद भीख माँगने अंदर चला आया, तो उन महिला को बड़ा अचरज हुआ। आशंका भी हुई। वह नियमित रूप में अंतःपुर में थीं। साधु का यों जानबूझकर विपद में भीतर घुस आना उनकी समझ में न आया। वह बाहर दालान में आ गई और बोलीं, "बाबा, तू यहाँ फिर क्यों आफत उठाने चला आया? कल क्या कम मार पड़ी थी; या मुझ पर जो मार पड़ी, उसे कम समझता है?"

साधु ने कहा, "मैं अब यह घर छोड़कर और कहीं से कैसे भीख ले सकता हूँ, माई! आज क्या, कल क्या, आता ही रहूँगा। किसी को नाराज करके और नाराज छोड़कर जाऊँगा तो अपने मालिक को कैसे मुँह दिखाऊँगा? जिनकी क्रोध की मार खाई, उन्हीं के दिए प्रेम के टुकडे खाऊँगा। इसके पहले मेरा संतोष कैसा होगा? वह कहाँ गए हैं?"

साधु की यह बात तो पूरी तरह समझ में नहीं आई; लेकिन जैसे जी को छू गई। मस्तिष्क के विवेचन में तो वह आती भी कैसे? लेकिन नारी-हृदय की वीणा के एक तार को साधु के शब्द की ध्वनि के संगीत ने जाकर एक मृदु आघात दिया और वहाँ से आर्द्रता की एक लहर उत्थित होकर काँपती हुई महिला की समग्र आत्मा में और वहाँ से फिर सारे बात-वलय में फैल गई।

महिला ने कहा, "काम से गए हैं। आध-पौन घंटे में आते होंगे। लेकिन तुम क्यों चले आए? मेरी बात मानो, जल्दी चले जाओ। मुझे अपनी फिकर नहीं, लेकिन तुम नाहक क्यों मुश्किल में पड़ते हो? उनकी आदत तुम जानते नहीं, बड़े शक्की हैं। वैसे

बड़े अच्छे हैं, पर शक बड़ी जल्दी कर लेते हैं। ऐसी हालत में फिर आपा भूल जाते हैं और न जाने क्या-क्या कर बैठते हैं। मैं कहती हूँ भई, तुम चले जाओ। मुझे बड़ा खटका लगा है। कल की ही बात पर मेरा जी बड़ा दुख रहा है। देखो, मैं तुमसे कहती हूँ कि तुम मेरी तरफ देखकर उन्हें माफ कर देना। उन पर नहीं तो मुझ पर तरस खाकर उन्हें माफ कर देना। जो हो गया, उसे याद मत रखना और उनकी तरफ से कुछ बुराई मन में मत लाना, वह क्या करें, आदत से लाचार हैं। वह जाने कभी-कभी किसके बस में हो जाते हैं। सो यह सोचकर कल की बात मन में न बैठाना। और देखो, अब तुम चले जाओ। वह आकर तुम्हें देखेंगे तो गुस्सा हो सकते हैं। वह ऐसे ही हैं। सो, तुम मुझ पर मेहरबानी करके चले जाओ।"

साधु ने कहा, "मैं बाहर दरवाजे पर बैठता हूँ। आध घंटे में वह आएँगे न? मैं घंटे भर तक बैठ सकता हूँ, उनके हाथ के मोहब्बत के टुकड़े पाकर ही मैं मानूँगा।"

साधु मुड़ने को हुआ। महिला ने रोकते हुए कहा, "बाहर बैठोगे? बाहर क्यों बैठोगे, नहीं, चले जाओ, यहाँ मत रहो। तुम मुझ पर तरस नहीं कर सकते, मुझ पर तरस खाकर मेरी यह बात नहीं मान सकते! ऐसी तुम्हें क्या जिद है कि मेरे घर में जो खाने को है, मैं सब तुम्हें देती हूँ, फिर तुम यहाँ ठहरोगे किस वास्ते? रहम करो, हाथ जोड़ती हूँ, चले जाओ।"

साधु ने कहा, "चला तो जाऊँगा ही, लेकिन एक घंटा ठहर सकता हूँ और तुम्हारा दिया लेने से तो मेरा जी मानेगा नहीं। मुझे तो वह देंगे और प्यार से देंगे। वही दें, इसका मुझे बड़ा लालच है। क्योंकि कल की बात को मैं भूल जाऊँ, मेरे लिए यही काफी नहीं है। वह भी भूल जाएँ, इसका भी इंतजाम मुझे ही करना है, क्योंकि कसूर दरअसल मेरा था।"

महिला ने देखा, साधु का तर्क और साधु का इरादा साधारण नहीं है। लेकिन पति की ओर से उनके जी में खटका खटक ही रहा था। बोलीं, "मैं तुम्हें अब कैसे समझाकर कहूँ? यह मैं तुम्हारे लिए नहीं, अपने लिए कह रही हूँ। अपने लिए इसलिए कह रही हूँ कि जिससे उन्हें फिर ऐसा गुनाह करने का मौका न मिले। तुम्हें देखकर वह अपने बस में न रहें और कुछ कर बैठें, तो इससे तुम्हें क्या फायदा होगा? और उन पर पाप चढ़ेगा। मैं इसी से कहती हूँ, खुदा के लिए तुम चले जाओ।"

साधु ने कहा, "अगर खुदा मुझसे अभी तक नाराज हैं, अभी तक नापाक हूँ, तभी ऐसा होगा कि मेरी वजह से किसी से बेजा काम हो सके। और तब ऐसा होना ठीक भी है, क्योंकि तब मुझे खुदा की इबादत की जरूरत का एक सबूत और मिलेगा।"

महिला ने कहा, "अगर तुम मेरी बात नहीं मान सकते, मेरी भीख भी नहीं ले सकते तो मैं कहती हूँ कि तुम्हारा यहाँ कोई काम नहीं है। और मेरी दरख्वास्त नहीं मानते तो मुझे

घर की मालकिन की हैसियत से कहना पड़ता है कि तुम यहाँ से चले जाओ।"

महिला ने कहा और आशा से देखा।

साधु को चलना था ही, चलने लगा। इस पर अकस्मात् महिला ने रोककर कहा, "तो जाते कहाँ हो? कौन कहता है तुम्हें जाने को? ठहरो, मुझे एक काम है तुमसे, जाना मत, मैं अभी आई।" कहकर वह अंदर चली गई। साधु रुककर स्थिर खड़ा रहा। इतने में एक दरी लेकर वह आई, उसे बिछा दिया। कहा, "ठहरोगे ही, तो ठहरो और आराम से यहाँ बैठो। बाहर क्यों बैठोगे? वह आएँगे और देखेंगे ही तो देख लें। लेकिन बाहर दरवाजे पर बैठने का क्या मतलब है? मैं उनसे कह दूँगी कि मैंने ही बैठाया है। कुछ हर्ज है बैठाने में?"

लेकिन साधु खड़ा ही रहा। महिला ने कहा, "बैठो। बैठते क्यों नहीं? पसोपेश मत करो। यह बदकिस्मती है कि तुम कुछ खाओगे नहीं। मेरी बात तुमने कुछ नहीं मानी। मैंने चले जाने की दरख्वास्त की, तुमने ठहरने ही का फैसला रखा। भीख के लिए आए; मैं कुछ देती हूँ, तो इनकार करते हो। अब तुम्हारे ठहरने की राजी में राजी होकर यहाँ बैठने को कहती हूँ। बैठो-बैठो, यों खड़े न रहो।"

साधु ने कहा, "दिक्कत उठाने से पहले मुझसे पूछ क्यों न लिया! मैं यहाँ कैसे बैठ सकता हूँ? मुझे तो दरवाजे पर ही बैठना होगा।"

और यह कहकर वह दरवाजे की ओर मुड़ गया।

महिला अपनी आशा में इतनी निराश हुई कि बोल नहीं सूझा, देखती रही। साधु बाहर हो गया कि वह लौट आई और कार्य में व्यस्त होने की चेष्टा करने लगी।

कई बार दरवाजे पर दिखवाया। साधु प्रकृतिस्थ प्रतीक्षा में बैठा था। और वह किसी-न-किसी काम में लगे रहने की चेष्टा कर रही थी, लेकिन दारोगा आए नहीं। अब तो घंटा भर होने आया। उन्हें क्या हुआ, क्यों नहीं आए? साधु को बड़ी दिक्कत हुई।

पाँच मिनट पहले ही नौकर साधु के यथावत् बैठा होने की खबर देकर गया था कि फिर से देखने भेजा गया। लेकिन अब वहाँ साधु न था। नौकर ने यह सूचना उन्हें लाकर दी। वह 'अच्छा' कहकर नौकर को बिदा दे, हाथ का काम छोड़ कमरे में तनिक तीव्र गति से टहलने लग गईं।

4

दारोगा जल्दी क्यों नहीं लौट सके, इसका ठीक कारण बतलाना कठिन है। लेकिन घर जाने को जल्दी जी नहीं होता, जैसे घर में पत्नी का मुकाबला होगा तो कैसे होगा—मन का यह सोच उन्हें घर से दूर ही रहने को कहता है। क्रोध का नशा जब से उतरा, तब से तबीयत गिरी सी रहती है। मन कुछ खाली-खाली सा लगता है और वह सीधा होकर

नहीं बैठ सकता। ठीक तौर पर किसी काम में नहीं लगता। जैसे भीतर से कुछ सुख नहीं मिल रहा हो और मन जैसे सुख के अभाव, भीतर के इस अभावमय शून्य के चारों ओर ही मँडरा रहा हो। उसे व्यस्त रखना कठिन है और व्यस्तता चाहता है। व्यस्तता ढूँढ़ने में और कुछ नहीं तो वह ऐसे बहाने पा और बना लेना चाहता है कि जिनके कारण फिर नशा चढ़ जाए। यह हालत होती है, जब नशेबाज को फिर नशे की हिरस सताती है। गिरी तबीयत का सामना उससे नहीं किया जा सकता और फिर पहले की नशे की हालत के आमंत्रण और आकर्षण में वह आँख मींचकर वह पड़ने को तैयार हो जाता है। दारोगा मानो अपने क्रोध के कारण ढूँढ़ रहे हैं। अपने को बहलाने को मन यह काम निकाल लेता है, क्योंकि क्रोध अंतर में जो एक गहरा रिक्त छोड़ गया है। उसमें झाँकने में दर्द और डर होता है और झाँककर कुछ हाथ नहीं आता। यह भी नहीं हो सकता कि इस रिक्त के संबंध में चिंतित न हों, क्योंकि रिक्त कायम रहने देने की छूट प्रकृति ने अपने नियम में नहीं रखी है। यह काम यत्नपूर्वक, जानबूझकर करने की उनमें क्षमता नहीं है। इससे सस्ते नशे में फँसकर इस खालीपन के भाव से त्राण पाने की ओर स्वभावत: उनकी वृत्ति हुई है। उन्हें अपना बचाव करने की आवश्यकता होती है, क्योंकि एक तरह का असंतोष उन्हें अपने आप को दोषी मनवाना चाहता है। वह इसके विरोध में तर्क ढूँढ़ते हैं और इस निश्चय पर आ जाना चाहते हैं कि जो किया, तो उसमें कोई गुनाह नहीं किया। जो असंतोष भीतर से रोष बनता हुआ सा उठता है, उसकी चोट आप ही अपने ऊपर नहीं लगने देना चाहते; बुद्धि के जोर से उसे मोड़कर साधु और अपनी पत्नी के ऊपर ढाल देना चाहते हैं। इसमें कुछ कृत-कार्य होते हैं, कुछ विफल होते हैं और इस द्वंद्वावस्था से तंग होते हैं। जैसे दो ओर उनका चित्त ऐसा खिंच रहा है कि बस 'त्राहि' पुकार रहा हो।

कुछ काम से घर छोड़कर अगर आए भी थे तो उन्हें उसका ध्यान न था। जब से साधु घर से टला और क्रोध का जो ज्वार आया था, वह उतरने को विवश हो गया और पत्नी उन्हें अपने से निपटने को स्वतंत्र छोड़ अपने कमरे में आकर पलंग पर पड़ गई, तब से ही कुछ काम पाकर इस घर से निकल जाने की उन्हें जल्दी हो उठी थी। वह बाजार में कभी इससे मिल और उससे बोल, कभी यह कर और कभी वह कर, इस तरह बिना क्रम और पद्धति के घर के बाहर समय काटने में लग गए थे। चुपचाप शाम का खाना खाकर, अपने को फुरसत न देने के ख्याल से फिर यार-दोस्तों में पहुँच गए थे। अत्यंत उच्छृंखल आनंद में अपने को वह वहाँ भुलाए रहे थे। बहुत रात बीते ऐसी हालत में घर पहुँचे थे, जिससे नींद आ जाने में देर न लगे और इधर-उधर की बातों को तंग करने का अवकाश न मिले। आखिर अगला दिन जब आ ही गया और नींद, जो बहुत देर में उन्होंने तोड़ी, टूट ही गई और घर में किए जानेवाले नित्य-नैमित्तिक कर्म भी समाप्त हो ही गए, तब फिर घर से बाहर निकल गए। कह गए, जल्दी ही लौटूँगा। लेकिन बाहर जाकर

जल्दी लौटने की चाह न रही, चाह जो कहते वक्त भी न थी।

पत्नी ने भी इस संबंध में धोखा न खाया। पहले तो उन्हें आशा थी कि पति को अपने कृत्य पर आताप होगा और वह शांति और क्षमा की याचना करने उनके पास आएँगे। यह आशा बिल्कुल न होती तो वह सीधी जाकर पलंग पर न पड़ सकती। किंतु यह आशा जिसमें रस था, जो फूल की तरह आँसू या ओस के एक कण का अभिषेक पाने के लिए, उद्यतमुख, मुकुलित आकांक्षा मन में दुबकाए, अपने सौभाग्य-चुंबन की प्रतीक्षा में यों चुपचाप एक ओर आकर बैठ गई थीं, वह आशा अतृप्त रहकर कुंठित हो गई। दस-पंद्रह मिनट हो गए, तो पत्नी समझ गई, अब वह न आएँगे और अकेले भी न रहेंगे। वह अब यार-दोस्तों में पहुँचेंगे। वह उस आशा के शव को मन में लेकर काम में लग गईं। उन्हें संदेह नहीं रहा कि जब तक बादल कोई टक्कर पाकर पानी बनकर बरसेगा नहीं, तब तक पति उसे दोस्तों की चुहल और कामों की व्यस्तता में ही उड़ा देना चाहेंगे। अनुताप, जो पति को खींचकर उनके चरणों में ला सकता था—जब उनके पैर होंठों से चूमे जाते, आँसुओं से धोए जाते और वह प्रेम की सिसक में पानी बनकर बह जाता, उस अनुपात से अब और ही राह से छुट्टी पाने की कोशिश की जा रही है। उसे आमोद में उड़ाया जाएगा और शराब में बहाया जाएगा। वह सोचती थीं और मन में कड़वाहट फैलती थी। वह अपने काम में लगी रहीं, जैसे पति की ओर से बिल्कुल उदासीन हों। उनको छेड़ने या उनको मोड़ने की उन्होंने चेष्टा नहीं की, जैसे उस प्रकार की उन्हें चिंता या इच्छा नहीं है। चाहे तो और मार सकते हो, लेकिन मुझे तुमसे कुछ मतलब नहीं—इस भाव से वह हर एक काम करने लगीं।

लेकिन अगले दिन आ पहुँचा, वह साधु फिर। तब वह नारी-सुलभ कोमलता, जो पति के दुराचार और दुस्साहस से ठेस पाकर भीतर बेकल हो रही थी, अनुरूप आधार पाकर व्यक्त होने लगी। उसने अपने को साधु के प्रति अनुकंपा और उसकी रक्षा के प्रति व्यग्र सच्चिंता से भरा पाया। उसने इसलिए साधु को ऐसे अनुरोधपूर्वक चले जाने को कहा, लेकिन साधु गया नहीं। तब पति के प्रति जो कड़वाहट उसमें फैल रही थी, उसने साधु के ठहरने के निश्चय में एक संयोग देखा। कुछ ऐसा भाव कि हाँ, मैं बैठाती हूँ, कहें तो कहें, करें सो करें—उसके भीतर गुदगुदी मचाता हुआ उठ आया। जैसे अपने प्रति अपने विश्वास और पति के अविश्वास को, इस मौके को बीच में डालकर आपस में लड़ाकर अपनी विश्वसनीयता और हठ कायम करने की स्पर्धा की सी चाह उसे हो आई। तब उसने साधु को बैठाने में सहमति नहीं, उत्सुक अभिलाषा प्रदर्शित की। लेकिन सो भी न हुआ। साधु भीतर नहीं बैठा, द्वार पर चला गया। फिर यही सोचकर उसे कुछ सुख मिला कि वह आएँगे, साधु को बैठा देखकर बिगड़ेंगे, लेकिन क्या कर लेंगे? पर साधु चला गया और वह नहीं आए। यह तृप्ति भी उसे न मिली। तब उसने सोचा कि

उनके आते ही मैं सब कह दूँगी। कहूँगी कि मैंने उसे बैठने को कहा था और वह घंटा भर यहाँ बैठा रहा!

5

आखिर खाने के वक्त वह आए। खा रहे थे, उसी समय पत्नी ने सूचना दी, "वह फकीर फिर आया था।"

वह उसी तरह मौनपूर्वक खाने में संलग्न रहे।

"और मैंने उसे तुम्हारे लिए बैठाए भी रखा!"

पति ने कहा, "उसके आने का क्या काम था? उसकी शामत ही खींच लाई होगी।"

स्त्री ने कहा, "और मैंने उसे सबकुछ दिया!"

"तो मुझसे क्या बखानने बैठी हो, जैसे बड़ा सवाब किया!"

"लेकिन उसने कुछ नहीं लिया।"

पति चुप।

"और मैंने उसे यहाँ दरी बिछाकर बैठाया!"

"तो मैं क्या करूँ? बड़ी तारीफ का काम किया!"

"लेकिन वह अंदर नहीं, दरवाजे के बाहर ही बैठा रहा!"

पति फिर चुप हो गए। यह सब बातें ऐसी लगीं, जैसे उनके फैसले को काट रही हों। उनके फैसले का आधार था कि साधु बदमाश है, बदनीयती से आया था। यह बातें इसके खिलाफ जाती मालूम होती हैं। उस आधार पर आघात करतीं और उसे खिसकाती लगती थीं।

बेगम ने कहा, "सुनो! तुम चाहे कुछ समझो, वह साधु वैसा नहीं है। वह कहता था कि वह तुम्हारे हाथ से ही कुछ लेगा। जब तक तुम उसे नहीं दे दोगे, तब तक किसी से कुछ लेगा ही नहीं। वह तो ऐसा है और तुम ऐसे हो कि जरा सी बात पर उसे इतना मारा और मुझे इतना मारा। जरा सी बात पर गुस्से हो जाते हो…!"

"हाँ, हो जाता हूँ गुस्सा!"

"लो, इतनी सी ही बात पर बिगड़ने लगे!"

"हाँ, बिगड़ने लगा तो तुम्हारा क्या? तुम्हारी नसीहत तो खत्म हो गई!"

"मैं नसीहत क्या दूँगी? सोचोगे, तो खुद ठीक लगेगा। यों बिगड़ने लगना अच्छा नहीं होता।"

"बस खत्म करो यह पचड़ा। बहुत हुआ। आराम से खाने भी नहीं दोगी?"

"फकीर कह गया था कि वह कल फिर आएगा। जब तक तुम्हारी यह आदत नहीं छूटेगी, तब तक आता रहेगा। वह तुम्हारे सिवा और कहीं से भीख नहीं लेगा।"

बार-बार यह फकीर का राग सुनने को पति तैयार नहीं है। माना वह ठीक होगा। पर दुनिया की और कोई बात ही नहीं रही उसके अलावा, जो उन्हें इस तरह तंग किया जा रहा है। बोले, "नहीं लेगा, बस! मर जाएगा? हाँ, फकीर, फकीर! फकीर क्या हो गया बला हो गई!"

इस तरह अपने को खुले रूप में प्रकट करके वे चुप हो गए।

पत्नी का नाराज होने का कारण न था। उन्हें तो एक तरह का वैसा कुछ संतोष मिल रहा था, जैसा बालक को बोलनेवाले खिलौनों को पीचकर उन्हें बुलवाने में। अंतर यह था कि बालक को ज्ञान नहीं होता कि उसके दबाने और पक्षी के बोलने में क्या संबंध है और महिला ऐसी बातें सुनने ही के लिए छेड़ रही थीं। वह यह तो जानती ही थीं कि अब पति के लिए साधु को मारना उतन संभव, आसान और प्रिय कार्य न होगा। जैसे पति का क्रोध पत्नी को शारीरिक प्रहार देकर तुष्ट होता था, वैसे ही उसके एवज में, उसी का लगभग समकक्ष पत्नी में एक स्त्रियोचित भाव था, जो पति की यह मानसिक कुलबुलाहट और आक्रोश देखकर तुष्टि पाता था। या यह कहिए कि अबल का क्रोध था, जिसका डंक निकाल डाला गया था।

पत्नी फिर और नहीं बोली तथा पति उस भिखारी की ओर अत्यंत उपेक्षा और निश्चिंतता के कारण नहीं, उसके कल फिर आने की सूचना में अत्यंत व्यस्त ग्रस्त और चिंतित होने के कारण कुछ नहीं बोले। खाना खाकर दरवाजे के बराबर वाली अपनी बैठक में आकर बैठ गए।

यह फकीर कहाँ का आ गया! स्त्री के साथ अब वह ठीक तौर पर बातें करने लायक भी नहीं रहे। उसके साथ जो अभिन्न हेल-मेल का संबंध था, उसमें तनाव आ गया है। वह मानो अब जम गया है और बर्फ की नाईं बीच में पड़कर उन दोनों में ऐसा व्याघात उपस्थित करता है कि समझ नहीं पड़ता कैसे टूटेगा। इस अंतर को बीच में पाकर ऐसा लगता है कि उनकी बेगम उस पार है और वह इस पार। पहले घुले-मिले, अभिन्न एक-दूसरे के प्रति सर्वथा प्रत्यक्ष और खुले थे—न जाने कैसे थे! अब जैसे वह अलग हो गई है और यह अलग रह गए हैं। और दोनों एक-दूसरे के लिए अजनबी हुए जा रहे हैं। एक राह चलते फकीर को लेकर यह हम लोगों ने क्या कर डाला है! हमने क्या, मैंने किया है। उस फकीर के बहाने को लेकर मैंने जैसे स्त्री को धक्का देकर दूर कर दिया है और अब उस दूरी को खुद लाँघकर उसके पास पहुँचने का मैं साहस नहीं कर पा रहा हूँ। वह साधु हम लोगों के जीवन में गड़बड़ और कलह डालने न जाने किस बुरी सायत में चला आया कि अब पीछा नहीं छोड़ता! कल आएगा तो मैं बाहर-ही-बाहर या तो समझाकर, नहीं तो दुरुस्त करके वापस कर दूँगा और लौटकर अपने गृहस्थ-जीवन के

शांत तल पर जो विक्षुब्धता आ उठी है और जो सलवटें पड़ गई हैं, माफी माँगकर या जैसे होगा, उन्हें ठीक कर दूँगा।

यह सोचकर उन्होंने कुछ स्थिरता पाई।

6

अगले दिन प्रतीक्षा में रहे। वह आता दिखा तो आगे बढ़ रास्ते में ही उसे मिले, "कहाँ जाते हो?"

"तुम्हारे पास आता था।"

"मैं यहाँ हूँ। मुझसे तुम्हारा कोई काम नहीं। मैं कहता हूँ, लौट जाओ।"

"भीख लेने आता था। भीख नहीं देते, कहते हो लौट जाओ, तो लौट जाता हूँ।"

इतना कहकर वह लौटने को हुआ।

"अच्छा, ठहरो!"

वह ठहर गया।

उन्होंने पूछा, "कल तैने भीख कहाँ पाई?"

"तुम तो थे नहीं घर पर, किससे पाता?"

"मुझसे ही लोगे?"

"और किसी से कैसे ले सकता हूँ?"

"मैं न दूँ तो!"

"भगवान् की मर्जी।"

"भगवान् की मर्जी! मेरी मर्जी नहीं?"

"तुम्हारी मर्जी में भगवान् की ही मर्जी है।"

"मैं न दूँ, तो तुम भूखे रहोगे?"

"भगवान् की मर्जी पूरी होगी।"

"लेकिन मैं तुमसे पूछता हूँ, मेरे घर आकर क्यों तुम बखेड़ा करते हो? और घर कम हैं, जो तुम्हें मेरा ही घर सूझा है।"

"फकीर के घर आने को बखेड़ा समझोगे? फकीर के लिए जैसा तुम्हारा घर, वैसा औरों का घर।"

"नहीं, हिंदुओं के यहाँ बहुतेरे घर हैं!"

"फकीर सबका होता है। और फकीर के सब हैं। हिंदू-मुसलमान दुनियादारी की बातें हैं। सच्ची बात में हिंदू-मुसलमान क्या?"

"लेकिन तुम यह क्यों नहीं देखते कि मेरे घर तुम्हारे आने से अड़चन पड़ती है, झंझट पैदा होती है?"

"क्यों अड़चन पड़ने दो, क्यों झंझट पैदा करो?"

"क्या तुम हम पर रहम रखकर अपनी जिद नहीं छोड़ सकते?"

"यह झूठा रहम होगा। और मेरी अगर जिद भी हो तो तुम्हारा इसमें नुकसान क्या?"

"देखो, तुम्हारे आने के दिन ही औरत पर मेरा हाथ छूटा। तब से हम एक-दूसरे से ठीक बोलने लायक नहीं रहे। तुम लौट जाओ, मैं कहता हूँ।"

"अब ठीक है। इसलिए मैं आता हूँ। देखूँ, कब तक मैं अपने को इस लायक बना पाता हूँ कि मुझसे तुम्हें गुस्सा न हो।"

"अच्छा, यहाँ आओ!" साधु को लेकर वह अपनी बैठक में आ गए।

"बैठो।"

साधु एक मोढ़े पर बैठ गया। वह भी एक कुरसी पर बैठ गए। साधु ने कहा, "एक घंटे के बाद मुझे लौट जाना होगा। इसका ख्याल रखें।"

दारोगा ने कहा, "मेरी यह समझ में नहीं आता कि तुम क्यों हमारे घर का अमन तोड़ने पर तुले हो और क्यों किसी को तुम कुछ-न-कुछ देने को मजबूर करते हो। अगर कोई कुछ नहीं देना चाहता, नहीं दे सकता, तो तुम्हें इससे क्यों ज्यादा सरोकार होना चाहिए? यह मैं इसलिए कहता हूँ कि तुम समझ की बातें करते हो!"

साधु ने कहा, "जो अमन-सकून फकीर के आने या चाहने पर टूट जाए, वह मजबूत काफी नहीं हुआ। इसलिए उसकी कितनी कीमत हो सकती है! और मेरी भीख की माँग कितनी है? दो टुकड़े नहीं दे सकते, न दो। मेरे लिए दिल की मोहब्बत ही बहुत है। वह पा लूँगा तो समझूँगा, जो चाहिए था, पा लिया। रोटी तो पेट के गड्ढे को भरने और इस बदन को जीता रखने के लिए है। वह भी मोहब्बत के साथ न मिली तो क्या मिली! और मोहब्बत मिल गई तो फिर रोटी की क्या बात है! इस मोहब्बत का तकाजा तो मैं सबसे करता हूँ और सबसे करूँगा। इस तकाजे से बरी मैं अपने तरफ से तो किसी को न कर सकूँगा। मेरे लिए तो दुनिया में यही एक सरोकार रखने की चीज है। इसी की मुझे जिद है।"

दारोगा निरस्त्र हो गए थे, अब जैसे पिघलने भी लगे। लेकिन पूछा, "साधु कब से हुए? सच-सच बताना।"

साधु ने कहा, "यह सब जानकर क्या करोगे? क्यों हुआ, इसके जवाब में यही कहता हूँ कि खुदा का हुक्म हुआ, इसलिए हो गया। उसने चाहा कि मैं सब जगह उसकी मोहब्बत का जलवा देखूँ, इसलिए मुझे इस राह पर लगा दिया।"

दारोगा ने कहा, "अच्छा, मुझे माफ कर सकते हो? मैंने तुम्हारी तरफ बड़ा गुनाह किया है।"

साधु ने कहा, "माफ तो वही करता है और सच्चे जी से उससे माफी माँगी नहीं कि उससे पहले ही माफ कर देता है। सच यह है कि आदमी खुलकर माफी तभी माँग सकता है, जब वहाँ से उसे माफी मिल चुकी होती है। और मैं आज कितना खुश हूँ, कितना शुक्र मानता हूँ उसका, कैसे कहूँ!"

दारोगा ने कहा, "आप इतने यहाँ बैठें, मैं अभी आता हूँ।" कहकर अंदर गए।

मानो अब ऐक्य में जो कुछ बाधक था, सबकुछ बह गया हो। स्त्री से कहा, "दो दस्तरखान बिछाओ और अपने कमरे में जल्दी तैयारी करो। उन्हें ज्यादा फुरसत नहीं है।"

पत्नी, आनंदित चकित, न समझ सकी, क्या बात है, कौन है। लेकिन एक परिवर्तन, जो जैसे उसके सौभाग्य-विधायक ने उसके पति में संपन्न कर दिया है, वह कैसे छिप सकता। पूछा, "ऐसे कौन हैं?"

उत्तर मिला, "कौन-वौन नहीं, जल्दी करो। पंद्रह मिनट में हम आते हैं।"

पत्नी उछाह के साथ काम में लगी, जो उछाह तर्कातीत है, जो जैसे भीतर से उछला आ रहा है।

कमरे में आकर साधु से कहा, "आपको भीख नहीं दी जाएगी। दावत दी जाएगी। मैं समझता था, आप हर्ज और गड़बड़ पैदा करने यहाँ आ पहुँचे हैं, जैसे हम दोनों में फर्क डालना आपका काम है, लेकिन अब और देखता हूँ। जैसे वह फर्क पड़ना हममें जरूरी था, जिससे उस फर्क के जरिए हम एक-दूसरे को और अच्छी तरह देख सकें, समझ सकें और पा सकें। आप फर्क डालकर हमें और मजबूती से मिलाने के लिए ठीक मौके से यहाँ आ पहुँचे, अब मुझे इसमें शक नहीं मालूम होता।"

साधु ने कहा, "यह तो कहना कठिन है कि क्या किस मतलब से होता है। परमात्मा का राज्य इतना बड़ा है और हम उसके जर्रे के जर्रे से भी इतने नन्हे हैं कि उसके इंतजाम को नहीं समझ सकते। लेकिन हम मजबूती से दिल में यह रख लें कि परमात्मा करते हैं और वह दयालु हैं; और जो कुछ होता है, उसे चेष्टा करके अपनी उन्नति के अनुकूल रूप में देखें और समझें। वासना को बीच में डालकर अपने को तंग न करें। अब देखिए कि बाहर से बात में कुछ भी फर्क नहीं पड़ा, लेकिन परसों से मेरे आने को जिस रूप में देखते थे और अपने को तंग करते थे, आज वैसे नहीं देखते और खुश हो; यानी मुझमें न तो तुम्हें खुश करने की कोई सिफ्त है और न रंज डालने की। लेकिन फिर भी तुम रंज में थे और अब खुश हो। मैं वही हूँ, मेरा आना वैसा ही है, फिर भी तुम्हारे नजदीक बहुत भेद पड़ गया। इसलिए इस विश्वास में मजबूती से निवास करोगे कि सबकुछ वह करता है तो बाहरी चीज ऐसी नहीं रह जाएगी, जो तुम्हारी शांति को तोड़ सके। तब तुम्हारी शांति ऐसी निर्मल, दृढ़ और प्रकृतिस्थ हो जाएगी।"

इतने में भोजन के लिए बुलाहट हो गई। दारोगा ने कहा, "आपको मेरे पास बैठकर खाने में ऐतराज न होगा, मुझे उम्मीद है।"

साधु ने कहा, "ऐतराज तो मुझे किसी के भी साथ बैठकर खाने में होना चाहिए। झोली में डालकर ले जाने और अपने स्थान पर ही प्रसाद पाने की आदत मुझे पसंद है, लेकिन आज मैं तुमको अपने इस ऐतराज से नहीं डराऊँगा। हाँ, खाने की चीजों में कुछ ख्याल रखता हूँ।"

दारोगा ने कहा, "उस ख्याल का तो मुझे भी ख्याल रहता है। तो चलिए।"

दोनों बैठक से निकलकर चले। जब साधु ने देखा, उन्हें अंदर ले जाया जा रहा है तो उसे तनिक विस्मय हुआ, संकोच भी। पूछा, "कहाँ ले जा रहे हो?"

दारोगा ने कहा, "चलिए। फिक्र न कीजिए। आपके लिए कहीं रोक न होगी। आप तो उसके हैं, जो सब जगह है।"

महिला ने देखा तो विस्मय और हर्ष का ठिकाना न रहा। जो चाहती थी, वह सब यों अनायास पति में कब और किस तरह घटित हो गया!

उन्होंने जिस कृतार्थ और धन्य-भाव से खिलाया, वह वर्णन नहीं किया जा सकता।

साधु ने मानो उन्हें उनका परम इष्ट प्रदान किया। उन्होंने जैसे पति को और नए सिरे से घनिष्ठ रूप में प्राप्त किया।

भोजन के बाद पति ने कहा, "जानती हो, इन्होंने मुझे क्या बताया है? इन्होंने बताया है कि शांति वह रखो, जो टूटे नहीं। जो दूसरे पर वजनी होकर न रहे। न किसी बाहरी वाकया पर, न शख्स पर। जो खुद में पूरी हो और हकीकी हो।" और साधु से पूछा, "क्यों, यही न?"

पत्नी ने कहा, "तुमने इनसे माफी माँगी?"

साधु कुछ कहने को हुआ।

पति बीच में बोल पड़े, "यह तो कहते हैं, मेरे हाथ न माफी है, न नाराजी। यह कहते हैं, जो सबका मालिक है, उससे ही माँगो, उससे ही लो।"

साधु ने कहा, "हाँ, सब लेना-देना सीधे उसी से रखना चाहिए, वह सब दुःख हरता है।"

पत्नी ने कहा, "लेकिन गुनाह बड़ा है। तुम बाबा, हमारा ध्यान रखना और हमारे लिए दुआ माँगना। हम दोनों को तुम्हारी माफी और दुआ चाहिए।"

साधु ने जरा मुस्करा दिया, "हाँ, मैं तुम्हारे लिए दुआ माँगूँगा और माफी माँगूँगा। मैं दुनिया के लिए यह माँगता हूँ।" और उसी मुस्कराहट के साथ पूछा, "कोई बाल-बच्चा है?"

पत्नी ने पति की ओर देखा और पति ने पत्नी की ओर। फिर झट दोनों धरती की ओर देखने लगे।

पत्नी ने फिर दबी जबान से कहा, "बाबा, इसके लिए भी दुआ माँगना। बरसों से हमारी साध है। तुम्हारी दुआ लग जाएगी तो जस मानेंगे।"

साधु ने कहा, "वह सबकुछ देगा। उससे माँगे जाओ। मन, बुद्धि और देह से जितने के लिए तुम समर्थ होगे, जितने के अधिकारी होगे और जितना तुम्हारे लिए उचित और हितकर होगा और जितनी तुम्हारी प्रार्थना में शक्ति होगी, उतना ही वरदान तुमको उससे मिलेगा। भरोसा रखो, वह सबकुछ देगा।"

कुछ देर बाद साधु ने कहा, "एक घंटे से काफी ज्यादा हो गया, मैं अब जाऊँगा। मेरे लिए तुम लोग भी दुआ माँगना।"

वह चला गया।

डेढ़ साल में उन्हें पुत्र की प्राप्ति हुई। दोनों साधु के बड़े कृतज्ञ हैं। पुत्र को उसी का प्रसाद मानते हैं। हम पति-पत्नी की इस कृतज्ञता और मान्यता को, केवल बुद्धिहीन भावुकता समझें क्या!

□

चलित-चित्त

(मौलाना शेख मोहम्मद 55 वर्ष के संपन्न बड़ी जागीर के मालिक हैं। नामवरी उनकी है। लखनऊ जाने के लिए स्टेशन के वेटिंग-रूम में ट्रेन का इंतजार कर रहे हैं।)

अभी अहमद को हुक्म देकर आरामकुरसी पर पीछे झुके ही थे कि फिर बुलाया अहमद!

वह दरवाजे के बाहर ही हुआ होगा कि पीछे-पाँव लौट आया—"हजूर!"

"देखो, यहाँ फर्स्ट क्लास का डिब्बा आगे नहीं पीछे लगेगा। समझे? गाड़ी का क्या वक्त है?"

"सवा बारह।"

"कैसा बुरा वक्त है!" घड़ी निकालकर देखी—"साढ़े दस भी नहीं हुए। दो घंटे हैं—अँह।"

अहमद और हुक्म सुनने की प्रतीक्षा में वैसा ही खड़ा रहा।

शेख साहब का ध्यान उस ओर गया—"खड़े क्यों हो? जाओ! बस। सब ठीक करके यहीं लौट आओ।"

उसके चले जाने पर 'वीकली-टाइम्स' को लेकर वह उस कुरसी पर लेट रहे।

'स्नैपशॉट कंपीटीशन' वाला सफा खोला और देखते रहे। यह कुत्ता बढ़िया ब्रीड का मालूम होता है, कैसा आराम से पड़ा है। और यह नंग-धड़ंग छोटे हजरत उसके कान में 'काना-बाती कुर्रर' कर रहे हैं या कोई और भेद की बात कह रहे हैं। कुत्ता आँख मूँदे बड़ा रस ले रहा मालूम होता है। नीचे पढ़ा—इस चित्र पर स्पेशल प्राइज मिला है, कोयंबटूर के किसी ईसाई सज्जन ने भेजा है। उस पन्ने के और चित्र देखे—सब अच्छे हैं। फिर अखबार के एक साथ कई सफे पलट डाले—एक तसवीर सामने आ गई, पत्र के आधे पन्ने को घेरे एक सुंदरी महिला एक फैंसी ईवनिंग गाऊन का प्रदर्शन कर रही

है। खड़ी किस मजे में है और आँखों से जैसे निमंत्रण दे रही है। कुछ सेकंड देखते रहे। फिर एक-एक कर सफे पलटने लगे। हर एक तसवीर एक निगाह देखते जाते और आगे बढ़ते जाते। विज्ञापन की यह-वह तसवीरें भी इस तरह समाप्त हो गईं और पत्र का अंतिम कवर पृष्ठ आ गया। उसे कुरसी की फैली चौड़ी बाँह पर डालते-डालते कवर पृष्ठ की तसवीर आँखों के सामने फिर गई—वर्जीनिया सिगार्स—एक युवा सज्जन मानो वर्जीनिया सिगार में से खींचे हुए स्वर्ग को धुएँ में उड़ा रहे हैं और मगन है।

इसके बाद पत्र से आँखें हट आईं। जेब से एक केस बाहर किया और केस से एक सिगार बाहर निकाला। सुलगाया और उसका रस लेने लगे। उड़ते और विलीन होते हुए उन श्यामल-वृत्ताकार धूम्र-वृत्तों में से देखा—वेटिंग रूम बिल्कुल खाली है। अकेले वही हैं—सामने वाली से दाएँ पार्श्व वाली ड्रेसिंग टेबल अच्छी है। कई कोनों वाले कट का डिजाइन पुराना हो गया है। यह ओवल कट का आईना ज्यादा आर्टिस्टिक है, क्योंकि सादा है। इसके चौखटे की कोर भी कैसी उम्दा है। सिलिंग की नक्काशी भी ठीक है। नई कोठी के बीच के हाल में ऐसी ही नक्काशी करवाऊँगा। वेटिंग रूम में कोई भी और नहीं है। अहमद अभी तक नहीं लौटा? कैसे लौटेगा, अभी तो गया है। ओह, सवा बारह बजे गाड़ी जाती है। घड़ी निकाली, ऐं, अब भी साढ़े दस नहीं। 'टाइम्स' उठाया पहले सफे पर निगाह जमाई, पर जमी नहीं। फिर फट-फट सफे पलटे, वही-वही तसवीरें सामने आ गईं, दिख गईं और चली गईं और फिर आखिरी पृष्ठ आ गया और फिर 'टाइम्स' को कुरसी की बाँह पर रख दिया।

जी लगता नहीं; और लगने की कोई बात, कोई बहाना चाहता है। अपने को अकेले पाने की आदत में वे नहीं हैं और जब अपने सामने सिर्फ अपने को ही पाते हैं, तब बड़ी जल्दी अधीर और बेचैन हो उठते हैं, क्योंकि अपने सरीखे किसी आदमी के अभाव में और किसी चीज से बात करना उन्हें नहीं आता। अपने आप से उलझना और सुलझना अथवा निश्चिंत होकर अपने अतीत की स्मृति से खेलना या भविष्य की आकांक्षाओं में उड़ चलना; अर्थात् अपने आप से जीवित रहने के इस आर्ट का अधिकारी उन्होंने अपने को नहीं बनाया है।

क्या करें? आँखें मूँदी और जोर लगाकर दो मिनट पड़े रहे। आँखें खोलीं, अब भी कोई वेटिंग रूम में नहीं है। सो जाऊँ?⋯कैसे सो जाऊँ? उठ बैठे, टहलने लगे, आईने के सामने खड़े हुए, चेहरा देखा, बढ़े हुए बालों पर हाथ फेरकर फिर ठीक कर लिया; दूसरी टेबल के सामने खड़े हुए और वही कृत्य दोहराया।⋯करते-करते, चार मिनट में कुरसी पर आ रहे। घड़ी देखी, साढ़े दस में एक मिनट है।⋯ओह!

कि अचानक त्राण मिला। दरवाजे के बाहर पदचाप की आहट मिली। कोई आया चाहता है। शरीर का प्रत्येक रोम आँख बनकर दरवाजे की ओर जा लगा। 'टाइम्स' को

हाथ में सामने लिया, टाँग और स्वतंत्रता से फैला लीं, सिर सीधा कर लिया।

एक अंग्रेज सज्जन आए। कुलीन मालूम होते हैं। शायद कोई उच्च पदाधिकारी सिविल-अफसर हों। ओवरकोट बहुत नफीस है। मेरे कोट से क्या अच्छा है! शायद है। और ग्लब्स?

वह भद्र पुरुष इन्हीं के पास आ गए। 'टाइम्स' अब उनके हाथों में थमा हुआ आँखों के आगे फैला है, निगाह बिल्कुल किसी लेख में फँस गई है।

इन्होंने सुना, आगत महाशय कह रहे हैं—"क्षमा करें, आप कहाँ जा रहे हैं?"

पूछने के साथ-ही-साथ ओवरकोट उतारने की तैयारी भी करते जाते हैं।

"कृपा है। लखनऊ जा रहा हूँ।"

ओवरकोट उतर आया है। उसको एक कुरसी के सिराहने लटकाते हुए कहा, "लखनऊ की गाड़ी में तो देर है, मैं समझता हूँ।"

"जी, दो घंटे हैं।" देखा, उन्होंने अब हाथों में से दस्ताने खींच लिये हैं। हाथ कैसे कोरे, सफेद हैं। और यह!⋯कैसी जगमगाती है उँगली में! कितना चौड़ा नग है! न जाने कैसे उँगली पर टिका है! कमरे की बिजली की रोशनी का प्रकाश⋯।

दस्ताने उन्होंने एक-दूसरे से जोड़कर वहीं मेज पर रख दिए। अब कोट उतारना आरंभ किया।

देखो, कितने पहलू हैं। नग कैसा सफेद झकझका रहा है।⋯मानो कमरे का सारा प्रकाश इसके भीतर समाकर एक बिंदु-रूप हो जाना चाहता है।⋯और पहलू कितने हैं? दर्जनों और कैसे उस प्रकाश की जोत को यहाँ-वहाँ फेंक रहे हैं। अजीब हीरा है। कितने का होगा?

तब तक कोट उतारकर और तहकर दस्तानों के बराबर ही रख दिया गया। इन्होंने सुना, "मैं समझता हूँ, मुझे आपको कुछ कष्ट देना होगा।"

"कष्ट कैसा? सेवा से सम्मानित हूँगा।"

"⋯मैं अभी दो मिनट में आता हूँ। गाड़ी का सिग्नल हो गया है, दूसरी घंटी भी हो गई है, बनारस जाऊँगा। गाड़ी स्टेशन पर अब पहुँचती ही होगी। मैं भी अभी आया। क्षमा करें," यह कहते-कहते उसने वह अँगूठी उतारी, वहीं दस्तानों के ऊपर रख दी और वेटिंग रूम के पीछे की तरफ चले गए।

वह चला गया। यह अकेले हैं। अँगूठी मानो शुक्र के तारे को अपने मर्म में दुबकाकर यों चुपचुपाई दस्तानों पर बैठी है।⋯किस कारीगर ने बनाई है। नग से छूती हुई कोई सोने की रेखा भी तो नहीं दिखती! क्या खूब बनाई है! नग जैसे किसी जादू के बल से उँगली पर टिक रहा है। ⋯और नग कैसा ठीको-ठीक जैसे उँगली के ही नाप का है।

वे गए, अँगूठी को उठाया और देखने लगे। सचमुच अपूर्व है।

अपने हाथ की अँगूठी उतारी और दोनों को साथ रखकर देखने लगे। क्या यही मैंने पारसाल डेढ़ हजार में खरीदी थी? खाक खरीदी थी!

उसे घुमा-फिराकर देखने लगे। अपनी अँगूठी की हार मानो उन्हें चिढ़ाने लगी। उन्होंने उसे, खीझकर, अब उँगली में नहीं डाली, जेब में डाल ली। और उस सफेद नग वाली को हाथ में लिये-लिये कुरसी पर आ बैठे। जी भरकर देखने के बाद उसे मेज पर रख दिया और स्वयं 'टाइम्स' पढ़ने का यत्न करने लगे। अँगूठी का यह नया स्थान दस्तानों से कोई दो फीट के फासले पर होगा।

इतने में घंटी बजी, कुलियों और सवारियों में भाग-दौड़ मची और रेल प्लेटफॉर्म पर धकधकाती आ पहुँची।

रेल आ गई! यही तो बनारस वाली गाड़ी मालूम होती है। साहब अभी नहीं आए। सामान यहीं रखा है। कैसे साहब हैं, सामान के बारे में यों बेफिक्र हो जाते हैं? और अँगूठी! क्या मैं इस सब सामान की चौकसी करता रहूँ? अँगूठी क्या इस तरह उतारकर छोड़ देने लायक है?

इस ख्याल से उन्होंने फिर अँगूठी को देखा, ...और देखकर वहीं रख दी। कुरसी से 'टाइम्स' उठाया और उसे झल्लाहट में वहीं मेज पर पटककर दरवाजे की ओर बढ़ लिये, जहाँ से वह ट्रेन देखना चाहते थे।

अँगूठी 'टाइम्स' के एक कोने के नीचे छिप गई थी। वह दरवाजे पर खड़े होकर प्लेटफॉर्म को देखने लगे। रह-रहकर पीछे झाँक लेते थे। ओह, कितनी भीड़ है। लोग बैठने को क्यों ऐसे उतावले हो जाते हैं, अभी गाड़ी भागी थोड़े ही जा रही है! साहब— अब भी नहीं आए! क्या खूब हैं, गाड़ी आकर खड़ी है! उनके लिए सदा खड़ी थोड़े ही रहेगी। और अँगूठी, जान पड़ता है, अब एकाएक किसी की निगाह को नहीं खींचेगी। मैं इधर आ गया हूँ, किसी और की न-जाने कैसी निगाह उस पर पड़ती! अँगूठी कीमती है, इसमें क्या शक है? अखबार से ढकी रहने में वह सेफ है।

...वह सफेद किसकी गाड़ी है? ओह, टूरिस्ट कार है। इन अमरीकनों को दुनिया की सैर ही सूझती है! खूब आदमी होते हैं। ...रुपया इतना ढेर-का-ढेर कहाँ से ले आते हैं? यों बहाते हैं कि कोई पानी भी न बहा सके...।

..ऐंह, साहब को क्या हो गया है, मुझसे नहीं होती चौकसी। कब से तो खड़ा हूँ। एक अँगूठी जाएगी तो हजारों पर आ बनेगी; पर उन्हें परवाह नहीं।

देखो, वह झाँका। अमरीकन क्या होते हैं! घर में टकसाल रखकर भी मोटे नहीं होते।

...अरबपति हैं कि खरबपति, पता नहीं, पर बदन एकहरा ही है। हम रुपए का लुत्फ उठाना नहीं जानते, बस जमा करना, ढोना और खोना जानते हैं। मैं...नहीं...इतनी

देर हो गई, अब तक नहीं आए जनाब।···किसी ने अखबार को सरकाया और अँगूठी पर नजर पड़ गई तो?···अखबार को कोई उठा लेता है।···और साहब कहेंगे, कहाँ गई अँगूठी? कहेंगे मुझसे।···यह अच्छी परेशानी हुई।

अंदर गए और अपनी तुर्की टोपी उतारकर अखबार पर रख दी।

···अब ठीक है। अब एकाएक कोई हाथ नहीं लगाएगा। वह पास ही कुरसी पर लेट गए।

साहब अब भी नहीं आया! क्या गाड़ी से रह जाएगा? अच्छी उसकी दो मिनट हुई! क्या 'कमोड' से चिपक रहा? उसी को फिक्र नहीं, तो मैं फिक्र क्यों करूँ! ···चलो जी, तुम आराम से पड़ो। गाड़ी जाएगी तो उसकी, अपना क्या।···पर आदमी अजीब है और लापरवाह।

वह निश्चिंत होकर बैठने का निश्चय कर पूर्ण रूप से निश्चिंत हो गए।

सेकंड सरकते जाने लगे। साठ सेकंड का मिनट हो जाता है। गाड़ी अनगिनत मिनट तो ठहरेगी नहीं। अब नहीं···तो अब गई। ···निश्चिंतावस्था में भी सोचा—भई, खूब रहा यह अंग्रेज! आया, तो उसे कुछ सुनाएँगे।···

गार्ड ने पहली सीटी दी।

उन्होंने जोर से पुकारा, "हल्लो, गाड़ी जाती है। सीटी नहीं सुनते?"

जैसे जल्दी-जल्दी में उत्तर मिला, "ओह! आया, बस आ ही रहा हूँ। धन्यवाद।" और लगभग तुरंत ही इंगलिश महाशय आए। चेहरे और हाथ से पानी टपक रहा है। पतलून की पेटी कसी जा रही है। बोलते आ रहे हैं—"माफ कीजिए। बड़ा कष्ट हुआ, अत्यंत धन्यवाद!···"

मेज के किनारे आकर एक ही झटके में कोट की आस्तीनों में बाँह डालकर उसे ठीक पहन लिया।

शेख साहब कुरसी से उठने लगे। "ओह, नो-नो···आप लेटे रहिए, तकलीफ न कीजिए।" ओवरकोट को कंधे पर डालते और दस्तानों को झपटकर उठाते हुए साहब ने यह कहा और फिर जैसे एक क्षण मेज पर कुछ दिखने की आशा की···।

शेख साहब मेज पर से अखबार और टोपी उठा लेने को जैसे उठना चाहते थे कि···

"नहीं, आप आराम से लेटिए।"

शेख साहब आराम से लेटना नहीं चाहते, पर अनुरोध की अवज्ञा भी तुरंत नहीं कर सके। जैसे न चाहते हुए भी लेटे रहे।

मेज पर का अखबार और अखबार पर की टोपी हटनी चाहिए, यह इच्छा जगी तो; पर मानो तंद्रा की करवट में 'अब उठूँ, अब उठूँ' में अलसा गई, एकदम उठकर नहीं खड़ी हो गई और क्षण बीत गया—जिस क्षण में साहब ने कुछ देखने की आशा की

थी—पर इस क्षण के बीतते-बीतते रेल पकड़ने की झटपट ने उस आशा का स्थान ले लिया। इस शीघ्रता की आवश्यकता ने एक भागता हुआ सा आश्वासन साहब के मन को दिया—"सब ठीक है, मैं और क्या सोचता हूँ!" और इस प्रकार का एक अनिश्चित निश्चय और एक अस्पष्ट तुष्टि लेकर वह अंग्रेज सज्जन शेख साहब के कष्ट का बहुत आभार और धन्यवाद मानते हुए, उठते-उठते हुए, शेख को बैठाते और बोलते-बोलते शेख को चुप करते हुए, रेल को पकड़ने के लिए फौरन प्लेटफॉर्म पर दौड़ गए।

शेख साहब कुरसी पर थे। सत्कामना की कि जल्द आएँ, गाड़ी छूटने को है।

तभी गार्ड ने सीटी दी।

यह तीसरी सीटी शेख साहब के भीतर चीखती हुई ही मानो पहुँच गई। वह झपटकर बाहर दौड़ आए। रेल सरकने लगी।

वह किस डिब्बे को पकड़ें?

रेल की चाल तेज होती जा रही है; मानो उनकी पकड़ से डरती है। किसी भी डिब्बे पर चढ़ जाएँगे। झपटे कि किसी ने पकड़ा—"अजी!"

वह इधर झगड़ते हैं, उधर डिब्बे-के-डिब्बे भागे चले जा रहे हैं।

जोर से झटका दिया, मानो शाप देंगे, चिल्लाए, "अहमद!"

अहमद ने स्वामि-भय से स्वामिभक्ति को प्रधानता दी।

गाड़ी फकफकाती दूर चली गई।

अहमद सम्मान और संभ्रम के साथ अब अलग खड़ा हो गया।

शेख साहब के सामने गाड़ी निकल गई है; मानो मौका निकल गया है, जो कभी नहीं लौटेगा। जो कभी-कभी ही व्यक्ति के जीवन में इसलिए आता है कि उसकी परख कर डाले; जो खुदा की तरफ से आता है और फिर खुदा की हाजिरी में ही पहुँच जाता है।

गाड़ी की फक-फक सुनाई देती है। जैसे विजयोल्लास में अपना पैगाम पूरा करके उसका नतीजा मालिक के दरबार में पेश करने, तेजी से भागी चली जा रही है।

क्यों अहमद ने उसे पकड़ लिया है? यह रेल उस मालिक को मेरी क्या खबर जाकर देगी? मैं इसे क्यों न पकड़कर रोक सका। ओह, जिस मालिक ने मुझे पैदा किया, उसी को अपने बंदे के बारे में यह खबर मिलेगी तो वह कितना रोएँगे?

लेकिन अहमद क्या जानता है? वह बेचारा क्या करता? उसने क्या वही नहीं किया, जो उसे करना था?

अहमद पर किसी तरह का रोष और क्षोभ नहीं प्रकट होना चाहिए।

"अहमद," उन्होंने कहा, "तुमने सब इंतजाम कर दिया? तुम यहाँ कैसे पहुँचे? अच्छे वक्त आ गए। एक दोस्त गाड़ी में दिखलाई पड़ गए, देखकर यह ख्याल न रहा कि गाड़ी तेज होती जा रही है। गाड़ी पर चढ़ने की कोशिश खतरनाक हो सकती थी तथा

उतरना और भी मुश्किल और खतरे का! तुमने ठीक ही किया, अगरचे उस वक्त मुझे अच्छा न लगा। आओ, तुम सामान के साथ ही रहो। गाड़ी के वक्त से पंद्रह मिनट पहले मुझे खबर देना। मुमकिन है, मुझे नींद आ जाए और नींद न तोड़ना ही मुझे पसंद है। तब आज का जाना मुल्तवी समझो। वेटिंग-रूम का दरवाजा बंद मिले तो यही समझना। फिर मुझे जगाने की कोशिश बिल्कुल न करना।"

अहमद को रवाना करके शेख साहब उसी रूम में आ गए। उसी आरामकुरसी के आगे मेज के किनारे ठीक उसी जगह खड़े होकर जहाँ मेज पर वह अँगूठी, अँगूठी पर अखबार और अखबार पर टोपी रखी थी, उन्होंने जेब में से बँधी मुट्ठी को निकाला और खोला। प्रकाश से खिलखिलाती हुई वह अँगूठी मेज पर गिरी और चक्कर खाती हुई एक जगह यों करवट लेट गई, मानो अब उनकी ही वशवर्तिनी चेरी होकर रहना चाहती है। अब वह उनकी ही है, चाहे उसे फेंक दें या यों पड़ी रहने दें, चाहे उँगली पर चढ़ाकर शौक पूरा करें। मानो पड़ी-पड़ी वह अपने लिए दया माँगती है और निवेदन करती है—मेरा कुसूर तो देखिए, क्या है। मैं आपके पास ही रहूँगी, यों ही चुप पड़ी रहूँगी। नाराज मत होइए। मैं क्या नाराजगी उठाने लायक हूँ?…नहीं, मैं किसी से भेद नहीं कहूँगी?

किसी से भेद नहीं कहेगी, कमबख्त। शेखजी ने सोचा, अब यह भी तसल्ली देती है। बेशर्म, सफेद, चमकीला, जगमगाता मुँह लेकर यहाँ मुझे फँसाने को सामने आ गई! अब यों पड़ी है, जैसे कुछ जानती ही नहीं। दूर हो बदजात।

उन्होंने एक चुटकी जोर से अँगूठी में मारी। वह मेज पर डेढ़-दो गज दूर सरक गई।

अब तक खड़े थे, अब धप से कुरसी पर बैठ गए। बाँह कुरसी के दाहिने बाजू पर रख ली और ठोड़ी दाहिने हाथ पर टिक रही।

यह क्या किस्सा हो गया? वह अजब आदमी था कि अँगूठी ही छोड़ गया। कहाँ रहता है, कौन है, कैसे भेजी जाए? …अँगूठी भेजना चाहते हो? क्या खूब। दो हजार से कम की न होगी। हें, यह क्या दो हजार की बात सोचता हूँ। दस दफे दो हजार लुटा डालूँगा। रुपए की क्या कमी है। …अँगूठी भेजेंगे? वह अंग्रेज यहाँ था, तब उसे दी क्यों नहीं?…दी क्यों नहीं? कौन कहता है, नहीं दी? उसे ही इतनी जल्दी पड़ी थी कि छोड़कर भाग गया!…मुझे देने की फुरसत भी तो नहीं दी। मैं क्या देता न था? क्या कभी भी मेरी न देने की मंशा थी? पर ज्यों ही दूँ कि वह तो भाग छूटा!

वह बनारस ही रहता है? कौन है? …उसने अब तक देख लिया होगा—अँगूठी नहीं है। क्या सोचेगा? सोचेगा कहीं गिर गई! कहाँ गिर गई? क्या वह यहाँ की सोचेगा? क्यों नहीं सोचेगा? पर मैंने तो अँगूठी ली नहीं। मैं कहूँगा, मैंने नहीं ली। मैं उसे ऐसी-ऐसी पाँच अँगूठियाँ खरीद दूँ। नहीं, मैंने कभी नहीं ली। वह खुद भूल गया था। बिल्कुल वही भूल गया था, साफ तो बात है। मैंने नहीं ली, नहीं छुई। …छुई? …हाँ, छुई। छूने में कुछ

हर्ज है? क्या हर्ज है? हाँ, खूब छुई, खूब देखी, पर लेने के लिए नहीं छुई, लेने के लिए नहीं देखी। नहीं, मैंने बिल्कुल कभी लेने के लिए नहीं ली।···

वह सोचेगा, मैंने ली। जैसे मैं चोर हूँ! मैं, चोर? यह झूठ है। मैं चोर नहीं हूँ। बिल्कुल चोर नहीं हूँ। मैंने चोरी नहीं की। मैं चिल्लाकर कह सकता हूँ, मैं चोर नहीं हूँ। मैं सबके सामने कह सकता हूँ, उसके सामने कह सकता हूँ। मैंने नहीं ली, नहीं ली, एक से सौ बार नहीं ली। मैं चोर कभी नहीं हूँ।

मैं क्यों लेता? अँगूठी का मैं भूखा हूँ! ऐसी अँगूठियाँ मेरे नौकर पहनते हैं। क्या? ···वह सोचेगा? उसके सोचने से क्या बनता है। मैंने जब ली ही नहीं, तो वह सोचा करे लाख बार। और उसे सोचने का हक! वह कौन होता है कुछ सोचनेवाला? मैंने तो ली नहीं, फिर भी वह सोचेगा। कैसे सोचेगा? नहीं सोचेगा। बिल्कुल नहीं सोचेगा। मैंने क्या देखा नहीं कि वह भलामानस है, सब समझता है। वह समझता है मैंने नहीं ली, मैं कभी नहीं ले सकता, फिर भी सोचगा तो सोचे। भले आदमियों को आँच आने की पहली बात तो होगी नहीं। दुनिया यों ही समझ लेती है। भलों को इल्जाम के नीचे दबा देती है; पर दुनिया से क्या होता है और किसी के सोचने का क्या उठता है—मैं तो मैं हूँ। मैंने ली नहीं, तो मुझे डर? मुझे काहे का ख्याल, काहे का डर? मैंने तो ली नहीं!

अँगूठी? ···कौन पूछता है?—वह रही अँगूठी। वह पड़ी है मुझसे दूर। मेरे पास भी तो नहीं है। मुझसे उससे क्या वास्ता? मैं क्या जानूँ, कहाँ से आई, वहाँ कैसे पहुँची, किसकी है? मेरा क्या सरोकार? मैं यहाँ, वह वहाँ। मैं कुछ नहीं जानता।

क्या? एक अंग्रेज आया था, उसकी अँगूठी··· ? कैसा अंग्रेज, कौन अंग्रेज? आया था तो आया होगा। मैं कोई सबका हिसाब रखता हूँ? मेरा कोई जिम्मा जानने का नहीं है। सब याद रखने का मैंने ठेका नहीं लिया। मैं नहीं जानता।···और अँगूठी? यह लो, यह रही मेरी अँगूठी।

एकाएक अपनी अँगूठी जेब में से निकाली और दाहिने हाथ पर रखकर उसे आगे बढ़ा दिया, मानो मुलाहिजे के लिए पेश कर रहे हों। फिर अन्यमनस्क भाव से दोनों हाथ उस अँगूठी से खेलने लगे।

लो देखो, यह है अँगूठी। ···और अँगूठी? और अँगूठियों की औरों से पूछो। मैं अपनी को जानता हूँ। औरों की से मुझे मतलब? खो गई है तो होगी यहीं कहीं, ढूँढ़ो। मैं क्या जानूँ? मैं कुछ नहीं जानता, मुझसे मत पूछो। नहीं, मैं ढूँढ़ने में मदद नहीं दे सकता।

बहक की तेजी में वह अकस्मात् कुरसी से उठकर टहलने लगे और टहलने की गति तेज से और तेज होती जा रही थी।

···वह फिर नहीं लौट आ सकता? मैं बतलाता कि वह कैसे अँगूठी जल्दी जल्दी में भूल गया था और मैंने उसे नहीं ली थी। मैं कहता कि जल्दी और लापरवाही अब कभी

मत करना। खता खाओगे। सब मुझ जैसे नहीं होते, क्योंकि मैंने वह नहीं ली थी। ···कुछ हो, मैंने नहीं ली। हाँ, मैंने नहीं ली।

कदम जल्दी-जल्दी और जोर-जोर के पड़ते जाते थे, मानो जो 'नहीं ली', 'नहीं ली' का भाव जितना जल्दी-जल्दी और जोर से भीतर दोहराया जा रहा है, कदम उसी का साथ दे रहे हैं।

वह कौन देख रहा है, मुझे साथ-साथ चलता हुआ सा? देखो, खूब देखो, कोई मैं देखने से डरता हूँ। कहीं देख लो, जेब देख लो, सब तलाशी ले लो मेरे पास अँगूठी है ही नहीं। हो कहाँ से? हो तो तब जब ली हो। जब ली ही नहीं तो कोई देखे, जितना चाहे देखे।··· पर कौन होता है कोई देखनेवाला? क्यों देखता है? कैसे देखता है? मैं तमाशा नहीं बनना चाहता। देखना है तो तमाशा जाकर देखे, मेरा क्या देखेगा? देखूँ, कौन देखता है? उसकी···

···क्या खड़े देखते हो जी? तुम्हें काम नहीं है? यहाँ क्या काम है? बोलते नहीं। ···आँखें क्यों लाल कर रखी हैं? नसें क्यों तुम्हारी फूल रही हैं? ···कोई मैं तुम्हारा दबैल हूँ, जो डर जाऊँगा? डरे वह जिन्होंने कुछ किया हो! ओह, डराने आए हो तो मुँह धो रखो। मेरा डरे दुश्मन। ···तुम जाते नहीं? मुझे ताकते खड़े हो? क्या हुआ? क्या बात है? अब हँसना चाहते हो?

अरे! वाह! अहा-हा-हा।···अरे, मुझे क्या हो गया? वाह खूब रही! अपना ही अक्स नहीं पहचाना गया। अहा-हा-हा! ···कोई भी तो और नहीं है, मैं ही तो हूँ। मैं ऐसा हो गया हूँ? आँखें मेरी लाल हैं। क्यों लाल हैं? गुस्से की मुझे जरूरत? गुस्सा क्यों करूँ? किस पर करूँ? गुस्सा मुझे है ही नहीं। मैं तो बिल्कुल ठीक हूँ, शांत हूँ। न गुस्सा है, न कुछ है। ···नसें किसी और की फूली होंगी। कुछ बात उनके फूलने की?—यह आईना ही खराब है, कुछ का कुछ दिखाता है।···कोई देखे, मुझे कुछ नहीं है, कोई घबराहट नहीं है। ···ठीक तरह से बैठा हुआ हूँ।

चलते-चलते शेखजी पास पड़ी हुई उसी कुरसी पर बैठ जाते हैं।

मैं बिल्कुल साफ हूँ, कुरसी पर बैठा हूँ, वेटिंग-रूम में हूँ। बारह बजे की गाड़ी से लखनऊ जाऊँगा। मुझे क्या हुआ है, कुछ भी नहीं हुआ।

वह किसकी आँख यों चमक रही है? एक ही है! एक ही आँख और ऐसी चमक। ओह, आँख नहीं है, तारा है, आसमान से टूटकर आ गिरा है और यहाँ बैठ गया है। ···तो तारे में आँख नहीं होती? उसके आँख क्या होगी, वह तो आँख-ही-आँख है। है तो हो, सौ आँखें ऐसी क्यों न आ जाएँ, मेरा क्या बिगाड़ लेंगी।···नहीं जी, तारा नहीं है। एक तारा कई दुनिया के बराबर होता है। ···कोई जानवर है, एक आँखवाला है। कई जानवर ऐसे क्या होते नहीं, जिनकी आँखें रेडियम सी चमकें? आँखें क्या, जो खुद आग से दिखते हैं। पर यहाँ वेटिंग रूम में! फर्स्ट क्लास वेटिंग रूम में!···खूब जानवर हैं, यहाँ आ गया···

और मेज पर! मेज पर ही आराम से आ डटे हैं। न हिलते हैं, न डोलते हैं। हिलता-डोलता क्यों नहीं? एकटक अंगारे सा वहीं बैठा-बैठा ताक रहा है। क्यों, ताक रहा है? तो ताके, मेरी बला से। एक लाख बरस तक वहीं बैठा-बैठा ताकता रहे। यहाँ तो दिल आईना सा साफ है और हीरे सा सख्त है। पर, यहाँ क्यों आ गया है! अपने भिट में जाए या गड्ढे में पड़े, यहाँ इसका कुछ काम नहीं है। मेज को गंदा करेगा। यह उसकी गद्‌दी का तख्त है न! कौन? पर क्यों देखें? अपने को अपना काम कम है, जो ऐसे कीड़ों के झंझट में पड़ें? यों चमककर मुझे बुलाना चाहता है, खींचना चाहता है। मैं उसका रिश्तेदार हूँ, जो उसे मुझसे काम है? अंगारे सी आँख से कितनी भी पैनी निगाहें मुझे क्यों न चुभाए। मैं नहीं जाता। यहाँ मजे से बैठा हूँ, क्यों उठा भागा फिरूँ? अहमद आता होगा, रेल आएगी, मैं लखनऊ की गाड़ी में जा सवार होऊँ। फिर मुझे क्या मतलब रहेगा, इस शैतान रूम से और यहाँ के शैतानों से। वह तो और दमदमाती है, सूरज में भी तो ऐसी तीखी जोत नहीं होती···ओह, जानवर नहीं, शैतान की आँख है। शैतान!···ओह, शैतान! ···मैं तो खुदा का बंदा हूँ; खुदा की साया और हुक्म के तले रहता हूँ। मैंने कुछ नहीं किया। मैंने कोई चीज नहीं ली। शैतान मेरा क्या करेगा?

क्या करेगा मेरा शैतान? मैं अपने ईमान में महफूज हूँ! नहीं जी, शैतान कुछ नहीं होता। कोरा बहम है, बहम का पुतला है। और हो भी तो हुआ करे। ···आखिर यह भला चाहता क्या है? फक-फक फक्कारे मार रहा है और मुझे दहशत में लाना चाहता है। शैतान की आँख हो, चाहे कुछ हो, इसे फोड़ दूँगा। कैसी जलती, जहरीली निगाह से देखती है, कमबख्त। जोत की किरन नहीं, जीभें हैं। इन्हीं से सब जगह पहुँचकर और गड़कर अपना जहर फैला देती हैं।···

उठकर चलने लगते हैं।

मुझे बुलाती है। चैलेंज करती है! जैसे मैं घबराऊँगा।

जितने आगे बढ़ते हैं, प्रकाश का मोड़ सीध में न होने से, अँगूठी के नग का ज्योतिर्मय दिखना क्रमशः क्षीण पड़ता जाता है, अंत में मंद होते-होते वह ज्योति विलीन हो जाती है।

मैं क्यों घबराऊँगा?···ओह! अब यह तेजी भाग चली। कैसे मेरे सामने ठहरेगी? कहाँ गई वह जोत? उड़ गई, भाग गई?

धीरे-धीरे आगे बढ़ते हैं। मनःस्थिति ऐसी नहीं है कि साधारणतः दिख सकनेवाली अँगूठी उन्हें अँगूठी के रूप में दिख जाए। लगभग दो हाथ फासले से मेज के किनारे पर, जहाँ वह अँगूठी पड़ी थी, आँख मींचकर, कुछ सहमकर और उसी अनुपात में झटककर उन्होंने हाथ मारा। अँगूठी कुछ चुभी और मेज का प्रत्याघात भी काफी गहरा बैठा।

ओह, अब पकड़ लिया हैं, अँगूठी! अँगूठी, तू! तू ही कमबख्त। मैंने तुझे कब

लिया? ठीक बता, मैंने तुझे लिया? लेने के लिए लिया? मैंने क्या तुझे अपने से दूर ही नहीं रखा? आँखों से न दिखे, इसलिए तुझे ढक-ढक नहीं दिया? दबा-दबा नहीं दिया? तू खुद यहाँ रह गई, अब मेरे सिर पड़ती है।

अँगूठी ने मानो स्वीकार किया—हाँ, मैं खुद ही रह गई। आपने मुझे थोड़े ही रखा। लेकिन अब मुझे फेंको मत, मेहरबानी करो, देखो, मैं आपकी चेरी होकर रहूँगी। जो मेरा करोगे, उसी को अपना फन मानकर तुम्हारे ताबे पड़ी रहूँगी।

ताबे पड़ी रहेगी? मेरे पास रहेगी? मैं नहीं रखता पास। मुझे नहीं चाहिए। भली मानस बनती है, हरजाई, डायन। मैं नहीं रखता, नहीं रखता। घर-घर कहती फिरेगी, मैं उसकी थी। फिर उसने ले ली। तू तो झक मारकर रहना चाहे, पर नहीं।

उलट-पलटकर देखने लगते हैं। वह सफेद नग ही मानो आँखों में बार-बार गड़ता है।

यही इसका जहर है। यही इसका जादू है। कैसा सफेद अंदर तक साफ दिखता है, पर क्या शैतान खूबसूरत नहीं होता? कैसी भूल खाई। मैंने इसे कीमती समझा। हाँ, जहर भी तो कीमती होता है। मैं नहीं रखता। वह क्यों छोड़ गया इसे यहाँ? मैंने नहीं लिया इसे। मैं नहीं लेता।

···अरे तू उधर यह कर रहा है! उसे देख रहा है और मेरे हाथ में अँगूठी देख रहा है? ···हाँ, मैंने शैतान की जगह अभी इसी को बैठा पाया है। यह उसी के हुक्म से यहाँ आ गई है। उसी के हुक्म से यहाँ रह गई है। मेरा इससे कुछ मतलब नहीं। मतलब है? ···कैसा मतलब है? कौन सा मतलब है? देखो, तुमसे कहता हूँ, यह मेरे हाथ की अँगूठी मेरी नहीं है। एक शैतान का बच्चा यहाँ छोड़ गया है। तुम नहीं मानना चाहते? ···हम दोनों साथ जो हैं, सो इस पर तुम मन-ही-मन कुछ-का-कुछ समझ रहे हो? पर तुम्हारी गलती है। यह मेरी नहीं है। मेरी हो ही कभी नहीं सकती। मैं इसे कभी अपनी बताऊँगा ही नहीं। ···नहीं मानते? तुम भी शैतान हो। उसके साथी हो। हम दोनों का यों अक्स उतारकर अपने पेट में रख लोगे और हर एक आते-जाते को दिखाओगे—देखो, शेख साहब को दूसरे की अँगूठी के साथ देखो। शेख दूसरे की अँगूठी क्या दूसरे की बादशाहत को जूते का तला भी नहीं बनाएगा। और तुम अपना अक्स पेश करोगे और कहोगे शेख चोर! और राह चलता आदमी भी कहेगा शेख चोर! ···तू यह करेगा? यह करेगा, ऐं?—अच्छा!

सामने के आईने पर, जिसमें इनका अक्स पड़ रहा था, जोर से वहीं अँगूठी फेंककर मारी। आईना से कच से हुआ और जहाँ वह अँगूठी की चोट बैठी उस स्थल को केंद्र बनाकर यहाँ-वहाँ चारों ओर से तरेड़ की रेखाएँ आ मिलीं। ···लो और करो जिद्‌द! अब यही चेहरा लेकर खड़े रहना।

अब मानो वह कमरे भर से बात करने लगे। मेज, कुरसी, छत, फर्श, दीवार, सबसे

कहते हैं और सबको अपनी नेकनीयती का कायल करना चाहते हैं।

और तुम देखो! अँगूठी वह रही, मैं यहाँ खड़ा हूँ। क्या वह मेरी है? नहीं, वह मेरी कभी नहीं है। तुम सब जानते हो। मैंने कभी उसे लिया? सच-सच बताओ, मैंने उसे लिया? तुम खूब जानते हो, मैं नहीं ले सकता था। मैंने नहीं लिया। ···और यह देखो।···

जाकर फर्श पर से फिर अँगूठी को उठा लेते हैं और जेब से अपनी अँगूठी भी निकालते हैं।

यह सफेद है, मेरी का नग सुर्ख है। मेरी तो सुर्ख है, यह है। तुम सब जानते हो, सफेद वाली मेरी नहीं है।···या अल्लाह, क्या हो गया है इन्हें! मेरी बात पर चुप, मानो ताना कर रहे हैं! बात तो साफ है, जैसे मेरा दिल साफ है। फिर सब सलाह करके मेरी बात का मूक व्यंग्य क्यों कर रहे हैं? क्यों ये मुझे नहीं समझते और क्यों मेरी बात नहीं मानते? या अल्लाह, तू जानता है, मेरी अँगूठी सुर्ख है। दूसरी मेरी नहीं है। मैंने उसे कभी अपनी बनाने का इरादा नहीं किया। मैंने उसे नहीं लिया। यह सब शैतान की करामात है, जो मेरे और तेरे बीच में हायल होने को आ गई है। या अल्लाह, मैं तेरा हूँ, मैंने नहीं ली, नहीं ली। मेरा दिल देख ले, मैंने नहीं ली।

···है! कौन है? कोई आ रहा है!···कौन आ रहा है! अहमद! गाड़ी का वक्त हो गया। मैं खड़ा हूँ। क्यों खड़ा हूँ?···

शीशे की तरफ देखा। ···क्या शक्ल है इसकी और क्या शक्ल है मेरी? एक हाथ दिया और आईना उस कोण पर आ झुका, जिस पर उसकी टूटी हालत अकस्मात् प्रकट नहीं होती थी और खुद झपटकर आरामकुरसी में आ पड़े।

अहमद! अहमद तो नहीं है। क्या है, कौन है, क्यों आया है? मैं कुछ नहीं जानता, मैंने कोई चीज नहीं देखी। मैं अभी लखनऊ जा रहा हूँ। मैं जागीरदार हूँ। मैं तंग होना नहीं चाहता।

जंकशन स्टेशन का बंगाली स्टेशन मास्टर एक तार हाथ में लिये हुए वेटिंग रूम में दाखिल हुआ। तार में अँगूठी का जिक्र है, जो भूल से वेटिंग-रूम में रह गई है और जिसको ढूँढ़कर यथाविहित स्थान पर पहुँचा देने का स्टेशन मास्टर को आदेश है। तार में एक वेटिंग-रूम में ठहरे हुए सज्जन से सहायता लेने का प्रस्ताव भी किया गया है।

कौन है यहाँ? हाथ में कागज कैसा है? कौन मेरा, अँगूठी से ताल्लुक जानता है। ताल्लुक है ही नहीं। मैं कुछ नहीं जानता। वारंट नहीं हो सकता। मैंने कुछ नहीं किया। यों ही वारंट! कौन गिरफ्तार कर सकता है? मुफ्त में गिरफ्तार कर लेगा। देखूँ तो कौन करता है!

और वह जैसे आराम के साथ सिर पीछे फेंककर मानो ऊँघ की हालत में हो गए। आँखें यों सो रही थीं, फिर भी पूर्ण सशंक और सजग, आगत के आगमन को देख रही थीं।

स्टेशन मास्टर इनके ओहदे और अधिकार को जानता है। चुपचाप इनकी कुरसी के पास आया। देखा, सो रहे हैं। क्या करूँ, सोचते हुए खड़ा रह गया। क्रमशः अधिकाधिक स्पष्ट आवाज में चार बार 'क्षमा करें', 'क्षमा करें' कहने पर मानो इन्हें चेत हुआ।

"क्या है?"

उसने तार दिया।

इन्होंने जेब से अँगूठी निकालते हुए कहा, "यह लो!"

स्टेशन मास्टर ने बहुत-बहुत थैंक्स दिए।

फिर दूसरी अँगूठी निकालते हुए कहा, "यह लो।"

स्टेशन मास्टर की कुछ समझ में न आया।

उँगली में से एक और अँगूठी निकालते हुए कहा, "यह लो।"

"जी नहीं। एक सज्जन की अँगूठी यहाँ रह गई है। वह…।"

"तीनों ले जाओ या जो चाहे ले जाओ।"

"जी, वह अँगूठी…।"

"मैं और कुछ नहीं जानता। अँगूठी एक, दो या तीनों ले जा सकते हो। मुझे एक की भी जरूरत नहीं।"

"जी, नहीं। वह साहब की अँगूठी…।"

"मैं क्या जानूँ? मैं कुछ नहीं जानता। यह मैं कैसे जान सकता हूँ?" यह कहकर वह उसी तरह कुरसी पर पड़े रहे।

स्टेशन मास्टर और प्रश्न के साहस की जरूरत को जरूरी न समझ स्वयं फर्श पर, मेज और कुरसियों पर अँगूठी ढूँढ़ने की कोशिश में लगे।

मैं सच कुछ नहीं जानता। मैं क्या जानूँ? कौन सी अँगूठी? मेरे पास कोई अँगूठी-वँगूठी नहीं है।

जिन तीन अँगूठियों को अभी जेब में रखा गया था, उनको निकालकर मेज पर रख दिया।

अँगूठी ढूँढ़ने आया है? ले क्यों नहीं जाता तीनों अँगूठियाँ? मैं उसे बतलाऊँ, कौन और कैसी अँगूठी! मैं बतलानेवाला कौन, मैं जाननेवाला कौन!

पाँच मिनट लगाकर स्टेशन मास्टर जाने को हुए। कष्ट देने के लिए क्षमा माँगने इनके पास आए। इन्होंने पड़े-पड़े तीनों अँगूठियों की तरफ इशारा कर दिया, मानो कह रहे हों—अँगूठियाँ ये रखी हैं, वैसे मैं कुछ नहीं जानता।

स्टेशन मास्टर चले गए। उनके बाहर होते ही उठे और दरवाजे की चटखनी अंदर से बंद कर आए। लौटकर तीनों इकट्ठी पड़ी हुई अँगूठियों को उठाया; पीछे की तरफ की एक खिड़की को खोला; जो अँगूठी अब कुछ मिनट पहले ही उँगली पर चढ़ी थी,

उसे छाँटा और जोर से, खिड़की की राह, स्टेशन के बाहर फेंक दिया। वह कहाँ जाकर गिरी, पता नहीं। उसके गिरने की आवाज उन्होंने सुननी चाही, पर सुन न पड़ी। फिर लाल माणिक वाली अँगूठी को लिया और उसे भी वैसे ही फेंक दिया। उससे बाहर जाकर किसी खंभे से या और किसी चीज से टन्न से टकराने और धरती पर गिरने की कुछ आवाज जैसे सुनाई दी। फिर उस सफेद नग वाली को लिया, तनिक देखा और भरपूर जोर से फेंका। वह बाहर नहीं गई, खिड़की के सींखचे में लगी और लौटकर इनके चरणों के पास ही आ पड़ी। इन्होंने अपनी भरपूर ऊँचाई में खड़े होकर, भवें तरेरकर उसे देखा, मानो वह नीचे पड़ी-पड़ी सिसक उठना चाहती है—मुझे फेंको मत, मुझ पर दया करो। मैं बाहर नहीं जाना चाहती। मैं हर किसी के हाथ में नहीं पड़ूँगी। क्या मैं इस लायक हूँ! चाहे चरणों में ही रखो, या यों ही पड़ी रहने दो, पर अपने पास रहने दो। इतनी भीख भी क्या मेरे लिए बहुत है?

यह माया का कैसा कठिन अविजित रूप है!

वह देखते रहे, फिर आगे बढ़कर उस पर थूका। थूक जरा अलहदा गिरा। जब तक वह थूक में डूब न गई, तब तक उस पर थूकते रहे, फिर जोर से दाहिने पैर का बूट उस पर दे मारा। दाहिना हटाने के बाद फिर बाँया। फिर तेजी से एकदम लौट आए और जल्दी-जल्दी कमरे का चक्कर लगाने लगे।

कुछ ही देर में चक्कर काटते-काटते एकदम रुके, मुड़े और चलकर मेज के किनारे आ गए। वहाँ सुन्न एक-दो-तीन मिनट खड़े रहे। फिर पास की एक कुरसी को मेज के बिल्कुल किनारे खींच लिया और उसके किनारे पर ऐसे बैठ गए, मानो उस पर बैठना नहीं चाहते हैं। केवल उससे अपना अंग छुआए रखना चाहते हैं। बेंत बुना भाग तो क्या, लकड़ी का अगला भाग 'किनारा' भी पूरा काम में नहीं आ रहा था। कोहनियाँ दोनों मेज पर टिका लीं और झुके हुए चेहरे को दोनों हाथों की हथेलियों में ले लिया।

देखते-देखते उन आँखों में ओस सी आई, बूँदें बनकर वह ढरकी; और फिर एक धारा बह चली। चेहरे को और फिर हाथों को भिगोती हुई कुछ बूँदें मेज पर टप-टप टपक जातीं, कुछ बाँहों की राह कोहनी तक पहुँच जातीं और आस्तीन को भिगोतीं।

उसी एकटक मुद्रा से बैठे हैं। आँखें मेज के किस बिंदु को देख रही हैं, पता नहीं। मेज को भेदकर और उसके नीचे के फर्श को भेदकर, पाताल और पाताल के भी पार किसी अज्ञेय को वह देख रही हैं और मानो उससे वह पूछना चाहती हैं कि मेरा भाग्य कहाँ है? पूछकर फिर वह उस भाग्य की टटोल में जाएँगी।

मालिक तुझे क्या जवाब दूँ? मैंने क्या किया, मैं नहीं जानता। क्यों किया, मैं क्या जानूँगा? क्या तुझे धोखा दूँ? क्या तुझे धोखा दे सकता हूँ? ओ! प्रवंचकों के प्रवंचक और सच्चों के सच्चे, जब मैं सब-का-सब तेरे सामने हूँ तो किस चीज को कहाँ

छिपाऊँ? धोखा देने के लिए सच्चाई को कहाँ रखूँ?···

वह वैसे ही बैठे हैं—

···तू क्या कहता है? क्या मैंने अँगूठी ली? क्या सच मैंने ली? क्यों लेता?

ली? ली? तू कहता है, ली? क्यों ली? कहाँ ली? नहीं न? हाँ, यही तो मैंने नहीं ली। ठीक, मैंने बिल्कुल नहीं ली···।

अब चेहरा हाथों पर वैसा नहीं टिका है। अश्रुपात की रेखा अभी दिख पड़ती है; पर स्रोत इस समय सूख गया है। कुरसी में पीछे सरककर ठीक स्वस्थ बैठ गए।

मैं यही कहता हूँ, मैंने नहीं ली। कोई नहीं कह सकता कि मैंने ली। मैं क्यों कमजोर होता हूँ?

उठ बैठे, फिर टहलना आरंभ कर दिया।

कोई जरूरत नहीं है कमजोरी की। आए, कोई आए तो मैं कहूँगा, तुम झूठे हो, मैंने नहीं ली। बस, फैसला हो गया, मैंने नहीं ली।

टहलने में तेजी आने लगी।

···क्या? इतने नि:शंक हो तो रोते अभी क्यों थे? रोते थे तो चोर हो गए, वाह! कमाल का तर्क है। रोने से क्या हुआ? अपने मालिक की गोद में जाकर तो रोया ही जाता है। ···हाँ, कुछ तो बात होगी ही, कुछ तली में हुए बगैर रोना नहीं आता। नहीं आता तो नहीं आता। और तली में है तो है, तली में सबकुछ है, पर किसी का क्या? अब तो दुनिया कुछ कहे, मैंने तो एक ही बात सुन ली और वही अब मेरी बात है। चोर हूँ? अच्छा चोर हूँ।···पहले देखें तो कौन आता है कहने मुझे चोर? हिम्मत चाहिए। किसमें हिम्मत है! मेरी तरफ सच्चाई का जोर है और सच्चाई से बड़ी ताकत कहाँ है? सबकुछ इसके सामने जल जाएगा और सच्चाई यह है कि मैंने नहीं ली।

तब अँगूठी की बात याद आई। गए, थूक अभी सूखा नहीं था। वहाँ से उसे उठाया, धोया और अंदाज से जहाँ जगह निश्चित कर सके कि यहाँ दस्ताने और उन पर यह अँगूठी रखी गई थी, वहाँ ही रख दिया।···

सच यह है कि अँगूठी जहाँ थी, वहाँ है। जब वह वहीं है, तब मैंने जैसे ली, वैसे नहीं ली; जैसे उठाई, वैसे नहीं उठाई; जैसे छुई, वैसे नहीं छुई। इससे मैं कह सकता हूँ कि मैंने उसे देखा ही नहीं। अँगूठी वह रखी है, बस। कोई अब मुझे नहीं छेड़ सकता। मुझे कोई अब तंग न करे। मैं अब सोऊँगा।

कुरसी पर आकर सोने का उपक्रम करने लगे।

पर ख्याल हुआ कि दो मिनट बाद अहमद आया तो? अहमद नहीं आया! वक्त नहीं हुआ? नहीं, मेज पर अँगूठी ठीक नहीं। उठाया और दाहिने हाथ की मुट्ठी को जेब में रख लिया। बाएँ से घड़ी निकाली—अभी सवा ग्यारह नहीं हुए।

उठ बैठे और चलते-चलते अँगूठी हाथ में उछालते-उछालते चलने लगे। फिर ख्याल ने जोर बाँधा।

यह मेरी शर्म की याद है, इसे नष्ट कर डालना होगा। पता लगाकर साहब को जितने हजार कहेगा, उतने रुपए दे दूँगा।...यह नहीं रहने पाएगी, नहीं रहने पाएगी, शैतान की पुतली!

इस विचार में काफी तेजी आ गई कि उन्होंने पैर का जूता उतारा, बैठ गए और अँगूठी को जूते से पीटने लगे; किंतु अँगूठी मानो अपनी याचना में, वैसे ही दृढ़ रही। थककर खड़े हो गए, जूता वहीं फर्श पर छोड़ा, उसे चबाने लगे; पर दाँतों से बहुत जोर लगाने पर भी वह नग का तो क्या, सोने का भी कुछ बिगाड़ न सके कमबख्त! शैतान की आँत की बनी है।

एक पैर में जूता, एक खाली हालत में और तरकीब सोचते-सोचते घूमने लगे। कुरसी और मेजों के पाए से अँगूठी का कुछ न बिगड़ा। जो चीज मिली, उसी से बहुत चोटें अँगूठी पर की गईं। वह मानो अपनी प्रार्थना की याद दिलाती हुई और खिलखिलाती हुई इस प्रकार की हर एक परीक्षा से अक्षुण्ण पार निकल आती और मानो चुनौती देती हुई कहती—मुझे चाहे अग्नि परीक्षा में परखो, मैं तो तुम्हारी हो चुकी हूँ। तब बड़ी मेज के नीचे जाकर, प्रयत्न से उसे उठाकर, उसके पाये के नीचे उसे रखा और मेज पर खड़े हो गए, खड़े होकर जोर दे-देकर उस पर कूदे। जब नीचे देखने गए तो अँगूठी ज्यों-की-त्यों रखी थी। जहाँ तक सूझ पहुँची, वही उपाय अपनाया। दीवारों पर रख मुक्कों से पीटा, किवाड़ों में दबाकर चूर कर देने की कोशिश की और जो कुछ चीज मिली, उसकी चोटें जी भरकर दे लीं, पर अँगूठी अटूट बनी रही; मानो उनके निश्चय, उनके प्रण को यह जरा सा तुच्छ पदार्थ चुनौती दे रहा हो। उनका सारा ख्याल इस अपदार्थ को और इसकी हठ को कुचल डालने पर तुल गया।

मानो प्रबल प्रत्येक प्रकार की युक्ति अकारथ जाती है और वह उतनी ही प्रबलता से अपने प्रणा में और भी कर्मशील होते जाते हैं।

थक गए हैं। अँगूठी को मेज पर रख दिया है। जी होता है, चबा डालें, पर चबती है नहीं और खाना चाहते नहीं।

पसीना पोंछ डाला। बड़ी गरमी है। कोट उतार दिया। हाँफते-हाँफते टहलते रहे।

यह मेरा मखौल उड़ाती हुई, मेरी शर्म की याद दिलाती हुई यों ही जिंदा रहेगी? मुझसे जीतकर जिंदा रहेगी? नहीं उसे जीता रहने दिया जाएगा!

चक्कर काट रहे हैं! जैसे बाघ चक्कर काट रहा है। जिन दाँतों से सींखचों को काटने का प्रयत्न किया, सींखचों के न कटने पर उन दाँतों को आपस में ही कटकटाकर काट डालना चाहते हैं। क्या करूँ? नहीं रहेगी यह जिंदा। मैं चोर नहीं हूँ, मैं शेख हूँ, जागीरदार हूँ और यह जीती रहकर यही खबर फैलाएगी कि मैं चोर हूँ। मैं चोर! ओह बड़ी गरमी है। टाई खोल-खालकर फेंक दी। कैसी गरमी है, अंदर तक घुसी जाती है। ओह, पसीना-

ही-पसीना है कि समंदर उबल रहा है। पोंछते-पोंछते थक गया। निकलते-निकलते यह नहीं थकता।

पतलून पर एक कमीज और एक पैर में एक जूता डाले, जोर-जोर से टहल रहे हैं, हाँफ रहे हैं। बालों को दोनों हाथों से जोर से पकड़कर खींचते हैं, जैसे समझते हैं, इस तरह बालों के साथ शायद सिर में से अँगूठी को कुचल डालने की कोई नई सूझ खिंची चली आएगी।

ओह, गरमी है, आग है। यह अँगूठी! मेरे रहते नहीं रहेगी।

उसे उठाया, जोर से दीवार में दे मारा। गिरते ही दौड़कर फिर उसे उठा लिया और दूसरी ओर की दीवार भरपूर जोर से मारा। फिर उठाया और फिर मारा। इसी प्रकार अपनी बची-खुची शक्ति का प्रयोग अँगूठी पर प्रहार-पर-प्रहार देने में करने लगे। चाहे यों सभी शक्ति क्यों न खर्च कर डालनी पड़े, पर अँगूठी पर प्रहार करने से उस समय तक नहीं चूकेंगे, जब तक वह चूर न हो जाए।

अँगूठी दीवार से टकराकर गिरी। दौड़े।

हें, अब भी हँसती है? तेरा सिर चूर होगा; चाहे शैतान की वज्र अस्थि की ही क्यों न हो, मैं हूँ तो तुझे तोड़कर रहूँगा।

उठाया, फिर दे मारा। गिरी, फिर भागे।

थकना मैं जानता ही नहीं। तेरा यह सफेद मुँह, यह खिलखिलाहट, न तोड़ी तो मेरा नाम नहीं!

फिर फेंककर मारी। और फिर और फिर और फिर···।

□

अहमद ठीक समय पर बंद दरवाजों पर पहुँचा। बंद थे, समझा सो रहे हैं, कल चला जाएगा। कल सवेरा होने पर वह वहाँ पहुँचता है तो किवाड़ जबरदस्ती खोलने का प्रयत्न किया जा रहा है। उन्हें तोड़कर अंदर पहुँचे तो दिखा कि शेख साहब कुरसी पर पड़े हैं, आँखें और नसें निकली हैं। वह शेख न थे, शव था।

पोस्टमार्टम वाले किसी निश्चित परिणाम पर न पहुँच सके कि अंत किस कारण हुआ। शेख भाग्य के दरबार में उन किन्हीं चोर-द्वारों से गए थे, जिन्हें वैज्ञानिक अभी नहीं जानते।

अँगूठी कहते हैं कि भंगी को मिली और वह अंत में अपने वास्तविक स्वामी उन अंग्रेज सज्जन के पास पहुँच गई। उन्हें तब पता चला कि अँगूठी इस तरह अनजाने उँगली में से उस शौचालय में निकल गई थी!

□

रुकिया बुढ़िया

बुढ़िया का नाम रुकिया है। इस मोहल्ले में वह तीन बरस से रह रही है। मोहल्ले वालों को इसका पता नहीं है। शहर है, अपने-अपने धंधों से किसी का समय नहीं बचता है। तिस पर, वह बुढ़िया है।

हाँ, जब आते-आते ही उसने साँझ के मेल में, जमनाजी से लौटती बेला इस बालिका या उस बालक के हाथ में आप-ही-आप फूल देने आरंभ किए तो चट मोहल्ले के सब बालक उसे जान गए तो उनके पास इस बुढ़िया के लिए बना-बनाया नाम था ही, नानी। वह इनकी नानी बुढ़िया हो गई। होते-होते नानी से भी बालकों को संतोष होना कम होने लगा। संबोधन में मानो जितना अपने जी का अपनापा वे बालक भर देना चाहते हैं, यह 'नानी' शब्द उतना अपने में धारण नहीं रख सकता है। यह शब्द जैसे कहीं ओछा रह जाता है।

एक साँझ बुढ़िया जमना से फूलों की डलिया सिर पर रीती लिये लौटती थी। तभी राह में बालकों के इस ऊधमी दल ने घेरकर उसे रोक लिया। वे सब के-सब जरूर-जरूर एक-एक फूल अपने लिए लेंगे। देख लेना, बिना लिये टल जाएँ तो। चिल्लाकर बोले, "नानी बुढ़िया, फूल दे।"

उसी समय उस झुंड में की सरसों की बेटी ने कहा, "नानी नहीं।" और मानो गाकर कहा, "नानो बुढ़िया, फूल दे।"

अनायास नानी उस सरस्वती कुमारी के कंठ में से 'नानो' बनकर निकला। और तुरंत वहाँ खड़े बालकों ने प्रत्यक्ष देख लिया कि नानी का यह नवाविष्कृत रूप 'नानो' उनके मन के अधिक भीतर है। नानो अर्थात् हमारी अपनी नानी। नानी में अपना निजत्व भरा जाए तो किस तरह उसे नानो बन जाना होगा—यह हमारी समझ में कुछ भी नहीं आ सका है; पर सच, बालकों को लग रहा है कि नानो बनाकर नानी को उन्होंने अपने जी में जैसे और गहरा उतार लिया है। बालक-बुद्धि ही तो है! फूल अब बिल्कुल बिसर गए और हिल-मिलकर वे सब दोहराने लगे, "नानो बुढ़िया, फूल दे। नानो बुढ़िया, फूल दे"

और उस बुढ़िया के चारों ओर वे बालक उछल-कूद भी मचाने लगे।

बुढ़िया ने कहा, "फूल रहे नहीं, बेटा।"

यह बुढ़िया भी कैसी है! फूल रहे नहीं तो इसमें कौन बहुत बड़े अन्याय बात है! पर यह उनकी बुढ़िया क्यों अच्छी तरह नहीं सुन पाती है कि नानी नहीं, नानी से बढ़कर आज से वह नानो है। उन्होंने कहा, "नानो बुढ़िया, फूल दे।"

बुढ़िया ने कहा, "फूल निबट गए, बेटा।"

सरसों ने कहा, "बुढ़िया, तू नानी है?"

"हाँ बेटा!"

बाला ने जोर से कहा, "नहीं, तू नानी नहीं है।"

बालिका ने बताया, "नानी नहीं है, बुढ़िया तू नानो है। नानो बुढ़िया है।"

बुढ़िया के जी में हुआ, वह इस प्यारी नन्नी को उठाकर तनिक प्यार कर ले। कैसी फूल सी है! पर सोच आया, वह बुढ़िया है और उसके कपड़े चीथड़े हैं और मैले हैं और उसकी देह में हाड़ बड़े निकल रहे हैं। बच्ची डरेगी। उसने कहा, "अच्छा बेटा!"

सरसों ने कहा, "नानो बुढ़िया, तू फूल नहीं लाई हमारे लिए?"

बुढ़िया ने कहा, "कल लाऊँगी बेटा, कल जरूर लाऊँगी।"

देवेंद्र उर्फ दिब्बू ने पूछा, "नानो री, तू कब मरेगी?"

दिल्लू (दिलीपकुमार) ने कहा, "जब मरे, हमसे कह दीजियो। बिना कहे मत मरियो। हम सत्त-राम करेंगे। नानो, हम सब साथ चलेंगे।"

"अच्छा बेटा!"

सरस्वती ने कुछ सोचकर कहा, "नानो बुढ़िया, तू मरेगी, मैं तेरे पै फूल डालूँगी। जित्ते फूल होंगे, सब डाल दूँगी।"

बुढ़िया के हाथों में डलिया थी। आँखें उसकी भीगने को आ गईं और वह उन्हें पोंछ सकी नहीं। बोली, "नहीं बेटा, फूल तुम सब बाँट लेना। मरघट में क्या अच्छे लगेंगे, तुम्हारे हाथों में फूल अच्छे लगेंगे।"

अब बुढ़िया को कौन बताए कि नहीं, अच्छे लगने की बात बिल्कुल नहीं है। ऐसी सरस्वती मूरख नहीं है। सो क्या उसके जीव में यह है कि मरघट में फूल अच्छे लगेंगे? पर नानी को जब होश नहीं रहेगा, तब लड़के सब-के सब उसके फूलों पर हल्ला मचाना चाहेंगे; सो खुद नानी का एक भी फूल वह इधर-उधर किसी को नहीं ले जाने देंगे। हाँ, एकाएक नानी की अर्थी पर चिनकर रख देगी। यह सारी बात है। उसने कहा, "तू तो मर जाएगी नानी, तुझे कुछ भी पता नहीं चलेगा और मैं सब-के-सब फूल तेरे पर ही डालूँगी।"

और ऐसी वह सन्नद्ध सी खड़ी हो गई, जैसे फूल डल रहे हैं और वह देखने को तैयार है—कौन है, जो एक भी फूल ले जाना चाहता है।

नानी ने कहा, "अच्छा बेटा!"

निम्मो नाम वाली निर्मला ने कहा, "नानी, तू अच्छी नहीं है। हमें तू फूल नहीं ला के देती रोज।"

एक और ने उसकी धोती पकड़कर कहा, "नानी, हमें डलिया दिखा, फूल हैं तेरे पास?"

नानी ने कहा, "नहीं हैं बेटा!" और डलिया नीची कर दी।

उस डलिया में जो फूल की पत्तियाँ और टूटे बताशे, तुलसी और पत्ते तथा नाज के दाने पड़े थे, एकदम उन पर छीन-झपट मच पड़ी। डलिया सँभाले रखना बुढ़िया को मुश्किल हो गया।

अब बोलो, यह कहीं का शऊर है! बुढ़िया ने कहा, "चलो, हटो, नहीं हैं कोई फूल-बूल। हाँ, तो···बदमाश।" और यह कहने के साथ बुढ़िया ने डलिया छीन लेनी चाही।

इससे कम या इससे अधिक बालकों को और क्या चाहिए था। कुछ इधर हो गए, कुछ उधर हो गए और अब डलिया के साथ स्वयं बुढ़िया पर छीना-झपटी सी करने लगे।

बुढ़िया को कुछ सूझ नहीं पड़ा। उसे गुस्सा हो आया और डलिया थामे, सब प्रहारों को बचाती हुई, उसी हाथ से अपनी ओर से भी वह कुछ प्रहार सी करने लगी।

इतने में ही कौशल से डलिया उसके हाथ से छिन गई और सामने ही वह दूर फेंक दी गई और बालक फुर्र हो गए।

बुढ़िया चुपचाप अपनी डलिया उठाकर बड़बड़ाती हुई अपने स्थान को चली गई।

2

इस तरह बालकों के सहारे वह बुढ़िया रहती है। और कहीं उसका सहारा नहीं है। सब ओर से टूट चुकी है। किसी भी ओर हिलगा हुआ बंधन शेष नहीं है। अब अपने हृदय के सारे तारों को इन बालकों में अटकाकर वह जी रही है। इनसे उलझ लेती है, हँस लेती है; उन्हें कोस लेती है और प्यार कर लेती है, इन्हीं को लेकर आँसुओं के कड़वे घूँट पी लेती है, इन्हीं से फिर अपने जी को हरा भी कर लेती है। वह बुढ़िया इसी भाँति जी लेती है।

एक छोटी सी कोठरी में रहती है। वहाँ पहले एक की गाय बँधती थी। बड़ी मुश्किल में वही कोठरी उसे मिल सकी है। उसी को गोबर से सुथरा करके अपनी चीज-वस्त लेकर वहाँ रहती है। उसका डेढ़ रुपया महीने किराया देती है। उसमें सील भी कम नहीं है, और चूहे भी कम नहीं हैं, और धूप वहाँ कभी दिखती नहीं है, और गाय-बैल भी पड़ोस के लाल साहब के बराबर में रहते हैं, और वह परमात्मा को धन्यवाद देती हुई कोठरी में रहे आती है। वह सबको हाथ जोड़ने को तैयार है और अपने जीने के लिए परमात्मा से लेकर सब आदमियों की कृतज्ञ है।

फूलवाली है, फूल और पत्ते लेकर साँझ-सवेरे जमनाजी पर जाती है। वहाँ जो पाती है, उसमें से मकान-मालिक को किराया देती है, पेट पाल लेती है और बहुत-कुछ बालकों में बाँट देती है।

तड़के-सवेरे तीन बजे उठकर जमनाजी के लिए वह चल पड़ती है। बेल के और तुलसी के पत्ते तथा बताशे आदि सबकुछ वह अपनी डलिया में सही-शाम से ही ठीक करके रख देती है। पर फूल सवेरे हाल डाल से उतारे ले जाती है।

इस कोठरी में, जिसमें दिन में रात रहती है और रात में जिसमें उस बुढ़िया और उन चूहों के अतिरिक्त शायद केवल नरक ही रह सकता है—उस कोठरी में कैसे पता चलाती है कि तीन बज गए, समय हो गया, अब चल पड़ना होगा! पर इसमें चूक नहीं होती। फूल लेकर कोई नहीं पहुँचता, तभी जमनाजी पहुँच जाती है और सड़क के मोड़ पर बैठ जाती है। बैठी-बैठी डलिया सामने लिये वह सोचती है···नहीं, सोचती नहीं है। सोचने को उसके पास है क्या? सब ठीक-ही-ठीक है, सो उसके मन में मालिक के लिए धन्यवाद ही है। और कुछ निर्माल्य के आँसू भी हैं।···नहीं, सोचती नहीं है···ठिठुरी बस बैठी रहती है···नहीं जी, ठिठुरी भी कहाँ बैठी रहती है—बस तभी जमनावालों का आना-जाना लग जाता है। उस समय वह काम से भर उठती है। जल्दी-जल्दी फूल-प्रसाद के दोने लगाने लगती है। कहती है, "माईजी, फूल-परसाद ले जाओ।"

और माई फूल-प्रसाद का दोना ले जाती हैं। कहती हैं, "रुकिया, अच्छी है?"

रुकिया प्रसाद का दूसरा दोना लगा रही होती है; आभार में, तनिक ऊपर देख सकुचा रहती है और दूसरा दोना दूसरी माई के हाथ में थमा देती है।

वह इस समय बड़ी प्रसन्न हो जाती है। ये जो रोज प्रसाद ले जाती हैं, इनमें से वह किसके नाम नहीं जानती है, सबके ही जानती होगी। उनके बेटे-पोतों के बारे में भी थोड़ा-बहुत जानती है। कभी-कभी दोना देती हुई पूछती है, "अजी, तुम्हारा नया मुन्ना तो अच्छा है?"

उत्तर मिलता, "बड़ा दंगा करने लगा है जी, वह तो।"

वह कहती, "भगवान् बड़ी उमर दे।"

इन इतनी जनियों के सुखों दुःखों में जानकारी और सहानुभूति रखकर उसे अपना अलग कुछ न रखने का अभाव बिसर जाता है।

कहती जाती है—'माईजी परशाद ले जाओ, परशाद चढ़ाओ' तत्परता के साथ प्रसाद के दोने देती जाती है। जिसके हाथ में जो होता है, डालती हुई अपने दोने सँभाले माई चलती जाती है। कोई पैसा डाल देती है। कोई आधी मुट्ठी गेहूँ डलिया के पास बिछे वस्त्र पर बिखेर देती है, कोई परस भर जोर देती है, कोई मंसूरी ताँबा फेंक जाती है, कोई-कोई पुण्यवती इकन्नी भी डाल जाती है। बुढ़िया सबको एक सी प्रसन्नता और उद्यता के

साथ प्रसाद देती जाती है। बदले में उसे कौन क्या दिए जा रहा है, उसे बिल्कुल ही ध्यान नहीं रहता। हाँ, इकन्नी गिरती है, तब उसे पता चले बिना नहीं रहता। सब छोड़ पहले वह उसे अपने सलूके के भीतर की जेब में रख लेती है, कोई बिना कुछ दिए ही चली जाती है। बुढ़िया नहीं जानती, सो नहीं; पर ऐसी कौन-कौन हैं, यह उसने कभी भी अपने मन को पता नहीं चलने दिया है। एक ही श्रद्धाभाव से सबको दोने देती है। इकन्नी गिरना उससे नहीं छिपता सही; पर इकन्नी डालनेवाली इस भीड़ में से खास कौन है, मानो यह पहचान और याद रखने का उसमें सामर्थ्य नहीं है।

कभी कोई माई कहती है, "रुकिया, आज मैं पैसा लाना भूल गई हूँ और भी कुछ नहीं ला सकी हूँ।"

तब रुकिया को ऐसा प्रतीत होता है, जैसे किसी अभियोग का आरोप उस पर किया जा रहा है। वह बचाव सा करती है, कहती है, "जी, मैंने कभी कुछ कहा है?"

माई कहती, "कल लेती आऊँगी, रुकिया।"

और रुकिया का जी मानो एकदम कठोर हो जाना चाहता है। उसके जी में होता, कह दूँ, 'तो कल ही ले जाना परशाद' पर उससे किसी भाँति भी कठोरता का प्रकट करते न बनती और वह तिरस्कृत अपराधी की भाँति कुंठा से लजा उठती। उसे लगता, हाँ, वह स्वयं इन फूल-पत्तों के चढ़ावे के दोनों को मोल-तोल की चीज बनाकर बैठी है! और तभी जैसे इस पापमयी चेतना का निराकरण कर डालने में सचेष्ट होकर उसका जी कहता—नहीं, मैं इन्हें मोल करके बेचती नहीं हूँ। मैं तो दे देती हूँ और फिर उसी तरह दूसरों का और परमात्मा का प्रसाद रूप में दान दिया हुआ, जो पाती हूँ, उस पर जी लेती हूँ। और वह कहती, "माँजी, कैसी बात तुम कहती हो!"

और माँजी भी अनुभव करतीं कि वह अयुक्त बात ही कहती थीं और संकोचपूर्वक बुढ़िया के हाथों में दोना लेकर चली जातीं।

कोई दस बजे दिन तक यह रहता है। तब तक वह ऐसी रहती है, मानो उसके भीतर कोई अभाव विद्यमान नहीं है। आते-जाते से बेकाम भी खुश होकर दो बात कर लेती है, आसपास फूलवालियों से कुछ ठट्ठे की बातचीत भी हो जाती है और किन्हीं-किन्हीं से रसीला भी कुछ हो जाता है।

फिर तट सूना हो जाता है। लोग चले जाते हैं। जमना अकेली बहती रहती है। पथ निर्जन दिखता है। प्रांत सन्नाटा ले उठता है। कभी-कभी मोटर भागती आती और धूल उड़ाती हुई भागती चली जाती है, सपने में जैसे चिड़िया अपनी राह आई और उड़ गई। पेड़ वैसे ही खड़े रहते हैं। और बटोही, पराए से, कुछ ढूँढ़ते से, राह जाते दिखते हैं और धूप सिर पर आती होती है।

तब वह चारों ओर देखती है और साँस लेती है तथा डलिया में अवशेष फूल-पत्तियों

को और आज पाए पैसे और अनाज को अलग-अलग संगवाकर उठ खड़ी होती है, कपड़े झाड़ती है, अँगड़ाई लेती है और सिर पर डलिया लेकर चल पड़ती है।

चलती-चलती, ठीक सूरज की जलती आँख के नीचे तीन मील राह तय करके घर आती है। वही घर, जहाँ दिन में रात रहती है और रात में नरक रहता है। और दिन-रात यह बुढ़िया रहती है।

फिर तीसरे पहर जाती है और अँधेरा हुए आती है और फिर अँधेरे-अँधेरे में ही तड़के तीन बजे चली जाती है।

सुबह को इस तरह वह शाम से मिला देती है। इस तरह रात काटती है और अपने जीने के दिन काटती है।

3

क्यों जी, बुढ़िया के और रुकिया के और फूलवाली के अतिरिक्त क्या कुछ और यह कभी नहीं रही है? क्या यह जन्म की बुढ़िया ही है, ऐसी ही बुढ़िया है? किंतु कभी यह और कुछ कैसे रह सकी होगी? बुढ़िया और नानी न होकर यह कैसे होगी?

और क्यों जी, बालकों ने मिलकर नानी बनाया है तो उन्हें पता चला है कि यह माँ कब बन सकी थी? जीवन में यह कब माँ बनने का अवसर पा सकी है या पा सकी भी है या नहीं?

पर इसमें भाई, बालकों का कोई जिम्मा नहीं है और यह कोई तर्क नहीं है कि नानी बनी हैं तो माँ उन्हें बन चुकना ही चाहिए। नहीं, बालक नहीं जानते। उनकी यह नानी है, तुम चाहे कुछ कहो, चाहे कुछ कर करो।

लेकिन हम पूछें, जैसा है, वैसा ही क्या रहेगा? और वैसा ही कौन आया है? परिवर्तन में से ही हम सत्य देखेंगे। सत्य परिवर्तनीय न हो, हम परिमित हैं। हम यही जानते हैं—जो जैसा है, वैसा न था और वैसा न रह पाएगा। और हमको इसी भाँति जानना चाहिए। इसमें हमारा बस नहीं है। जीता हुआ पाना होकर मर जाएगा, नया जिएगा। नया उठता है, जीत में जीता है, इसलिए कि हारकर पुराना हो, झड़े और खाद बनकर धूल में मिल जाए। यह भाग्य नहीं है, यह सौभाग्य है। इसी सौभाग्य के मंगल-चक्र के नीचे, बेबस हम जड़ प्राणी बिलखते हुए जीते मरते हैं। कमबख्त हम हँस भी तो नहीं सकते!

सो यह रुकिया नहीं थी, रुक्मिणी थी। फूल नहीं ले जाकर बेचती थी, स्वयं बोलते फूल की नाईं घर के आँगन में चहकती फिरती थी और माँ-बाप को धन्य करती थी। माँ-बाप पैसे से हीन न थे, अच्छे खाते-पीते थे। उनकी यह पहली लड़की थी और अब तक आखिरी भी थी।

ऐसे लुभावने बैन बोलती थी कि क्या कहा जाए! और ऐसी निखरती-खिलती आती

थी कि बड़ी उमर तक, डर के मारे माँ इसके माथे पर काजल का काला टीका लगा देती थी। निष्कलंक न दिखे कहीं, नहीं तो गजब हो जाएगा।

इस भाँति उमर वह हो आई कि माँ-बाप को सोच होने लग गया। ब्याह करके अपने घर से दूर कर दें इसे, तब उन्हें चैन की नींद मिले। और पड़ोस में रहता था एक बढ़ई। ये लोग खत्री थे और वह खाती। और उस खाती के एक लड़का था। बड़ा होशियार उठा था। दिल्ली आए हफ्ते आया-जाया करता था और कल-पुर्जे की बड़ी बातें सीख गया था। नाम था दीना।

सो जब ब्याह की तैयारियों की बातें होने लग गईं, तब दीना ने बड़े चुपके से कमरे में प्रवेश किया, जिसमें उस वक्त दर्पण के सामने खाट पर रुक्मिणी बैठी थी। वह अकेली थी और नहीं, दर्पण में नहीं देख रही थी, दर्पण की सुधि उसे नहीं थी, सोच में मुरझी, मुँह लटकाए बैठी थी।

दीना ने कहा, "रानी!"

रुक्मिणी ने सुन लिया, पर देखा नहीं, बोली नहीं।

दीना ने कहा, "मेरी रानी।"

रुक्मिणी के आँसू छल-छल कर आए और फेरकर मुँह जो चादर में उसने हँका तो फफक-फफककर रो उठी।

अब तक इस एकांत में कुछ उसके भीतर से उठकर घना होता हुआ व्याप रहा था। परिभाषाहीन, लक्ष्यहीन, अर्थहीन—सांध्य वेला में धरती की छाती में से निकलती हुई उसाँस जैसा। रात्रि में परिव्याप्त शीतलता से छूकर फिर वह उसाँस की आप-ही-आप धरती के हरे रोमों पर गिरकर बूँद-बूँद मोती बना आ ठहर जाता है, वैसा ही दीना के संबोधन से एकाएक उसका उच्छ्वास तरल होकर झर-झर उठा।

दीना खो सा गया। खाट पर आकर एकदम उसे गोद में सँभाला। कहा, "क्या है मेरी रानी? बोलो।"

और रानी गोद में रही, बोल नहीं सकी, फफकती रही।

और फिर एक साथ उठकर जाने को हो गई। दीना ने उसे कठोरतर आलिंगन में बाँध लिया।

रुक्मिणी ने जोर से कहा, 'हटो' और वह अपने को जैसे छीनकर अलग हो गई और चली गई।

नहीं, रुक्मिणी को इससे प्रसन्नता नहीं है। अरे, उसका जी चीरकर देख लो—नहीं है। पर क्या है?—नहीं जानती। वह कोठरी में आकर चटाई पर औंधे मुँह पड़ गई और सिसकने लगी।

माँ की आवाज आई, "रुक्मी!"

और रुक्मिणी ने उठकर द्वार की कुंडी लगा ली और फर्श पर बिछी चटाई पर जोर से माथा ठोककर वैसी ही पड़ गई।

माँ कहती रही, "रुक्मी, ओ रुकमनी! कहाँ गई लड़की, जाने···।"

रुक्मिणी ने उठकर छत को देखा, आँसू ढालते हुए दोनों हाथों को जोड़कर कहा, "ओ, मेरे भगवान्!"

और छाती मसोसकर खड़ी हो गई, कुंडी खोलकर बाहर आई और बड़ी तत्परता के साथ माँ के सामने पहुँचकर बोली, "क्या है, माँ?"

"तू कहाँ थी?"

"कहीं नहीं, यहीं थी। काम है, माँ?"

"हाँ।" और माँ ने जो काम बताया, उसे करने में लग गई।

4

पर विधि की गति अपरंपार है। ब्याह नहीं हुआ और ब्याह से एक रोज पहले उसने देखा, अपने माँ-बाप के घर से टूटकर, रोती हुई, दीना के कंधे से लगी और बाहुओं में थमी, वह उसके साथ चली जा रही है। नहीं, उसको सुख नहीं है, उसके जी में दर्द है; कहाँ जा रही है, उसको पता नहीं है; फिर क्या होगा, कुछ उसको खबर नहीं है; पर वह उसके हाथों में थमी, कंधे से लगी, जा रही है। यह समुद्र में ले जाकर पटक देगा? क्या बुरा है, पटक दे, वह आँख मूँदकर उसका नाम लेती, डूब जाएगी। वह जा रही है।

और दिल्ली है शहर, जो पास है और जहाँ सब खपता है। वहीं वह रुक्मिणी आई। यहाँ दीना की बिरादरीवालों में एक का घर है। दूर का रिश्ता भी दीना का उनसे होता है। वहीं वह ठहरी।

रुक्मिणी सुंदरी है, लज्जाशील है, सावन-भादों में जैसे पली है। प्रेम जैसी भारी चीज से भरी है, इससे स्वयं हलकी नहीं है। इसलिए प्रेमिका नहीं है, गृहिणी है। सेवा में उसका प्रेम तुष्ट है, उत्सर्ग में उसे तृप्ति है। अधिकारशील उसका प्रेम कम है, इसलिए उसमें लग सकता है कि चमक कम है, धार कम है, नमक कम है। फुहारें उसमें नहीं हैं, क्योंकि गहराई अधिक है।···वह गृहिणी है, गृहिणी नहीं बन सकी, इसलिए अभागिन है। वह प्रेम भरी है, इससे प्रेमिका होना उससे नहीं सँभलेगा।

और दीना! दीना उतावला है, इससे जल्दी अघा जानेवाला है। उसे अतृप्ति चाहिए, तृप्ति झेलने का उसमें सामर्थ्य नहीं। इसी से तृप्ति-तृप्ति की भूख उसमें लपटें मारती रहती है। और अब यहाँ वह बहुत सिर पटक चुका है। उसे रोजी के लिए कोई काम भी नहीं मिल सका है। वह असंतुष्ट है। असंतोष भीतरी है, इससे सब ओर फैल रहा है और आसपास जो है, उन सभी पर अपने फन पटकता है। ऐसे समय उसे चाहिए—नशा। ऐसे

समय उसे चाहिए, थपकी नहीं, चोट। विहित, युक्त, गंभीर, मीठा प्रेम नहीं; धुआँधार, उन्मत्त, चरपरा, चुटीला, सकटाक्ष, निषिद्ध प्रेम, जो डंक मार-मारकर उसे चेताए रखे। नहीं तो वह जड़ होता जा रहा है।

ऐसी जगह, उषा की अरुणिमा सुंदर नहीं है, पान की लाल लार से रँगे स्त्री ओठ अधिक सुंदर हैं। सौंदर्य कहाँ नहीं है! सौंदर्य परम सत्य है, परम सत्य की अभिन्न विभूति है, सत्य की भाँति सब ठौर व्यापा है। जिसकी जहाँ आँख है, वहाँ ही, वह उसे देख लेगा। इसी से अंबर नील सुंदर है, धूप झकझकाती धौली खिलती है, धरती हरी भरी है, रात तारों टँकी, श्यामल सुहाती है, प्रभात गुलाबी अच्छा लगता है।

तो न कहो, उस घर में रहनेवाली विधवा वह चंपो, सुंदर न थी। उमर ढल रही थी और वह लाल पाड़ की धोती पहनती थी। और वह बड़े सलीक से रहना जानती थी। पान खाती थी और तंबाकू भी थोड़ा खा लेती थी। और बहुत मीठा बोलती थी, और बड़ी हँसमुख रहनेवाली थी और सबके दुःख-दर्द में शरीक होकर रहती थी।...वह वहाँ रहती थी, जहाँ सबको प्रसन्न रखा जा सकता है और जहाँ दर्द से दूर, खुद प्रसन्न रहा जा सकता है। और उसकी चितवन ऐसी थी कि बालक, वृद्ध कौन उस पर नहीं रीझ जाए?

रुक्मिणी अंधी न थी, पर उसने सौंदर्य को अपने सजाकर न रखा। हारती गई और हार अपनाती गई—पर यह न किया। अपना कुछ भी, अधिकार के साथ संरक्षण कर रखने की बुद्धि, चेष्टा उसमें नहीं हुई, नहीं जागी। वह अपना सबकुछ खो देने को तैयार होती जाने लगी। और चुपचाप एक-एक घड़ी काटकर उस दिन को जोहने सी लगी, जब उससे कह दिया जाए—'निकल यहाँ से।'

आगे की उसने कोई बात सोची है, सो नहीं। पर बिना सोचे भी मौत आती है। और बिना सोच-विचार किए भी हम जानते हैं, मौत अपने वक्त आ ही जाएगी। हमारी तरह दुविधा में रहनेवाली मानवी वह नहीं है।

दीना एक रात देर से घर आया। घर में कुछ नहीं बना था और वह कहीं बाहर कुछ खा-पी आया था। सीधा खाट पर आ गया। रुक्मिणी नीचे फर्श पर बैठी थी।

एक-दो मिनट हो गए और कोई बोला नहीं। दीना ने कहा, "क्यों, कुछ मुँह से बोल नहीं सकती?"

रुक्मिणी ने कहा, "आज देर से आए।" जैसे बात कहने के लिए ही उसने यह कहा।

दीना, "हाँ, देर से आया। और तुम बैठी मुझे कोस रही हो।"

रुक्मिणी, "नहीं...।"

दीना, "गाँव में घर पर मुझे काम की कमी नहीं थी। और तुम जानती हो, यहाँ दिल्ली में किसलिए आकर मरा हूँ।"

रुक्मिणी चुप।

कुछ ठहरकर दीना ने पूछा, "आज क्या बनाया है?"

रुक्मिणी फिर चुप।

दीना, "क्यों, बोला नहीं जाता या मैं अच्छा नहीं लगता?"

रुक्मिणी चुप रही और दीना के भीतर आक्रोश उठकर उसे घोंटने लगा।

दीना, "मैं चला जाऊँ, तब तुझे चैन पड़े। इतनी रात गए लौटता हूँ, तब भी यह नहीं कि मुँह तो खोले, कुछ कहे। कोई बकता है तो बकता रहे। मैं जानता हूँ, तू मुझे नहीं चाहती। चाहती है, मैं मर जाऊँ।"

रुक्मिणी, "कुछ नहीं बना है।"

दीना ने चिल्लाकर कहा, "क्यों कुछ नहीं बना है?"

"था नहीं।"

दीना ने और जोर से चिल्लाकर कहा, "सुनती है कि लात से सुनाऊँ? कुछ क्यों नहीं था?"

रुक्मिणी को लगा, जैसे लात से सुनाया जाएगा, तभी उसके लिए अधिक ठीक होगा। वह सच, खूब पिटना चाहती है इस समय। जी के भीतर असह्य निराशा का उद्धत मुँह इसी भाँति कुचलकर कुछ देर नीचा रहे तो तनिक चैन उसे मिले। वह कुछ नहीं बोली।

दीना ने फर्श पर पैर पटककर कहा, "तो नहीं सुनेगी तू-ऐं?"

रुक्मिणी चुप बैठी रही।

एकदम खड़े होकर दीना ने उसे झटके से बाँह खींचकर खड़ा कर दिया, "अब भी बोलेगी या नहीं—हरजाइन!"

रुक्मिणी ने दोनों हाथ जोड़कर कहा, "तुम्हारे हाथ जोड़ती हूँ, मुझे आज खूब मार लो। तुम्हारा बड़ा अहसान होगा।"

दीना हाथ छोड़कर अलग खड़ा हो गया। बोला, "तू तो समझती है, मैं मार नहीं सकता—ऐं?" और मानो कुछ स्वस्थ होकर कहा, "रुक्मिणी, मैं मार सकता हूँ।"

दीना की इस स्थिर कठोर, मानो शांत, ध्वनि ने रुक्मिणी के चित्त में यथार्थ ही भय उत्पन्न कर दिया। वह सकपकी सी देखने लगी।

दीना ने कहा, "रुक्मिणी, मैं मार सकता हूँ।"

तभी कुछ रुक्मिणी के भीतर से कठिन होता हुआ उठकर आया, जिसने उसे एक साथ ही निर्भय कर दिया और पानी भी कर दिया। वह एकदम दीना के पैरों अपना सिर गिराकर पड़ गई। बोली, "तुम्हारी हा-हा खाती हूँ, एक बार मुझे खूब मार दो।"

दीना तनकर खड़ा रहा। और वह कुछ नहीं कर सकता था। कहा, "रुक्मिणी!"

रुक्मिणी बिना आँसू पैरों को ऐसे लिये पड़ी रही, जैसे उनकी खूब लातें खा लेगी, तभी छोड़ेगी।

दीना ने हुक्म भरी आवाज में कहा, "रुक्मिणी!"

रुक्मिणी हिली नहीं।

दीना ने जोर से अपने पैर को झटका दिया। कहा, "हटो! मुझे बैठने दो।"

जूते की ठोकर दोनों छाती के संधिस्थल में बहुत कच्ची नहीं बैठी और रुक्मिणी दूर जा पड़ी। वहीं एक हाथ से छाती दबाए, दूसरा धरती पर टेक, एकटक फर्श को देखती हुई वह बैठी रही।

दीना के पैर छूट गए और वह खाट पर आ रहा। गुमसुम, कुछ क्षण बोल उसे नहीं सूझ सका। वह अपने ही खिलाफ लड़ रहा है। अपनी चेतना के किसी भी अंश में उसे यह भान नहीं है, सो नहीं है। इसलिए इसी भाँति मानो प्रणबद्ध, वह कठोर है।

कुछ देर में दीना ने कहा, "कुछ नहीं था तो चंपो से क्यों नहीं माँग लिया?"

रुक्मिणी उसी भाँति फर्श को देखती रही। चंपो! इस नाम पर वह अडोल, चुप वैसी ही रही।

दीना, "क्यों, वह डायन है?"

रुक्मिणी चुप।

दीना, "वह नहीं, डायन तू है, तू है। सुना?"

रुक्मिणी झपटकर फिर उसके पैरों से चिपट गई, "हाँ, डायन मैं हूँ, मैं हूँ। मैं डायन हूँ। तुम्हारे पैर पकड़ूँ, मुझे मार दो।"

तभी बाहर से आवाज आई, "लाला क्या है? क्यों चिल्ला रहे हो?"

और चंपो के उधर ही आने की पदध्वनि भी आई।

दीना ने कहा, "अरी छोड़-छोड़, ठीक से बैठ!"

रुक्मिणी ने पैरों को और कस लिया। कहा, "मुझे मार दो, मार दो।"

"हे-हें, देख, कोई आ रहा है।" दीना लज्जा और असमंजस से भीत वाणी से बोला।

और बाहर पैरों की आहट सन्निकट आ गई।

रुक्मिणी तुरंत पैर छोड़ खाट के बिस्तरों को ठीक करने लगी।

"लाला, शोर है", कहती हुई चंपो आई, "घर में और भी तो हैं। तुम सोओ, उन्हें तो बिचारों को सो लेने दो। क्या बात है?"

दीना, "कुछ बात नहीं, भाभी! तुम्हारी खाँसी कैसी है अब? रुक्मिणी, देख उधर पीढ़ा है। भाभीजी को बैठने को दे न, वे खड़ी हैं।"

पीढ़े पर बैठकर चंपो ने कहा, "लाला, तुम रुक्मिणी से जोर से मत बोला करो।

वह ऐसी सुशीला है, सहार नहीं सकती।"

रुक्मिणी ने धीरे से पूछा, "तुम्हारे कुछ खाने को बचा होगा?"

चंपो, "तो तुमने कुछ खाया नहीं, लाला? पहले से क्यों नहीं कही? और तुम भी ऐसे हो कि भूखे हो, सो उससे लड़ने को बैठते हो।"

दीना, "नहीं-नहीं, मैं भूखा नहीं हूँ।"

चंपो, "मुझे लाने में देर कितनी लगती है। और मैं कोई घिस जाऊँगी!"

दीना, "नहीं भाभी, तुम हैरान मत हो। मुझे भूख नहीं है।"

चंपो चली गई और रुक्मिणी बिस्तर ठीक करने से हटकर फर्श पर बैठ गई।

दीना ने कहा, "देखो, एक यह है कि कैसी बोलती है और तुम!"

रुक्मिणी वही फर्श को देखने लगी।

अब दीना में क्रोध नहीं है। चंपो भाभी यहाँ हो गई है—अब वह उदार है, मीठा है।

दीना, "मैं तो खाऊँगा नहीं और तुम भी तो भूखी होगी। लो, यह मुझे पता ही न रहा कि तुम भूखी हो। तुम्हीं खाना।"

रुक्मिणी खा सकेगी? न-न, वह नहीं खा सकेगी। वह चुप रही।

दीना, "देखो, तुमको ही खाना होगा। इनकार न हो सकेगा। चंपो नहीं तो फिजूल हैरान होगी।"

रुक्मिणी, "मुझे भूख नहीं है।"

दीना, "भूख नहीं है तो दूसरी बात है। पर भूख होनी चाहिए। क्यों, नहीं?"

चंपो (आकर), "लो, लाला! यही था और ज्यादा तो था नहीं।"

दीना, "भाभी, तुमने यों ही हैरानी की।"

चंपो, "तुम भूखे रहो और मेरी हैरानी की गिनती हो। देखो, रुकमन कैसी सूख रही है। उससे ठीक रहा करो। ऐसी भाग से मिलती है, कैसी सुंदर है, सुशील!…और लो, मैं जाती हूँ। तुम दोनों के बीच में मैं न रहूँगी। और खा-पीकर तुम आराम करना, लड़ना-लड़ाना मत।"

चंपो चली गई और दीना ने कहा, "रुक्मिणी, अब तुम खा लो। खा-पीकर फिर सो जाना है। सुना?"

रुक्मिणी ने कहा, "अच्छा।" और उठकर उस खाने को लेकर बाहर चली गई। और दीना खाट पर लेटकर चंपो भाभी को देखने लगा।

रुक्मिणी ने बाहर आकाश देखा, तारों से भरा था। और उसके नीच जगत् सोया था। सबकी आँखें नींद से और सपनों से भरी हैं और उसकी आँखें—उसकी आँखें किसी से भी नहीं भरी हैं, बिल्कुल सूनी हैं, रीती हैं, आँसुओं से भी नहीं भरी हैं। हाँ, उसके हाथ उस खाद्य से भरे हैं, जो जहर है; पर जहर होकर भी, मरने तक के लिए जिसे वह खा नहीं सकती।

आधी रात में, तारों की असंख्य आँखों के नीचे, उस अखाद्य खाद्य को हाथों में लेकर खड़ी है कि वह उसे उन देदीप्य नक्षत्रों के साक्ष्य में क्या करे?

और वह जानती है, भीतर कमरे में है एक दीना, जिसको लेकर वह कहीं से आकर आज यहाँ खड़ी है। वह दीना, अवश्य निश्चिंत पड़ा हुआ है कि वह जल्दी लौटती है या कब लौटती है, या लौटती भी है या नहीं।

वह खाद्य को अवज्ञा के साथ मोरी में नहीं फेंक सकी, जैसाकि वह चाहती थी। उसने उसे बाहर, खुली छत पर खुला छोड़ दिया।

और आई कि दीना सो चुका था।

ऐसे दिन बीते कि जल्दी वह दिन आ गया, जब कहने की आवश्यकता ही जड़-मूल से नष्ट हो गई कि 'तू निकल जा।' उसने पाया कि वह वहाँ अकेली है, दीना नहीं है, चंपो भी नहीं है, जाने कहाँ चले गए हैं। और वह बेपैसा है और पिछले चार महीनों का मकान का किराया उससे ही लिया जानेवाला है।

5

तब बड़ी शीघ्रता से परमात्मा ने उसे बुढ़िया बना दिया। और किसी को चालीस वर्ष लगते, रुक्मिणी का आधे काल में यह सब काम निबट गया और वह रुकिया बन गई।

किंतु यह समझ लेना चाहिए कि वह रुकिया है, रुक्मिणी स्मृति द्वारा भी नहीं है। स्मृति से छुट्टी लेकर वह बैठी है। स्मरण करे, इससे अच्छा नकदानकद बालकों को क्यों न कोसकर वह अपना काम चला ले और उनमें ही क्यों न पूरी तरह मग्न हो ले।

पुनर्जन्म भी तो लोग मानते हैं। किंतु तब के नातों को कोई याद नहीं रखता। तब की बातों को हम सब छुट्टी दे चुके होते हैं। तब हम यह थे, इसका दंभ हमें नहीं फुलाता। यह न थे, इसका दु:ख भी हमें नहीं सताता। उस सब घटित अतीत से अपने को सर्वथा तोड़कर नए जन्म में हम जीते हैं। नहीं तो अपने अनंत इतिहास का बोझ अपने माथे पर लेकर हम जी सकते हैं? हमारा ज्ञान संकुचित है, यही हमारा वरदान है। हम परिमित हैं, यही हमारा धन्य भाग्य है।

रुकिया को रुक्मिणी के साथ मत जोड़ो। न-न, वह सपने में भी भूलकर अपने को उन दिनों से नहीं जोड़ती। वे उसके भीतर कहीं कायम ही नहीं है, नहीं, बिल्कुल नहीं हैं।

इसी से वह कहती है, "भगवान्, सबका भला करे।" दुनिया के लिए उसमें कड़वाहट नहीं है।

पर ये बालक! ये कोई दुनिया के हैं, जाने किस लोक के जीव हैं ये! शरारती, दंगई, सब-के-सब। और वह कहती है, "हे राम! तू इन्हें सबको मेरे सिर पर से कब उठाएगा?"

□

जाह्नवी

आज तीसरा रोज है। तीसरा नहीं, चौथा रोज है। वह इतवार की छुट्टी का ही था। सवेरे उठा और कमरे से बाहर की ओर झाँका तो देखता हूँ, मोहल्ले के एक मकान की छत पर काँव-काँव करते हुए कौओं से घिरी हुई एक लड़की खड़ी है। खड़ी-खड़ी बुला रही है, "कौओ, कौओ आओ।" कौए बहुत कामी या चुके हैं, पर और भी आते-जाते हैं। वे छत की मुँड़ेर पर बैठ अधीरता से पंख हिला-हिलाकर बेहद शोर मचा रहे हैं। फिर भी उन कौओं की संख्या में लड़की का मन जैसे भरा नहीं है। बुला ही रही है, "कौओ आओ, कौओ आओ।"

देखते-देखते छत की मुँड़ेर कौओं से बिल्कुल काली पड़ गई। उनमें से कुछ अब उड़-उड़कर उसकी धोती से जा टकराने लगे। कौओं के खूब आ घिरने पर लड़की मानो उन आमंत्रित अतिथियों के प्रति गाने लगी—

कागा चुन-चुन खाइयो¨ ।

गाने के साथ उसने अपने हाथ की रोटियों में से तोड़-तोड़कर नन्हे-नन्हे भी चारों ओर फेंकने शुरू किए। गाती जाती थी—"कागा चुन-चुन खाइयो¨"। वह मग्न मालूम होती थी और अनायास उसकी देह थिरककर नाच सी आती थी। कौए चुन-चुन खा रहे थे और वह गा रही थी—

कागा चुन-चुन खाइयो¨ ।

आगे वह क्या गाती है, कौओं की काँव-काँव और उनके पंखों की फड़फड़ाकर के मारे साफ सुनाई न दिया। कौए लपक-लपककर मानो छटने से पहले उस हाथों से टुकड़ा छीन ले रहे थे। वे लड़की के चारों ओर से छा रहे थे, मानो वे प्रेम से उसको ही खाने को उद्यत हों और लड़की कभी इधर, कभी उधर झुककर घूमती हुई ऐसे लीन भाव से गा रही थी कि जाने क्या मिल रहा हो।

रोटी समाप्त होने लगी। कौए भी यह समझ गए। अब अंतिम टुकड़ा हाथ में रह गया तो वह गाती हुई, उस टुकड़े को हाथ में फहराती हुई, जोर से दो-तीन चक्कर लगा उठी। फिर उसने वह टुकड़ा ऊपर आसमान की ओर फेंका, "कौओ खाओ, कौओ खाओ।" और बहुत से कौए एक ही साथ उड़कर उसे लपकने झपटे। उस समय उन्हें देखती हुई

लड़की मानो आनंद में चीखती हुई सी आवाज में गा उठी—

दो नैना मत खाइयो, मत खाइयो··
पीउ मिलन की आस

रोटियाँ खत्म हो गईं। कौए उड़ चले। लड़की एक-एक कर उनको उड़कर जाता हुआ देखने लगी। पल भर में छत कोरी हो गई। अब वह आसमान के नीचे अकेली अपनी छत पर खड़ी थी। आसपास बहुत से मकानों की बहुत सी छतें थीं। उन पर कोई होगा, कोई न होगा। पर लड़की दूर अपने कौओं को उड़ते जाते हुए देखती रह गई। गाना समाप्त हो गया था। धूप अभी फूटी ही थी। आसमान गहरा नीला था। लड़की के होंठ खुले थे, दृष्टि स्थिर थी। जाने भूली सी वह क्या देखती रह गई थी।

थोड़ी देर बाद उसने मानो जागकर अपने आसपास के जगत् को देखा। इसी की राह में क्या मेरी ओर भी देखा? देखा भी हो, पर शायद मैं उसे नहीं दिखा था। उसके देखने में सचमुच कुछ दिखता ही था, यह मैं कह नहीं सकता। पर कुछ ही पल के अनंतर वह मानो वर्तमान के प्रति, वास्तविकता के प्रति चेतन हो आई। तब फिर बिना देर लगाए चट-चट उतरती हुई वह नीचे अपने घर में चली गई।

मैं अपनी खिड़की में खड़ा-खड़ा चाहने लगा कि मैं भी देखूँ कि कौए कहाँ-कहाँ उड़ रहे हैं और वे कितनी दूर चले गए हैं। क्या वे कहीं दिखते भी हैं? पर मुश्किल से मुझे दो-एक ही कौए दिखे। वे निरर्थक भाव से यहाँ बैठे थे या वहाँ उड़ रहे थे। वे मुझे मूर्ख और घिनौने मालूम हुए। उनकी काली देह और काली चोंच मन को बुरी लगी। मैंने सोचा कि 'नहीं, अपनी देह मैं कौओं से नहीं चुनवाऊँगा। छिह, चुन-चुनकर इन्हीं के खाने के लिए क्या मेरी देह है? मेरी देह और कौए?—छिह।'

जान पड़ता है कि खड़े-खड़े मुझे काफी समय खिड़की पर ही हो गया, क्योंकि इस बार देखा कि ढेर-के-ढेर कपड़े कंधे पर लादे वही लड़की फिर उसी छत पर आ गई है। इस बार वह गाती नहीं है, वहाँ पड़ी एक खाट पर उन कपड़ों को पटक देती है और उन कपड़ों में से एक-एक को चुनकर, फटककर, वहीं छत पर फैला देती है। छोटे-बड़े उन कपड़ों की गिनती काफी रही होगी। वे उठाए जाते रहे, फटके जाते रहे, फैलाए जाते रहे; पर उनका अंत शीघ्र आता न दिखा। आखिर जब खत्म हो गए तो लड़की ने सिर पर आए हुए धोती के पल्ले को पीछे किया। उसने एक अँगड़ाई ली, फिर सिर को जोर से हिलाकर अनबँधे अपने बालों को छिटका लिया और धीमे-धीमे वहीं डोलकर उन बालों पर हाथ फेरने लगी। कभी बालों की लट को सामने लाकर देखती, फिर उसी को लापरवाही से पीछे फेंक देती। उसके बाल गहरे काले थे और लंबे थे। मालूम नहीं उसे अपने इस वैभव पर सुख था या दु:ख था। कुछ देर वह उँगलियाँ फेर-फेरकर अपने बालों को अलग-अलग छिटकाती रही। फिर चलते-चलते एकाएक उन सब बालों को इकट्ठा समेटकर झटपट जूड़ा सा बाँध, पल्ला सिर पर खींच, वह नीचे उतर गई।

इसके बाद मैं खिड़की पर नहीं ठहरा। घर में छोटी साली आई हुई है। इसी शहर के दूसरे भाग में रहती है और ब्याह न करके कॉलेज में पढ़ती है। मैंने कहा, "सुनो, यहाँ कहाँ?"

खिड़की के पास आकर मैंने पूछा, "क्यों जी, जाह्नवी का मकान जानती हो?"

"चलो अच्छा है।" मैंने कहा और उसे जैसे-तैसे टाला। क्योंकि वह पूछने-ताछने लगी थी कि क्या काम है, जाह्नवी को मैं क्या, कैसे और क्यों जानता हूँ। सच यह था कि मैं रत्ती भर उसे नहीं जानता था। एक बार अपने ही घर में इसी साली की कृपा और आग्रह पर एक निगाह एक को देखा था। बताया गया था कि वह जाह्नवी होगी। उसके बाद की सच्चाई यह है कि मुझे कुछ नहीं मालूम कि उस जाह्नवी का क्या बन गया और क्या नहीं बना। पर किसा। सच्चाई को बहनोई के मुँह से सुनकर स्वीकार कर ले तो साली क्या! तिस पर सच्चाई ऐसी कि नीरस। पर ज्यों-त्यों मैंने टाला।

बात-बात में मैंने कहना भी चाहा कि ऐसी ही तुम जाह्नवी को जानती हो, ऐसी ही तुम साथ पढ़ती थी कि जरा बात पर कह दो 'मालूम नहीं।' लेकिन मैंने कुछ कहा नहीं।

इसके बाद सोमवार हो गया, मंगलवार हो गया और आज बुध भी होकर चुका जा रहा है। चौथा रोज है। हर रोज सवेरे खिड़की पर दिखता है कि कौए काँव-काँव, छीन-झपट कर रहे हैं और वह लड़की उन्हें रोटी के टुकड़ों के मिस कह रही है—

कागा चुन-चुन खाइयो¨ ।

मुझको नहीं मालूम कि कौए जो कुछ उसका खाएँगे, उसे कुछ भी उसका सोच है। कौओं को बुला रही है, 'कौओ आओ, कौओ आओ', साग्रह कह रही है, 'ओ खाओ, कौओ खाओ।' वह खुश है कि कौए आ गए हैं और वे खा रहे हैं। पर एक बात है कि ओ कौओ, जो तन चुन-चुनकर खा लिया जाएगा, उसको खा लेने में मेरी अनुमति है। वह खा-खूकर तुम सब निबटा देना। लेकिन ऐ मेरे भाई कौओ! इन दो नैनों को छोड़ देना। इन्हें कहीं मत खा लेना। क्या तुम नहीं जानते कि उन नैनों में एक आस बसी है, जो पराए के बस है। वे नैना पीउ की बाट में हैं। ऐ कौओ, वे मेरे नहीं हैं, मेरे तन के नहीं हैं। वे पीउ की आस को बसाए रखने के लिए हैं। सो उन्हें छोड़ देना।

आज सवेरे भी मैंने यह सबकुछ देखा। कौओं को रोटी खिलाकर वह उसी तरह नीचे चली गई। फिर छोटे-बड़े बहुत से कपड़े धोकर लाई। उसी भाँति उन्हें झटककर फैला दिया। वैसे ही बाल छितराकर थोड़ी देर डोली। फिर सहसा ही उन्हें जूड़े में सँभालकर नीचे भाग गई।

जाह्नवी को घर में एक बार देखा था। पत्नी ने उसे खासतौर पर देख लेने को कहा था और उसके चले जाने पर पूछा था, "क्यों, कैसी है?"

मैंने कहा था, "बहुत भली मालूम होती है। सुंदर भी है। पर क्यों?"

"अपने बिरजू के लिए कैसी रहेगी?"

बिरजू दूर के रिश्ते में मेरा भतीजा होता है। इस साल एम.ए. में पहुँचा है।

मैंने कहा, "अरे ब्रजनंदन! वह उसके सामने बच्चा है। बाईस छोड़ बयालीस का भी हो जाए। देखा नहीं, कैसे ठाठ से रहता है। यह लड़की देखो, कैसी बस सफेद साड़ी पहनती है। बिरजू इसके लायक कहाँ है! यों भी कह सकती हो कि यह बेचारी लड़की बिरजू के ठाठ के लायक नहीं है।"

बात मेरी कुछ सही, कुछ व्यंग्य थी। पत्नी ने उसे कान पर भी न लिया। कुछ दिनों बाद मुझे मालूम हुआ कि पत्नीजी की कोशिशों से जाह्नवी के माँ-बाप से (माँ के द्वारा बाप से) काफी आगे तक बढ़कर बातें कर ली गई हैं। शादा के मौके पर क्या देना होगा, क्या लेना होगा, एक-एक कर सभी बातें पेशगी तय होती जा रही हैं।

इतने में सब किए-कराए पर पानी फिर गया। जब बात कुल किनारे पर आ गई थी, तभी हुआ, क्योंकि हमारे ब्रजनंदन के पास एक पत्र आ पहुँचा। उस पत्र के कारण एकदम सब चौपट हो गया। इस रंग में भंग हो जाने पर हमारी पत्नीजी का मन पहले तो गिरकर चूर-चूर सा होता जान पड़ा, पर फिर वह उसी पर बड़ी खुश मालूम होने लगीं!

मैं तो मानो इन मामलों में अनावश्यक प्राणी हूँ ही। कानोकान मुझे खबर तक न हुई। जब हुई तो इस तरह—

पत्नीजी एक दिन सामने आ धमकीं। बोलीं, "यह तुमने जाह्नवी के बारे में पहले से क्यों नहीं बतलाया?"

मैंने कहा, "जाह्नवी के बारे में मैंने पहले से क्या नहीं बतलाया, भाई?"

"यह कि वह कैसी है?"

मैंने पूछा, "ऐसी कैसी?"

उन्होंने कहा, "बनो मत, जैसे तुम्हें कुछ नहीं मालूम।"

मैंने कहा, "अरे, यह तो कोई हाईकोर्ट का जज भी नहीं कह सकता कि मुझे कुछ भी नहीं मालूम। लेकिन आखिर जाह्नवी के बारे में मुझे क्या-क्या मालूम है, यह तो मालूम हो।"

श्रीमतीजी ने अकृत्रिम आश्चर्य से कहा, "बिरजू के पास खत आया है, सो तुमने कुछ नहीं सुना! आजकल की लड़कियाँ, बस कुछ न पूछो। यह तो चलो भला हुआ कि मामला खुल गया। नहीं तो—"

क्या मामला, कहाँ, कैसे खुला और भीतर से क्या कुछ रहस्य बाहर हो पड़ा, सो सब बिना जाने मैं क्या निवेदित करता? मैंने कहा, "कुछ बात साफ भी कहो।"

उन्होंने कहा, "वह लड़की आशनाई में फँसी थी। पढ़ी-लिखी सब एक जात की होती हैं।"

मैंने कहा, "सबकी जात-बिरादरी एक हो जाए तो बखेड़ा टले। लेकिन असल बात भी तो बताओ।"

"असल बात जाननी है तो जाकर पूछो उसकी महतारी से। भली समधिन बनने चली

थी। वह तो मुझे पहले ही से दाल में काला मालूम होता था। पर देखो न, कैसी सीधी-भोली बातें करती थी। वह तो देर क्या थी, सब हो ही चुका था। बस लगन-मुहूर्त की बात थी। राम-राम, भीतर पेट में कैसी कालिख रखे है, मुझे पता न था। चलो, आखिर परमात्मा ने इज्जत बचा ली। वह लड़की घर में आ जाती तो मेरा मुँह तब दिखाने लायक रहता?"

मेरी पत्नी का मुख क्यों किस भाँति दिखाने लायक न रहता, उसमें क्या विकृति आ रहती, सो उनकी बातों से समझ में न आया। उसकी बातों में रस कई भाँति का मिला, तथ्य न मिला। कुछ देर बाद उन बातों से मैंने तथ्य पाने का यत्न ही छोड़ दिया और चुपचाप पाप-पुण्य, धर्म-अधर्म का विवेचन सुनता रहा। पता लगने पर मालूम हुआ कि ब्रजमोहन के पास खुद लड़की, यानी जाह्नवी का पत्र आया था। पत्र मैंने देखा। उस पत्र को देखकर मेरे मन में कल्पना हुई कि अगर वह मेरी लड़की होती तो? मुझे यह अपना सौभाग्य मालूम नहीं हुआ कि जाह्नवी मेरी लड़की नहीं है। उस पत्र की बात कई बार मन में उठी है और घुमड़ती रह गई है। ऐसे समय चित्त का समाधान उड़ गया है और मैं शून्यभाव से, हमें जो शून्य चारों ओर से ढके हुए है, उसकी ओर देखता रह गया हूँ।

पत्र बड़ा नहीं था। सीधे-सादे ढंग से उसमें यह लिखा था कि 'आप जब विवाह के लिए यहाँ पहुँचेंगे तो मुझे प्रस्तुत भी पाएँगे। लेकिन मेरे चित्त की हालत इस समय ठीक नहीं है और विवाह जैसे धार्मिक अनुष्ठान की पात्रता मुझमें नहीं है। एक अनुगता आपको विवाह द्वारा मिलनी चाहिए—वह जीवन-संगिनी भी हो। वह मैं हूँ या हो सकती हूँ, इसमें मुझे बहुत संदेह है। फिर भी अगर आप चाहें, आपके माता-पिता चाहें, तो प्रस्तुत मैं अवश्य हूँ। विवाह में आप मुझे लेंगे और स्वीकार करेंगे तो मैं अपने को दे ही दूँगी, आपके चरणों की धूलि माथे से लगाऊँगी। आपकी कृपा मानूँगी। कृतज्ञ होऊँगी। पर निवेदन है कि यदि आप मुझ पर से अपनी माँग उठा लेंगे, मुझे छोड़ देंगे तो भी मैं कृतज्ञ होऊँगी। निर्णय आपके हाथ है। जो चाहें, करें।'

मुझे ब्रजनंदन पर आश्चर्य होकर भी आश्चर्य नहीं होता। उसने दृढ़ता के साथ कह दिया कि मैं यह शादी नहीं करूँगा। लेकिन उसने मुझसे अकेले में यह भी कहा कि चाचाजी, मैं और विवाह करूँगा ही नहीं, करूँगा तो उसी से करूँगा। उस पत्र को वह अपने से अलहदा नहीं करता है। और मैं देखता हूँ कि उस ब्रजनंदन का ठाठ-बाट आप ही कम होता जा रहा है। सादा रहने लगा है और अपने प्रति सगर्व बिल्कुल भी नहीं दिखता है। पहले विजेता बनना चाहता था, अब विनयावनत दिखता है और आवश्यक से अधिक बात नहीं करता। एक बार प्रदर्शनी में मिल गया। मैं तो देखकर हैरत में रह गया। ब्रजनंदन एकाएक पहचाना भी न जाता था। मैंने कहा, "ब्रजनंदन, कहो क्या हाल है?"

उसने प्रणाम करके कहा, "अच्छा है!"

वह मेरे घर पर भी आया।

पत्नी ने उसे बहुत प्रेम किया और बहुत-बहुत बधाइयाँ दीं कि ऐसी लड़की से शादी

होने से चलो भगवान् ने समय पर रक्षा कर दी। जाह्नवी नाम की लड़की की एक-एक छिपी बात बिरजू की चाची को मालूम हो गई है। वे बातें—ओह! कुछ न पूछो, बिरजू भैया! मुँह से भगवान् किसी की बुराई न करावे। लेकिन—।

फिर कहा, "भई, अब बहू के बिना काम कब तक हम चलाएँ, तू ही बता। क्यों रे, अपनी चाची को बुढ़ापे में भी तू आराम नहीं देगा? सुनता है कि नहीं?"

ब्रजनंदन चुपचाप सुनता रहा।

पत्नी ने कहा, "और यह तुझे क्या हो गया है? अपने चाचा की बातें तुझे भी लग गई हैं क्या? न ढंग के कपड़े, न रीत की बातें। उन्हें तो अच्छे कपड़े-लत्ते सोभते नहीं हैं। तू क्यों ऐसा रहने लगा है रे?"

ब्रजनंदन ने कहा, "कुछ नहीं, चाची। और कपड़े घर रखे हैं।"

अकेले पाकर मैंने भी उससे कहा, "ब्रजनंदन, बात तो सही है। अब शादी करके काम में लगना चाहिए और घर बसाना चाहिए। है कि नहीं?"

ब्रजनंदन ने मुझे देखते हुए बड़े बूढ़े की तरह कहा, "अभी तो उमर पड़ी है, चाचाजी!"

मैंने इस बात को ज्यादा नहीं बढ़ाया।

अब खिड़की के पार इतवार को, सोमवार को, मंगलवार को और आज बुधवार को भी सवेरे-ही-सवेरे छत पर नित रोटी के मिस कौओं को पुकार-पुकारकर बुलाने-खिलानेवाली यह जो लड़की देख रहा हूँ, सो क्या जाह्नवी है? जाह्नवी को मैंने एक ही बार देखा है, इसलिए मन को कुछ निश्चय नहीं होता। कद भी इतना ही था; लावण्य शायद उस जाह्नवी में अधिक था। पर यह वह नहीं है, जाह्नवी नहीं है—ऐसी दिलासा मैं मन को तनिक भी नहीं दे पाता हूँ। सवेरे-सवेरे इतने कौए बुला लेती है कि खुद दिखती ही नहीं, काले-काले वे-ही-वे दिखते हैं और वे भी उसके चारों ओर ऐसी छीन-झपट सी करते हुए उड़ते रहते हैं, मानो बड़े स्वाद से, बड़े प्रेम से, चोंथ-चोंथकर उसे खाने के लिए आपस में बदाबदी मचा रहे हैं। पर उनसे घिरी वह कहती है, "आओ कौओ, आओ।" जब वे आ जाते हैं तो गाती है—

"कागा चुन-चुन खाइयो!"

और जब जाने कहाँ-कहाँ के कौए इकट्ठे-के-इकट्ठे काँव-काँव करते हुए चुन-चुनकर खाने लगते हैं और फिर भी 'खाऊँ-खाऊँ' करके उससे, उससे भी ज्यादा माँगने लगते हैं, तब वह चीख मचाकर चिल्लाती है कि ओ रे कागा, नहीं, ये—

दो नैना मत खाइयो!
मत खाइयो—
पीउ मिलन की आस!

□

एक रात

जयराज की तीस वर्ष की अवस्था होगी। धुन में बँधा, सदा कामकाज में रहता है। अपने प्रांत की कांग्रेस का वही प्राण है। लोग उसे बहुत मानते हैं। उन्हें छोड़ और वह रहता किसके लिए है ? अविवाहित है और उससे विवाह का प्रस्ताव करने की हिम्मत किसी की नहीं होती। जैसे उसे विवाह तो क्या मौत की फुरसत नहीं है।

सवेरे का वक्त था। नौ का समय होगा। आधी बाँहों का कुरता और जाँघिया पहने वह एक परिषद् के लिए अपना भाषण लिख रहा था।

उसी समय उससे पूछा गया कि एक डेपुटेशन मिलने के लिए आया है, क्या जयराज मिल सकेंगे ? क्या डेपुटेशन अंदर आए ?

"अवश्य!"

जयराज ने कागज वहीं छोड़ दिए और वह डेपुटेशन की प्रतीक्षा में खड़ा हो गया।

डेपुटेशन के सज्जन आए और उसने जानना चाहा कि उसके लिए क्या आज्ञा है ?

प्रतिनिधिगण जयराज को अपने कस्बे में ले जाना चाहते हैं। कस्बे का नाम हरीपुर है।

जयराज ने कहा, "हरीपुर!"

"आप कभी वहाँ नहीं पधारे हैं। हमारे यहाँ सन् 30 में कई बार लाठीचार्ज हुआ। तहसील से दो सौ से ऊपर वालंटियर जेल गए। बीस तो महिलाएँ थीं। हमने कई बार अनुरोध किया कि आप आएँ। हम बिना नेता के कब तक काम कर सकते हैं।"

जयराज सुन रहा था। सुनते-सुनते वह चटाई से उठा और टहलने लगा। टहलते-टहलते उसने कहा, "हरीपुर कितनी दूर है ?"

"कुल तीन स्टेशन हैं। इस बार तो आपको आना ही होगा। जनता में उत्साह है। तहसील कॉन्फ्रेंस की कल की तारीख है, आपको मालूम ही होगा। जनता आपके दर्शन के लिए बहुत उत्सुक है। प्रांत में आप सब जगह जाते हैं, एक बार हमारे देहातों में भी चलने की कृपा कीजिए। देखिए, आप हताश न करें।"

जयराज के टहलने की चाल में तेजी आ गई और वह सुनता रहा।

"···महात्माजी भी अब गाँवों की तरफ जोर दे रहे हैं। हम पूरे विश्वास से आए हैं। हम निराश नहीं जाएँगे।"

जयराज टहल रहा था। उसने कहा, "हरीपुर! क्या, कल? कितने स्टेशन आपने बताया? हाँ, तीन स्टेशन। क्या टिकट है?"

कई कंठों ने कहा, "सात आने।"

"सात आने। कॉन्फ्रेंस का क्या वक्त है?"

"चार बजे शाम।"

"चार बजे शाम! शाम को गाड़ी कब वापस आती है? मैं रात को नहीं ठहर सकता।···अँ···अँ···हाँ, रात में बिल्कुल नहीं टिक सकता।···हरीपुर।" मानो वह कुछ स्मृति में लाना चाह रहा है या वहाँ से हटाना चाह रहा है। चलते-चलते शेल्फ में से रेलवे का टाइम-टेबल निकालकर वह देखने लगा।

डेपुटेशन के कई व्यक्तियों ने कहा, "एक, छह पैंतीस पर आती है और दूसरी रात के साढ़े ग्यारह बजे। आप रात को आ जाइएगा। आपको किसी तरह की तकलीफ नहीं होने दी जाएगी।"

"साढ़े छह बजे! हाँ-आँ, लेकिन मैं साढ़े ग्यारह की गाड़ी से नहीं आ सकता। इतनी रात तक मैं नहीं रुक सकता। बिल्कुल नहीं रुक सकता। मुझे बहुत काम रहता है।"

हरीपुर के प्रतिनिधियों ने कहा, "बहुत जरूरी समझें तो फिर पौने सात की गाड़ी से ही आ जाइएगा।"

"हाँ, पौने सात पर भी गाड़ी आती है। मैं आठ तक यहाँ आ सकता हूँ। ठीक! लेकिन ठहरिए, मैं जरा देख लूँ।"

उसने चलते-चलते मेज पर से उठाकर डायरी देखी। देखकर रख दी। "नहीं, नहीं, मैं नहीं आ सकूँगा। मुझे क्षमा करें। देखिए, नेतृत्व के मामले में गाँवों को आत्मनिर्भर बनना होगा। नेताओं का भरोसा आप क्यों रखें? इस तरह सरकार हमें हरा सकती है। चुन-चुनकर कुछ आदमियों को जेल में डाल दिया और राष्ट्र की रीढ़ टूट गई। नहीं, नहीं, प्रत्येक व्यक्ति कृत-निश्चय हो, तब तो स्वराज्य मिलेगा। नहीं तो अगर स्वराज्य मिला भी, तो जनता का स्वराज्य वह कब हुआ? हम लोगों का आसरा अब छोड़ दीजिए। मैं आप सा ही आदमी हूँ। दो टाँगें, दो हाथ। आप दिल में इरादा पैदा कीजिए और मुल्क के लिए रहिए, तो आपमें मुझमें क्या फर्क है? तो यह ठीक है न? आप मुझे छोड़ें। सब बाहरी लीडरों की आस छोड़ो। खुद लीडर बनो। आपकी तहसील का आपकी तरह मैं प्रतिनिधि हो सकता हूँ? देखिए, मैं जरूर चलता, लेकिन मजबूरी आ गई है।"

प्रतिनिधि लोगों को बहुत दुःख हुआ। जयराज की वहाँ बहुत ही माँग थी और उन्हें भरोसा था कि जयराज उनके हृदय को तोड़ नहीं सकेगा। उन्होंने कहा, "तो हम लोग जाएँ?"

जयराज ने टहलते-टहलते कहा, "हाँ, आप मुझे माफ कर दें। आपने कहा, तीन स्टेशन हैं, पौने सात बजे गाड़ी वापस आती है। देखिए, मैं कोशिश करूँगा। मोटर का रास्ता तो नहीं है? नहीं? अच्छा आपको तकलीफ करने की जरूरत नहीं है। आ सकूँगा तो मैं अकेला ही आ जाऊँगा। स्टेशन बस्ती से कितनी दूर है? तीन मील है? तो अच्छी बात है। आप विश्वास रखें, मैं भरसक प्रयत्न करूँगा।"

प्रतिनिधियों ने कहा, "गाड़ी पर सवारी तैयार मिलेगी।"

"अच्छा, अच्छा। आप लोगों को कष्ट हुआ। देखिए, मैं आऊँगा। लेकिन वादा नहीं कर सकता। यहाँ से दो बजे गाड़ी जाती है न?··· नहीं, नहीं आदमी भेजने की कोई जरूरत नहीं है और फिर कहीं आदमी भेजना बेकार न हो। जी हाँ, जी हाँ। लेकिन गाँवों को स्वावलंबी होना होगा। अच्छी बात है। वंदे!"

डेपुटेशन के लोग चले गए और वह लंबे डगों से टहलता ही रहा। आरंभ किया हुआ भाषण पूरा करने मेज पर जल्दी नहीं आ गया। अंत में टहलते-टहलते वह मेज पर आ बैठा और होल्डर से ब्लाटिंग-पैड पर लिखा। लिखा, कहें कि खींचा—

Swaraj is our birthright—as indisputable elsewhere as in politics.

But there is marriage too. Marriage gives man a foot-hold, society a unit. It gives us home.

Alright. Perfectly alright. But—?

And there is Love in the human breast. Love gives us glow, gives us bliss. Love makes us transcend the physical and touch the spiritual. That makes us reach out beyond the here and the now, reach out into the eternal verity of life.

God made love. Did God make marriage also? No, man did the making of it. And I say Love is not chaos. It is never that. Never. Never!

Ah, how slavish of me thus unwittingly to use English. Must write Hindi! हिंदी-हिंदी। हिंद हमारा देश, हिंदुस्तानी हैं हम, दिली भाषा, हिंदी हमारा बाना—भाइयो!

हरीपुर—23 मील, सवेरे की गाड़ी। मैं नहीं जा सकता। Oh Damn its all; Why make a misery of it—Dear Jairaj, mind, lest—

इतना बनाकर वह सिर को हाथों में थामे मेज से खड़ा हुआ और भूल गया कि एक हफ्ते में उसे अपना सभापति का भाषण जिला कॉन्फ्रेंस के स्वागत मंत्री को छपने के लिए भेज देना है।

2

बिना ताले और बिना प्राइवेसी जयराज सबका बनकर अकेला रहता है। अब तक जीवन के पाँच वर्ष जेल में बिता चुका है। खाली रहता ही नहीं। कॉलेज के चौथे वर्ष से पढ़ना छोड़ दिया, तभी सगाई भी तोड़ दी। हाँ, यही कहना होगा कि तोड़ दी, क्योंकि दूसरी ओर से तो उसके टूटने की बात ऊपर आई, सुनी, गई नहीं। बात यह भी हुई कि जो दुनिया में सीधी, शाही सड़क है, जयराज ने अपने को कुछ उससे भटका, चलता हुआ पाया। उसे इसमें शंका होने लगी कि ठीक-ठीक कमाने और खिलानेवाला पत्निव्रत-पति उसके स्वभाव में होना लिखा है। क्या जाने कोई चुनौती अँधेरे से उसे कभी भी पुकार नहीं उठेगी। उसे लगता था कि उस समय उससे घर पर बाल-बच्चों से घिरा किस भाँति बैठा रहा जाएगा? तब उसने अपने साथ तर्क करके सोचा—तब मैं कौन हूँ कि एक कन्या को अपने साथ गुँथने दूँ? मैं संकट की ओर मुँह करके भागूँगा। उसका वही मुँह पकड़ने के लिए जो डराता है, ताकि जग निर्भय बने। लेकिन इसी उद्‌देश्य के साथ परिणय में किशोरिका को बाँधनेवाला मैं कौन? चलते-चलते राह में एक बेचारी लड़की के साथ खिंचकर-बँधकर, अपनी झोंपड़ी बसाकर रुक जानेवाला मैं कौन हूँ?

इस दुनिया में मुझे रुक पड़ने की छुट्टी कैसे है? किसी भी लालच में पड़कर राह के किनारे मुझे रम जाना क्यों है? अकेले-ही-अकेले चलते ही चलना है। क्योंकि जिधर मुझे चलना है, उधर अँधेरा-ही-अँधेरा है, उधर अकिंचनता है। अँधेरे के भीतर तह-पर-तह भेदकर मुझे वह पा लेना है और ढा देना है, जो ज्योति को छेंकता है।

उसने सोच लिया—जो उसकी ही बनती-बनती रह गई, वही अब किसी और दूसरे की हो। सहर्ष उसकी हो, जो उसे विलास और विपुलता में ले जाए। अभाव में और विपद् में ले चलने के लिए उसे साथ लेनेवाला मैं नहीं हैं, नहीं हूँ।

सो उसने सगाई तोड़ दी। या कहो, खुश हुआ कि सगाई टूट गई। सच, क्या उसने सुना था कि कन्या के पिता कहीं अन्यत्र वैभव और विपुलता देखकर उस ओर झुकने की छुट्टी चाहते हैं? कौन जाने! जयराज के मन का हाल बाहर नहीं होता है। लेकिन यह पूर्णतया विदित है कि वह अविवाहित ही रहा है। विपदा के आतिथ्य से कभी उसने मुँह नहीं मोड़ा है और कभी वह हरीपुर नहीं गया है।

3

सवेरे नौ बजे एक जवाबी तार आ गया। हरीपुरवालों का तार था। लिखा था—आपकी उपस्थिति अत्यंत अनिवार्य है। क्या सहस्रों को निराश करेंगे?

तार हाथ में लेकर वह थोड़ी देर घूमता रहा। कुछ देर बाद मेज पर आकर उत्तर

में लिख दिया, "असमर्थता पर अत्यंत खिन्न हूँ। स्वावलंबन स्वराज्य है। सफलता की हार्दिक कामनाएँ।"

यह लिख देकर उसके चित्त ने चैन की साँस ली और मानो अंदर-ही-अंदर मुस्कराकर जयराज ने अपने अधलिखे कागजों को खींचकर सामने ले लिया। उन्हें पढ़ा, पढ़कर खुश हुआ। आगे लिखने के लिए उत्साह से कलम उठाया। वह कलम-कागज पर टिका-टिका ही रहा, बढ़ा नहीं। और जब वह कलम वहाँ से उठा, तब स्याही की एक मोटी काली बूँद वहाँ बैठी शेष रह गई। थोड़ी देर वह कुरसी पर खाली बैठा उस बूँद को ही देखता रहा। फिर उठकर बालों को खुजलाता हुआ टहलने लगा।

ठहरो, मुझे साफ-साफ देखने दो। मैं क्या हूँ? मैं एक उद्‌देश्य पर समर्पित व्यक्ति हूँ। मेरा निजत्व क्या? कुछ नहीं है। मेरा स्वार्थ क्या है? कुछ नहीं है। क्या मेरे लिए परमार्थ भी कुछ है? कुछ नहीं है। मेरे लिए एक ही वस्तु है। वही मेरा स्वार्थ, वही मेरा परमार्थ, वही मेरा निजत्व, वही मेरा लक्ष्य। जब मैं समर्पित हूँ, तब मैं किसी भी और अन्य विचार के लिए खाली नहीं हूँ, बचा नहीं हूँ, जीवित नहीं हूँ। मेरी देह, मेरा मन, मेरी बुद्धि में कहीं भी कुछ और के लिए अवकाश कैसे हो, सिवाए उसके जिसके लिए मैं न्योछावर हूँ? किसके लिए मैं न्योछावर हूँ? राष्ट्र के लिए! राष्ट्र के स्वराज्य के लिए! राष्ट्र क्या? वह राष्ट्र कहाँ है? मेरे हृदय में वह राष्ट्र कहाँ है? क्या अमुक और अमुक भौगोलिक परिधियों में परिमित भारतवर्ष नामक भूखंड का चित्र मेरे भीतर गहरा उतरकर सदा जाग्रत् रहता है? क्या वही यों जी की धड़कन में सदा स्पंदन करता रहता है? नहीं, स्पंदन करता हृदय है, राष्ट्र की भावना के बिना भी वह स्पंदन करता है। जान शेष और विश्वात्मा का निर्देश है, तब तक वह स्पंदन रुकेगा नहीं, होता ही रहेगा। तब राष्ट्र क्या है?...लेकिन ठहरो, मैं शंकित चित्त नहीं बनूँगा।...'संशयात्मा विनश्यति।' यह प्रश्नातीत रहे कि राष्ट्र है। मैं राष्ट्र-सेवक हूँ। और कुछ भी नहीं हूँ। जयराज मात्र नाम है। जयराज का कोई पार्थक्य नहीं, कोई व्यक्तित्व नहीं है। जयराज राष्ट्र-सेवक है, निरा, बस।

हरीपुर के आदमी आए। हरीपुर मुझे माँगता है। मैं राष्ट्र का हूँ, प्रांत का हूँ, जिले का हूँ, गाँव का हूँ। मैं किसकी माँग से विमुख हो सकता है। जब तक कि मेरे उद्‌देश्य की ही दिशा की कोई दूसरी अधिक हार्दिक, अधिक बृहत् पुकार सामने न हो। जयराज, हरीपुर है कि रामपुर है कि जनकपुर है, तेरा उनमें अपना-पराया क्या है? कैसे एक से बच सकता, दूसरे से खिंच सकता है? तैने यह क्या अपने साथ जुल्म किया है कि हरीपुर के प्रतिनिधियों के हृदयों को चोट दी है? तू तार के जवाब में भी भीरु बना है! तेरे पास क्या और कुछ है, कौन सा वह राष्ट्र का काम है, जो हरीपुरवालों की माँग को अस्वीकार कर देने को औचित्य दे सकता है?"

देखो जयराज, तुम जरा भी अपने नहीं हो। तुमको अपने सेवा-कार्य के साथ अशेष

रूप में एकाकार रहना होगा। वही रहे, तुम न रहो। राष्ट्र रहे और राष्ट्र के सेवक के अतिरिक्त तुम और कुछ न रहो।

4

जब जयराज अचानक ही भरी सभा में जा पहुँचा और उसे अध्यक्ष के आसन के पास के आसन पर ला बैठाया गया, तब सभा उसके ऊँचे जयघोष से गूँज उठी। जयराज ने निस्स्पृह भाव से उपस्थित नर-नारियों की भीड़ को देखा। देखकर उसका हृदय भर आया। उसका हृदय भारत के गौरव पर फूल आना चाहता था।

सभा आरंभ हुई और थोड़ी देर बाद सभापति ने कहा, "श्रीमती सुदर्शना देवी अपना स्वागत-गान पढ़ेंगी।"

महिलाओं के बीच में से ही एक ओर से सुदर्शना देवी ने उठ आकर पहले जयराज के गले में खद्दर के फूलों की माला डाली, प्रणाम किया और मंच के पास जाकर स्वागत-गान आरंभ किया।

जयराज स्वागत-गान गाती हुई उस नारी-मूर्ति के उस पार श्रोताओं के समूह को बिना देखे निर्निमेष देखता रहा।

वह मात्र राष्ट्र सेवक है और यदि यहाँ उपस्थित राष्ट्र की जनता उसका सम्मान करने आई है तो वह राष्ट्र की टेक का सम्मान है। उसी के नाम का निमित्त बनाकर स्वागत-गान का अर्घ्य देती हुई, जो महिला मंच पर खड़ी गा रहा है, उसकी ओर बिना देखे जयराज अपने मन में कहने लगा, "यह भारत की नारी शक्ति मुझमें केवल राष्ट्र-संकल्प का ही स्वागत कर रही है। मैं स्वागत को लेकर राष्ट्र के चरणों में ही तो दे सकता हूँ। मेरा स्वागत यह नहीं है, मेरा नहीं है। यह स्वागत-गान प्रदान करनेवाली, मात्र नारी शक्ति की ही प्रतिनिधि होकर मेरे गले में यह माला डाली गई है। यह माला न मेरे लिए है, न उसकी है। वह कौन है? उसका नाम सुदर्शना है। पर सुदर्शना नाम ही है। वह इस समय भारतीय नारी की गरिमा को अपने कल-कंठ के गुंजार से मुझको उपलक्ष्य बनाकर भारतमाता के पद-पद्मों में भेंट देने प्रस्तुत हुई एक सेविका है।"

और जयराज ने गले में से माला उतारकर सामने रख दी।

"सेविका है। हाँ, नाम उसका सुदर्शना है। सुदर्शना न होकर सुनयना भी हो सकती थी। जयराज, भारतीय नारीत्व की वह भेंट, भारतीय वीरत्व के संकल्प के प्रति है। तेरा अपना इसमें निजत्व कुछ नहीं है। कुछ भी नहीं है। सुदर्शना को तू सुनयना या सुलोचना ही समझ। बस एक इकाई, भारत के राष्ट्र की एक आदरणीय नारी।

और उसने सुनयना अथवा सुलोचना नाम की एक इकाई बन गई सुदर्शना की ओर पहली बार देखा। वह सामने की भीड़ देखती हुई स्वागत-गान गा रही थी। क्या उसके

स्वर में राष्ट्र-प्रेम का ही दर्द था? उसके गान में क्या राष्ट्र-स्नेह ही की निवास थी? क्या वाणी के कंपन में स्वराज्य-युद्ध का ही आह्लाद था? क्या उसमें राष्ट्र के वीर को निःस्पृह पूजा देने का ही उल्लास था? क्या उसमें अत्यंत निजी भी कुछ न था? कुछ बिल्कुल व्यक्तिगत, हृदयगत, मर्मगत, देश के भाव से भी कुछ गहरे तल तक गया हुआ? कुछ वह, जो राष्ट्रदेव से किसी अधिक मूर्तिमंत, अधिक जीवंत, अधिक निजीय देवता के प्रति समर्पणीय हो।"

गरदन को झटका देकर उसे सीधी करके और फिर सामने निगाह स्थापित कर जैसे जयराज ने एकाएक लगाम खींची।

"जयराज, राष्ट्र पर चढ़ते हुए अर्घ्य में कुछ भी अपना निजत्व मानकर अर्घ्य को अपवित्र न करो। चीर न बनो। यज्ञ अशुचि न बनाओ। तुम्हारा कुछ नहीं है, कुछ नहीं है। कुछ तुम्हारे लिए नहीं है, कुछ तुम्हारी स्वीकृति के लिए नहीं है। सुदर्शना सुनयना भी हो सकती है, सुलोचना भी हो सकती है। माला भारतीय नारी के हाथों भारतीय पुरुष के गले में पड़ी है। नारीशक्ति ने युद्ध-पौरुष का स्वागत-गान किया है, जयराज!"

स्वागत-गान गाती हुई सुदर्शना की ओर जाती-जाती अपनी निगाह को मोड़कर सीधी रखते हुए जयराज ने सोचा—

"जयराज, सीधे देखो। राष्ट्र की आरती को पवित्र रहने दो। तुम्हारी अमानत में देकर यह स्वागत राष्ट्र के भविष्य के अभिनंदन में किया जा रहा है। खबरदार! जो उस अमानत को स्निग्ध निगाह से भी तुम देखो, जो जरा भी तुम छुओ। राष्ट्र के उदीयमान भविष्य के चरणों की ओर उस अभिनंदन को बढ़ने दो, वहीं चढ़ने दो। तुम उपादान रहो, अपनी बुद्धि उसमें कुछ मत रखो!…"

एकाएक घड़ी देखी। साढ़े चार! उसने झुककर सभापति से कहा, "गाड़ी कब जाती है?"

"क्या आज ही जाइएगा?"

"शायद पौने सात बजे जाती है। मैं रह नहीं सकता।"

इसी समय वह जैसे एकाएक अतिशय उद्विग्न और अत्यंत व्यस्त हो उठा, "मैं नहीं रुक सकता। जी नहीं, मैं किसी तरह रुक नहीं सकता। देखिए—।"

और सुदर्शना देवी ने धीरे-धीरे उसकी ओर आकर, समक्ष ठहरकर फ्रेम में जड़े हुए और अपने हाथ के सुंदर-सुंदर अक्षरों में लिखे हुए स्वागत-गान को उसके चरणों में रख दिया और मस्तक को उन चरणों के पास झुकाकर प्रणाम किया।

जयराज ने बिना सुदर्शना की ओर निगाह उठाए झपटकर उस फ्रेम को लिया और सामने रखी माला पर औंधा कर दिया।

"देखिए, मैं हरगिज-हरगिज नहीं रुक सकता। मुझे बहुत जरूरी काम है।"

अध्यक्ष ने कहा, "सवेरे आराम से चले जाइएगा। तहसील के कांग्रेस कार्यकर्ता सब जमा हैं। कांग्रेस कार्यक्रम के संबंध में आपसे परामर्श चाहते हैं। नौ बजे मैंने उनकी सभा बुला ली है।"

जयराज ने झींककर कहा, "ओह, यह आप क्या करते हैं! मुझे चले जाना चाहिए। सभा आप अपनी करते रहिएगा। मैं कह चुका हूँ, स्वावलंबी बने बिना न चलेगा। मैं रात को नहीं ठहर सकता।"

अध्यक्ष ने विनीत भाव से कहा, "सवेरे छह बजे एक गाड़ी जाती है। आराम से आपको उसमें बैठा दिया जाएगा। सात बजते-बजते आप मकान पर होंगे। अगर— "

जयराज ने कुछ अधीर होकर कहा, "नहीं-नहीं, साहब!" और फिर एकाएक स्वयं सावधान होकर तथा अध्यक्ष को सावधान करते हुए कहा, "लेकिन अपने मंच की तरफ तो देखिए, वह खाली है।" सभापति ने उठकर कहा, "भइया!"

जयराज फिर गरदन सीधी कर सामने अनिमेष देखने लगा। सभापति उसका स्तुति-गान कर रहे थे। वह एक ओर भारत के भाग्य पर गर्वित होता, दूसरी ओर रोना चाहता था। वह रह-रहकर घड़ी की ओर देखता था। घड़ी की सुई मिनट-मिनट पर आगे आती थी। वह मंडप में एकत्र जनता को देख रहा था। इस दृष्टि-प्रसार में सभा का रंग-बिरंगा विभाग भी बिछा दिखता था। वह यदि आँख उठाकर उस महिला ब्लॉक की ओर देखता था तो उसमें स्त्रियों को अलग-अलग नहीं देखता था। मानो भारतीय स्त्रीत्व की गरिमा को समग्र अविभक्त रूप में ही देखता था। सब नारियों के चित्र-विचित्र परिधानों ने एक साथ इकट्ठे होकर मानो उस गरिमा के रूप में अद्‌भुत छटा ला दी है। इस चित्र में कहाँ सुदर्शना है? कहाँ सुलोचना है? कहाँ सुनयना है? इसका कुछ भी पता नहीं है। सब मिलकर चित्र को जीवन दे रही हैं, ऐश्वर्य दे रही हैं। वह जीवन और वह आभा ही ध्यान देने के लिए है। भारत के प्राणों का लालित्य ही वहाँ फूट पड़ा है। वह सब समष्टि रूप में भारतीय नारी-गौरव के उपमान की अपेक्षा ही जयराज के आकर्षण के लिए है। यों सुदर्शना सुनयना भी हो सकती है, सुलोचना भी हो सकती है।

सभापति आ बैठे। घड़ी पाँच से आगे पहुँच गई है और जयराज को अब सहस्रों दृष्टियों का मध्यप्राण बनकर बोलना होगा। वह उठा और करतल ध्वनि के घोर रव ने उसे पूरी तरह डुबो लिया। वह जाने कहाँ पहुँच गया था। मंच पर पहुँचकर उसने बोलना शुरू किया।

लौटकर देखा, घड़ी में साढ़े छह से ऊपर हो गया है। उसने झल्लाकर सभापति से कहा, "सवारी का इंतजाम है? मुझे अभी जाना चाहिए।"

सभापति ने उत्तर में घड़ी की ओर देखा, मानो घड़ी के मुँह के सामने उन्हें बोलने की सामर्थ्य नहीं है।

जयराज ने कहा, "देखिए नहीं, सवारी मँगा भेजिए। आपने मुझे बीच में वक्त की याद क्यों नहीं दिलाई?"

सभापति ने निवेदन किया, "गाड़ी मिलनी मुश्किल है।"

जयराज ने कहा, "ठीक है, आप कॉन्फ्रेंस चलाइए। मुमकिन है, गाड़ी ही लेट हो। मुझे इजाजत दीजिए, मैं चलूँ।"

सभापति ने साश्चर्य कहा, "अब आप कहाँ जाइएगा? पैदल?"

जयराज ने माला और स्वागत-गान को उठाया, वह रुका, फिर सभापति को उन्हें सौंपते हुए उसने कहा, "जी हाँ, पैदल जा रहा हूँ। स्टेशन ढाई मील ही तो है। देखिए, इन चीजों को कांग्रेस-दफ्तर में रख लीजिएगा।"

सभापति उठ खड़े हुए। जयराज ने विदा ली और कुछ लोग उसके साथ-साथ चले।

जयराज ने कहा, "आप बैठे, बैठें।"

किंतु लोग उसके साथ ही रहे। वह निःशब्द तेजी से बढ़ने लगा और धीरे-धीरे लोगों का साथ छूट गया। वह एक-साँस बढ़ता हुआ स्टेशन पर आया।

पर गाड़ी निकल चुकी ही थी। वह प्लेटफॉर्म की बेंच पर बैठ गया। बैठा रहा, बैठा रहा।

'थोड़ी देर में रात हो जाएगी', उसने सोचा, 'मुझे रात में बेकाम क्यों अपने स्थान से दूर रहना होगा? अब गाड़ी साढ़े ग्यारह बजे जाएगी। मैं क्यों अपने भाषण में वक्त का ख्याल नहीं रख सका? भाषण का मेरे लिए नशा क्यों है? यह मैंने ठीक किया कि माला और स्वागत-गान कांग्रेस-दफ्तर में रखने के लिए छोड़ आया और कह आया हूँ। क्या उस गीत के नीचे उसके हस्ताक्षर हैं? उसकी कोई वहाँ आवश्यकता नहीं है। राष्ट्र को दी हुई भेंट पर अपने नाम की मुहर की कोई जरूरत नहीं है। मैंने उसे देख ही क्यों न लिया? किंतु मैं समझता हूँ, सुदर्शना—हाँ, वह सुनयना भी हो सकती है, सुलोचना भी हो सकती है—इतनी बच्ची नहीं होगी कि अपना नाम वहाँ अवश्य रखे। यदि उसका नाम अपने हस्ताक्षरों में वहाँ है तो इसमें संदेह है कि वह फिर कांग्रेस-दफ्तर के लायक चीज है। तब वह मेरे यहाँ रह सकती थी या किसी के यहाँ रह सकती है।'

'ठहरो, नौ बजे इन लोगों ने कांग्रेस-कार्यकर्ताओं की सभा बुला ली है। मैं यहाँ स्टेशन पर पाँच घंटों का क्या बनाऊँगा? लेकिन वे लोग गलती करते हैं कि मुझे बिना पूछे मेरे आसरे सभा बुला लेते हैं। और वक्त क्या बुरा है, नौ बजे!'

वह उठकर प्लेटफॉर्म पर टहलने लगा। टहलता रहा, टहलता रहा और वापस फिर बस्ती की ओर चल पड़ा।

चलते-चलते वह कातर हो-हो आया—

'बस्ती में हजारों घर हैं। हजारों प्राणी उनके नीचे बसते हैं। आ मेरे घट-घट रमते राम, मुझे शक्ति दे! मैं तेरे अनुरूप घट-घट में खो जाऊँ, जन-जन में बसूँ। मैं किसी एक का होकर नहीं रहना चाहता। कोई भी एक विशिष्ट रूप में मेरा नहीं है। जब इस हरीपुर नगर में जा रहा हूँ, तब समस्त हरीपुर के प्राणों के लिए मेरा प्राण हो। दरिद्रातिदरिद्र, निम्नातिनिम्न, हीनातिहीन जन के प्रति मैं अधिक-से-अधिक प्रदत्त बनूँ। इस नगर में मेरे लिए विशिष्ट कोई नहीं है। मेरे राम, कोई नहीं है।' वह मानो प्रण करता हुआ चला—'विशिष्ट कोई नहीं है, कोई भी नहीं है।'

5

शाम से ही कुछ बादलों के आसार थे। नैऋत्य से ठंडी वायु उमड़ रही थी और दूर क्षितिज के पास काले नाग के सप्त फण सा बादल शनैः-शनैः ऊपर उठ रहा था।

कांग्रेस-कार्यकर्ता लोग दफ्तर में जमा थे। जयराज ने वहाँ पहुँचकर सभा के अध्यक्ष से कहा, "लीजिए, गाड़ी नहीं मिली और मैं आपकी सेवा में उपस्थित हूँ।"

अध्यक्ष अति धन्य हुए। उन्होंने कहा, "आइए, आइए!"

जयराज ने कहा, "आप अपनी सभा जरा जल्दी कर लें और जो लोग आनेवाले हों, उन्हें बुला लें। मेरी गाड़ी साढ़े ग्यारह बजे जाती है न? दस बजे तक मैं सभा में सहयोग दे सकता हूँ। तब तक आपकी सभा क्यों न हो जाए?"

सभा महोदय ने कहा, "जी हाँ, मैं अभी बुलाता हूँ। लेकिन आप रात को ठहर सकें तो अच्छा है।"

"जी नहीं, रात को किसी तरह नहीं ठहर सकता।" जयराज ने कहा, "लेकिन आप सभा शुरू कीजिए। मुझे मुझ पर छोड़िए।"

नौ बजे के लगभग सभा शुरू हुई। उस समय हवा आँधी हो चली थी और बादल सारे आसमान पर छा भरा था। और बिजली भी बीच-बीच में तड़कती थी। सभा हो रही थी और कुछ लोगों का ध्यान जयराज के गंभीर प्रवचन से हटकर हठात् उस प्रकृति की हुंकार के अर्थ की ओर जा रहा था, परंतु जयराज अशेष रूप से प्रस्तुत विषय में दत्त-चित्त था।

हॉल की खिड़कियाँ काँपने लगीं, गड़गड़ाहट बढ़ गई। उस समय जयराज कह रहा था—

"कॉन्स्ट्रक्टिव वर्क ही वर्क है। हमें राजनीतिज्ञ नहीं चाहिए, सेवक चाहिए। सेवक अपने को सेवा में खो दे। अपने को खोने का अर्थ प्राण-रस को जनता के मूल में सींच देने का है। भूखे के साथ, बेरोजगार के साथ अपने को मिला देने की कोशिश हमें करनी

है। भूखे को खाना, बेकाम को काम और आशंकित को ढाढ़स हमें देना है। चरखा यह सब देता है।"

और बादल घुमड़ रहे थे, बिजली कड़क रही थी और वक्त बढ़ रहा था। बीच-बीच में कुछ भारी-भारी बूँदें भी टप्प आ टपकी थीं। इसी समय अनायास घड़ी की ओर देखकर उसने अध्यक्ष से कहा, "देखिए, किसी सवारी का इंतजाम हो सके तो।"

अध्यक्ष धीमे से बोले, "बादल बहुत हो रहे हैं। मैं आदमी भेजता हूँ।"

सभा चलती रही और आदमी ने सूचना लाकर दी कि घटा घनघोर है, सवारी हो तो जाएगी, पर गाड़ीवाला दो रुपया माँगता है। सभापति ने उसे चुप करते हुए कहा, "अच्छा, रुपए की क्या बात है। (जयराज से) सवारी हो जाएगी। मँगवा दी जाए?"

"जी हाँ, मँगवाइए, बस दस होते हैं।"

उस आदमी को गाड़ी ले आने के लिए फिर भेज दिया गया और सभा चलती रही।

किवाड़ खड़-खड़ खड़कते थे। हवा साँय-साँय करती थी। वह किवाड़ों को थपेड़ से उधेड़कर भीतर घिर आना चाहती थी। अँधेरा काले पर काला था, जिसको बिजली और घोर कर जाती थी। और दुनिया घरों में बंद थी।

जयराज ने घड़ी की ओर देखा। दस पर पाँच मिनट हो गए, दस हो गए, अब पंद्रह भी हो जाएँगे। उसने सभापतिजी से पूछा, "सवारी आ गई?"

उन्होंने कहा, "अभी आदमी लौटा नहीं।"

जयराज ने व्यस्त भाव से कहा, "तो ठहरिए मुझे चलना चाहिए।" और वह उठ खड़ा हुआ।

लोगों ने कहा, "देखिए तो साहब, बाहर क्या हाल है? आज यहाँ रहिए, सवेरे चले जाइएगा!"

जयराज मुस्कराया। मानो कहा, 'वर्षा और हवा हमें मोड़े तो हम कैसे कृत-संकल्प? कैसे राष्ट्र-कर्मी?'

इतने में उस आदमी ने आकर जवाब दिया कि गाड़ीवाला बादलों की ओर देखकर जाने को तैयार नहीं है। वह पाँच रुपए माँगता है।

"क्या?" जयराज ने साश्चर्य कहा, "गाड़ी के रुपए कांग्रेस को देने होंगे? नहीं-नहीं, तब तो मैं पैदल ही जाऊँगा।"

बात उसकी पूरी तरह खत्म न हुई थी कि तड़-तड़ चोट देकर बाहर के टीन पर ओले गिर चले।

लोगों ने जयराज की ओर देखा। जयराज प्रसन्न मालूम होता था। उसने कहा, "ओहो, ओले गिर रहे हैं! (सभापति की ओर मुड़कर) दो कंबल मुझे दीजिए, और एक छतरी दे सकेंगे?"

सभापति परिपक्व अवस्था के पुरुष थे। जयराज अभी युवा था। उन्हें विचार भी आया कि क्या वह पिता की भाँति आगे बढ़कर उस लड़के को मूर्खता से नहीं रोक सकते? लेकिन जयराज की ओर देखकर उनका आत्मविश्वास उड़ जाता था और वे प्रार्थी ही हो रहते थे। उन्होंने कहा, "आप सबेरे जाएँ तो··· ?"

जयराज ने कहा, "दो कंबल दे सकते हैं तो आप दे दें। आपकी कृपा होगी।"

कंबल लिये। एक को बदन से लपेटा, दूसरे को ओढ़ा। छतरी सँभाली और जयराज ने कहा, "अच्छा, आप लोग मुझे इजाजत दें।"

उसके कहने के साथ ही एक पैने तीरों की नोंक सी बूँदों की बौछार हवा की बाढ़ के साथ आकर टीन को उधेड़ गई।

जयराज अनायास कुछ ठिठक गया।

हरीपुर में आखिर यह रात वह क्यों बिता नहीं सकता? सवेरा होते ही यहाँ से चला जा सकता है। किंतु तभी उसने सभी लोगों की ओर मुँह करके दोबारा कहा, "अच्छा वंदे।" और स्थिर डग बढ़ाकर दरवाजे के बाहर हो गया।

6

उसी हरीपुर में एक छत के नीचे कुछ और भी घट रहा था।

सुदर्शना देवी ने माला जयराज के गले में डाली, स्वागत-गान पढ़ा, उसको चरणों में चढ़ा दिया और उन चरणों को प्रणाम कर जगह पर आ बैठी। इसके बाद जयराज का उसने भाषण सुना। खद्दर का मोटा कुरता, मोटी धोती, उन्नत ललाट, निर्भीक और संकल्पयुक्त वाणी के साथ जयराज भाषण करता रहा, तब सुदर्शना उसे सुनती रही। देखती रही और नहीं भी देखती रही।

जयराज बीच ही में मंडप से उठकर बाहर चला गया। सुदर्शना अपनी जगह ही बैठी रही। जब आसपास की और सब स्त्रियाँ उठकर चलने लगीं, तब वह भी उठकर चल दी।

वह जयराज को क्या जानती है? मालूम नहीं, क्या जानती है। कांग्रेस नेता की हैसियत से जो वह है, उतने का तो परिचय सार्वजनिक संपत्ति है, सो उसको भी प्राप्त है। उसके आगे भी यदि कुछ जानती है तो पता नहीं। आज पहली बार उसने इन जयराज को देखा है।

सभा में से जब सब उठीं, तब वह भी उठकर चल आई। चलती चली ही आई। घर आकर एक चटाई पर बिना कपड़े बदले बैठ गई। फिर एकाएक माथे पर दोहत्था मारकर वहाँ औंधी लेट गई। उसने अपने मन को वहाँ मसोस-मसोस लिया। पर समझ न पड़ता था, वहाँ क्या उठ रहा है।

कुछ भी उसके निकट स्पष्ट होता ही नहीं था। दो-एक बार उसने अपना सिर भी चटाई पर दे मारा, पर तो भी उस आग हो रहे सिर की समझ में कुछ नहीं आता था।

बहुत देर तक ऐसे पड़े रहकर वह उठी। हाथ-मुँह धो लिया, कपड़े बदलकर निरी धौली एक साड़ी पहन ली। पहनकर अपने पति की तसवीर के सामने घुटनों जा बैठी। उस चित्र के आगे उसने भक्तिपूर्वक अपना मस्तक नवाया और उसके बाद भरे से आते हुए कलेजे को लेकर घर के काम-धंधे में लग गई।

संध्या के भोजन के अनंतर वह अपने पति के कमरे में गई। पति आरामकुरसी पर लेटे हुए सिगार पी रहे थे और धुआँ देख रहे थे। उन्होंने मूँछों में ही मुस्कराकर कहा, "आओ, कैसे आईं?"

वह आती ही आई और अलमारी की ओर बढ़ गई। खोलकर उसे देखने-भालने लगी, मानो इसी के लिए वह आई थी।

"क्या चाहिए?"

पत्नी कुछ धर-उठा करती ही रही और चुप रही।

पति फिर टाँग सामने फेंककर सिगार पीने लगे और धुआँ देखने लगे। देर बाद सुदर्शना उनके सामने आकर एक कुरसी की पीठ को पकड़कर खड़ी गई। कुछ देर खड़ी रही और पति को पता न चला। सुदर्शना ने कहा, "मुझे तुमसे एक बात कहनी है।"

आँख खोलकर सामने खड़ी सुदर्शना की पूरी मूर्ति को देखकर पति ने कहा, "कहो!"

सुदर्शना ने कहा, "तुम मुझे क्या समझते हो?"

पति की समझ में एकाएक यह बात नहीं आई। सामने कुरसी की पुश्त को पकड़कर खड़ी होकर भारी चेहरे से जब पत्नी पूछती है, "तुम मुझे क्या समझते हो?" बिना भूमिका, बिना प्रस्तावना के जब वह एक-टूक यही पूछती है कि 'तुम मुझे क्या समझते हो?' तब उसे क्या समझना होगा? पति ने कहा, "मैं तुम्हें अपने प्रेम की प्रतिमा, प्राण का प्राण, घर की रानी, आँख की पुतली समझता हूँ मेरी रानी और क्या समझता हूँ?"

और उन्होंने जोर से सिगार में से एक दम खींच लिया और मुँह को गोलाकार बनाकर धुएँ को कुंडलाकार रूप में छत की ओर धीमे-धीमे उड़ा दिया।

पत्नी ने कहा, "मैं पतिव्रता नहीं हूँ।"

कहकहे के साथ पति ने हँसकर कहा, "तुम मेरी रानी हो, मेरी मलका, मेरी जारीना!"

"आज से पहले मैं यह नहीं जानती थी। आज जानी हूँ तो तुमसे कहने आ गई हूँ।"

पति का सिगार हाथों में रहा और वह सामने मानो उड़ गए धुएँ में खोए, गुम हो रहे!

"तुमसे मैंने बहुत प्रेम पाया है, बहुत आदर लिया है। वह सब मैंने चोरी की है। ठगी की है। मैं उसकी बननेवाली कोई न थी। मैं अपात्र थी। आज मुझ पता चला है कि अपना सबकुछ मैं तुम पर नहीं वार चुकी। भीतर-ही-भीतर कुछ बच गया था, जो आज देखती हूँ, तुम्हारे चरणों में मैं अर्पण नहीं कर सकी थी। यों न देखो...मुझे देखो। मैं तुम्हें धोखा देती रही। तुमसे पाती सबकुछ रही, देने में चोरी करती रही।"

पति ने किंकर्तव्यविमूढ़ भाव से कहा, "क्या है ? क्या बात है ?"

"बात कुछ नहीं है। मैं अब तुम्हारे प्रति चोर नहीं रहूँगी। विश्वासघातिनी नहीं रहूँगी। तुमने मुझे इतना दिया, उस सबके लिए मैं ऋणी भी तो नहीं हो सकती, कृतज्ञ भी तो नहीं हो सकती। क्योंकि वह सब मैंने ठगाई की है। लेकिन अब जानने के बाद तो मैं कुछ भी लूँगी तो जलूँगी। मैं पतिव्रता नहीं हूँ। आज मैं तुम्हें यही बताती हूँ कि मैं पतिव्रता नहीं हूँ।"

अविश्वस्त, किंतु संतप्त, पति ने कहा—

"तो क्या है ? पतिव्रता नहीं, तो तू क्या है ?"

"मैं तुम्हारे घर से निकाल देने लायक हूँ। मैं सच कहती हूँ, जानबूझकर मैं तुम्हें धोखा देनेवाली न थी। लेकिन यह मुझे आज ही मालूम हुआ कि मैं पूरी तरह समर्पित नहीं हूँ। सो आज ही तुम्हारे सामने खड़ी हूँ कि मुझे काला मुँह कर जाने दो। अपनी कृपा के नीचे मुझे एक क्षण भी मत टिकने दो। तुम अपनी कृपा की छाया तो उठाओगे नहीं, तब मुझे ही इजाजत दो कि मैं उसे कलंकित न करूँ।"

"सुदर्शना! सुदर्शना!"

"जानकर मुझसे तुम्हारा अमंगल न होगा। तुम्हारे प्रेम को मैं विफल नहीं कर सकती। तुम्हारे से पति को पाकर मैं घर को आनंद से भरा क्यों न रख सकी ? घर पर क्यों सदा उदासी की छाया आ-आ मँडराती रही ? क्यों हमारे घर में शून्यता जमी रहती थी, जबकि वहाँ पूर्णता उमगी रहनी चाहिए थी ? कारण मैंने आज जाना है। मेरे समर्पण में त्रुटि थी, मेरे पतिव्रत में शल्य था। मेरे मन में चोरी थी, चलन में खोट थी! अब मैं तुम्हारे दान को लांछित नहीं करूँगी।"

"सुदर्शना! सुदर्शना!"

"देखो, बादल गरजता है। आसमान काला है। बिजली तड़कती है। मैं आज इसी काली दुनिया में चली जाऊँगी, आसमान ऊपर होगा, धरती नीचे। मेरा हृदय और उसके भीतर का पाप-पुण्य मेरे साथ। मेरे कलंक की छाया मुझ तक ही सिमटी रहेगी, मुझे ही डसे रहेगी, वह छूने को न बढ़ेगी।"

पति कुरसी से उठ आया, कुरसी की पुश्त पर रखे हुए पत्नी के हाथों पर अपने हाथ रखकर और उसकी आँखों में देखते हुए उसने कहा—

"सुदर्शना, मुझे बताओ क्या है ? इस तुम्हारे धड़कते हुए दिल को मैं समझना

चाहता हूँ, समझ नहीं सकता। मैं नहीं समझता, आत्मा। मैं नहीं समझता, धर्म। मैं नहीं समझता, सदाचरण। लेकिन मैं समझता हूँ, प्रेम। सुदर्शना मैं तुम्हें प्रेम करता हूँ। जानता हूँ, तुम मेरी समझ से बाहर रही हो। मुट्ठी की पकड़ में समाई नहीं। तुम मुझे सदा बचा ही गई हो। लेकिन सुदर्शना, मैं तुम्हें प्रेम करता हूँ। मैं शराबी हूँ, ठीक है। मैं ऐबी हूँ, ठीक है। मैं झूठा हूँ, ठीक है। लेकिन मैं तुम्हें प्रेम करता हूँ। सुदर्शना, तुम यह जानती हो। मैंने कभी पतिव्रत के बारे में पूछा है? मैंने क्या अपने में उसकी लियाकत पैदा की है? कुछ चाहूँ, इससे पहले मैं अपनी बिना देखे कैसे रहूँ? मुझे नहीं चाहिए कुछ सुदर्शना, बस तुम मुझे प्रेम की स्वीकृति भर दो। तुम देखोगी, मेरी शराब भाग जाती है, ऐब छूट जाते हैं, झूठ उड़ जाता है। सुदर्शना, मैं तुमसे कम बोला। तुमसे अलग-अलग रहा। क्योंकि मेरा मुँह न खुलता था। मुझे हिम्मत न होती थी। क्योंकि मैं जानता था—मैं खोटा हैं। लेकिन तुम छूटने या छोड़ने की बात करोगी तो खोटा दिल भी थोड़ा-बहुत तुम पर अपना दावा बताना चाहेगा, सुदर्शना। आज इस गरजते आसमान के नीचे खड़े होकर मैं कहता हूँ, तुम पर पतिपन का कोई दावा नहीं है। मेरे प्रेम का ही जो समझो दावा है। और यह प्रेम किसी तरह की कैफियत तुमसे नहीं माँगता। मैं असभ्य हूँ, व्यसनी हूँ, दुराचारी हूँ, मैं माने लेता हूँ, मैं हूँ। लेकिन तुम्हें मैं नहीं छोड़ सकता हूँ। तुम छोड़ना भी चाहो तो भी एक बार तुम्हारे हाथ जोर से पकड़कर मैं कहूँगा, मैं नहीं—मैं छोड़ सकता।"

सुदर्शना के आँसू एक-एक कर टपकने लगे। पति की भी वाणी भर्राकर रह गई थी और चश्मे के नीचे उसकी भी आँखें सजल हो आई थीं।

सुदर्शना ने कहा, "मेरे स्वामी, मुझे भरोसा है, सबकुछ अच्छा ही होगा। आपके प्रेम को मैं स्पर्श नहीं कर सकती, यह मेरा ही दुर्भाग्य है। मैं कैसे उसे छूने का साहस करूँ, जबकि मैं उसके प्रतिदान में चूकती हूँ। नहीं, ऐसा मैं नहीं कर सकूँगी। (ओले तड़-तड़ पड़े, दरवाजे के शीशों पर वे छर्रों से आकर लगे) स्वामी तुमने मुझे कब टोका है? (घुटनों बैठकर) मैं जानती हूँ, तुम्हारा प्रेम वह है, जो तुमसे अलग होती हूँ तब भी, मुझे नहीं रोकेगा। मैं— "

सुदर्शना ने पकड़ने के लिए पति के पैरों की ओर हाथ बढ़ाया, पति की आँखें सूनी थीं। पत्नी के हाथ की उँगली का स्पर्श उसके पैर को छुआ कि अतिशय विपन्न भाव से पति ने जोर से अपने पैर खींच लिये। वह तेज चाल से कमरे में चलने लगा। चलने लगा और चलने लगा। चलते-चलते अंत में एक अलमारी में से बोतल खींची, गिलास लिया और मेज के सामने बैठ गिलास-पर-गिलास पीने लगा।

सुदर्शना आँसू भरे नैनों से धीरे-धीरे उठी और कमरे से बाहर निकल गई।

7

अँधेरी रात है। बूँदें पड़ रही हैं। बादल घुमड़ रहे हैं। सब सुनसान है। बिजली अपनी चमक से अँधेरे को और घना करके छिप जाती है। और जयराज सिर पर छतरी ठहराए, कंबल ओढ़े, लंबे डग बढ़ाता हुआ चला जा रहा है। छतरी बेकाम हो चुकी है, फिर भी सिर पर है। कंबल पानी से भीगकर भारी हो रहा है। और जयराज चला जा रहा है। बस्ती के भीतर ही एक चौराहे पर बिजली की कौंध ने उसे दिखाया—कोई स्त्री भीगती हुई सड़क के किनारे खड़ी है। पास पहुँचकर जयराज ने कहा, "कौन हो, बाई ?"

तब तक घुप अँधेरा हो गया था। उस अँधेरे में से ही सुदर्शना ने कहा, "स्टेशन जाना चाहती हूँ। कौन सड़क जाती है ?"

जयराज नहीं पूछ सका, वह कौन, क्यों इस समय स्टेशन जाना चाह रही है। उसने कहा, "मैं स्टेशन ही जा रहा हूँ।"

इतना सुनते ही वह आगे बढ़ आई और जयराज के साथ हो ली।

उस समय एकाएक जयराज के मन में उदय हो आया कि ओले-पानी में, अँधेरे एकांत में, दुनिया को आराम में बंद और सोती छोड़कर उसका साथ पकड़, स्टेशन चलनेवाली यह नारी सुलोचना अथवा सुनयना अथवा सुवदना नहीं है। वह तो कोई विशेष विशिष्ट ही है, जो किसी की प्रतिनिधि नहीं है। मात्र स्वयं है। और वह भी भारत-राष्ट्र की सेवा में समर्पित अगण्य सेवकों में से एक नगण्य सेवक नहीं है, जो जयराज न होकर प्रियराज अथवा बलराज हो सकता है। नहीं, इस सहस्रों नर-नारियों की बस्ती के बीचोबीच निर्जन चौराहे पर, जिसकी ओर से जगत् बेखबर है और बंद है, इस झरते आसमान के नीचे और आप्लावित पृथ्वी के वक्ष पर, वह देश और राष्ट्र, सेवा और साधना, इस सबसे ऊँचा होकर विश्वात्मा के समक्ष इस अकेली नारी के बराबर, अत्यंत एक और अकेला, ठेठ और वास्तव जयराज होकर चल रहा है। वह सब ओर से मुक्त है, स्वयं है। इस अँधेरे के गर्भ में सब शंकाओं के बीच में सारवान, सब व्यर्थताओं के बीच में अव्यर्थ।

और सुदर्शना ? जयराज को जान लेने में उसने कब पल भर भी खोया है ?

जयराज ने कहा, "इधर छतरी के नीचे आ जाओ। बहुत पानी है।

सुदर्शना पास आकर सटी-सटी चलने लगी। 'कौन हो ?', 'क्या हो ?', 'क्यों ऐसी हालत में हो ?' ये प्रश्न भी कहने के लिए ऐसे समय एक-दूसरे के बीच हो सकते हैं, यह बात उन दोनों के मन किसी ओर से उठकर आई ही नहीं। मंडलाकार विश्व के बीच में, अँधेरे में ढके, अस्पष्ट राह पर एक छतरी के नीचे वे ही दोनों बराबर-बराबर जा रहे हैं। वे ही दो हैं। वे ही दोनों आपस में एक के लिए दूसरे हैं। चारों ओर का और सब साथ उनसे छूटा है।"

तीसरा कहीं भी कोई और नहीं है। इतना वे जानते हैं। यही उनके लिए बहुत है। यही उनके लिए बस है। यहाँ उन्हें और क्या इष्ट शेष है?

चलते-चलते जयराज ने कहा, "ओ! तुम तो सारी भीग रही हो। लो, यह कंबल ले लो।"

भीतर कमर से लिपटा कंबल खोलकर जयराज ने उसे ओढ़ा दिया। उस कंबल को ओढ़कर वह चुपचाप फिर साथ चलने लगी।

पानी थोड़ी ही देर में खूब पड़ गया था। जगह-जगह उसकी सतहें बिछी हुई थीं। सड़क पर छोटी-छोटी तलैया बन रही थीं। वे बिजली के प्रकाश में थोड़ा हँस लेतीं और फिर अँधेरा उन्हें ग्रस लेता।

सुदर्शना का पैर छप से एक तलैया में पड़ा। पानी उछलकर जयराज की टाँगों पर लगा। और सुदर्शना ने एक धीमी 'आयँ' की।

"क्या हुआ?" जयराज ने पूछा और वह चुप हो गया।

सुदर्शना चुप, पैर निकालकर जरा लँगड़ाती हुई, फिर आगे बढ़ चली।

"मोच आ गई?"

सुदर्शना चुप, आगे बढ़ती ही चलती रही। जयराज भी दोनों के सिरों पर छतरी सँभाले रखे चल रहा था। रुककर एकाएक उसने कहा, "पैरों में जूते भी नहीं हैं?"

उसने अकस्मात् बिजली के प्रकाश में देखा था कि पैरों की उँगलियाँ बारीक-बारीक और लंबी हैं तथा वे नंगी हैं। वे पैर नन्हे गोरे-गोरे हैं और चले नहीं हैं, यह भी अनायास उसे दिख गया।

सुदर्शना चुपचुपाती चलती ही गई। और देखा गया कि एकाएक जयराज की चाल में भी तेजी आ गई। उसने मानो पुरुष पड़ जाकर कहा, "जल्दी चलो, मुझे गाड़ी से जाना है।"

सुदर्शना तेज-तेज चलने लगी। उसका वह पैर लँगड़ा ही रहा था। किंतु उस ओर से हठात् वह मुँह मोड़कर जयराज तेज ही चलता रहा। कुछ देर में चाल में एकाएक मद्धम होकर उसने कहा, "ओह, तुम्हें मोच आई है! मुझे माफ करना!"

उसके बाद काफी दूर तक वे लोग निःशब्द, बंद, एक छतरी के नीचे सटे-ही-सटे चलते रहे। वर्षा धीमी होती दिखती थी। बादल फट रहे थे। जहाँ-तहाँ वायु के स्पर्श से राह के पेड़ों के पत्तों पर से कुछ टप-टप बूँदें टपकती थीं। जुगनू मुँह चमकाने लगे थे। रात सन्नाटा भर रही थी। अँधेरे में कम स्याही रह गई थी। और वे दोनों एक-दूसरे की साँस सुनते और मानो परस्पर अनपेक्ष्य चले जा रहे थे। स्टेशन के पास के सिग्नल की लाल-लाल आँखें दिख आईं। कहीं हरा-हरा भी कुछ दिखता था, मानो नींद के अँधेरे के पट पर टँके रंगीन सपने हों।

"कहाँ जाओगी ?"

चुप।

"मेरी गाड़ी साढ़े ग्यारह बजे चली जाती है।"

चुप।

"ओह, जाड़ा लग रहा है ? वह स्टेशन आ गया। आज बहुत जाड़ा है। कंबल ठीक से लपेट लो। (सुदर्शना के कंबल को हाथ लगाकर) ओह! यह भी खूब तर हो गया। खैर! स्टेशन पर देखें, आग-वाग कुछ मिलती है क्या ? कंबल भारी है ? देखो, यों नहीं, इस तरह ओढ़ो।" और उसे कंबल ठीक ओढ़ा दिया।

सुदर्शना सब ओर से छूटी, इस समूचे अँधेरे, सन्नाटे भरे शून्य के बीच में से निरुद्देश्य अनजानी राह पर, जिसके साथ चली जा रही है, उसी के प्रति वह अपने में शंका कहाँ से लाए? वह चली ही जा रही है, शब्दहीन, संदेहहीन, निर्व्याज और सम्यक् भाव से, जिसे करने को न प्रश्न की आवश्यकता है, न उत्तर की अपेक्षा है। जिसमें जिज्ञासा का अवकाश नहीं है। भवितव्यता के संबंध में किसी प्रकार की आशंका के लिए गुंजाइश नहीं है। संपूर्ण असंदिग्ध, निःकांक्ष्य और निश्शंक, वह चली ही जा रही है। कहाँ ?—नहीं जानती। क्यों ?—नहीं जानती। और जानने की इच्छा भी हो, इतना भर भी अभाव, इतना भी रिक्त उसमें नहीं है।

स्टेशन के पास पहुँचते-पहुँचते उसने कहा, "आपकी गाड़ी साढ़े ग्यारह बजे चली जाती है ?"

8

बारिश रुक गई थी और हवा भी थमी थी। तीसरे दर्जे के मुसाफिरखाने में एक-दो व्यक्ति गठरी हुए पड़े थे। दफ्तर में बाबू काउंटर पर माथा टेके ऊँघ रहा था। दफ्तर के बाहर एक बेंच पड़ी थी। भीतर तार की डमी गट्ट-गर-गर कर रही थी। बाबू का सिर हथेली पर टिका था और मुँह से लार सी निकल रही थी। वह कंबल में लिपटा था।

जयराज सुदर्शना को बेंच पर बैठा छोड़कर दफ्तर में आया। उसने कहा, "बाबूजी!"

बाबू सपना ले रहा था। उसने चौंककर आँखें खोलीं। मुँह की लार पोंछी। तभी उसने पिछले स्टेशन से गाड़ी के छूटने की घंटी सुनी। और तभी सुना, एक आदमी कह रहा है, "बाबूजी!"

उसने कहा, "क्या है ?"

जयराज ने कहा, "एक कंबल की जरूरत है। आप दे सकेंगे ?"

बाबू ने अँगड़ाई ली, घड़ी की ओर देखा, कंबल को उतारकर अलग रखा। कहा, "नहीं है, बाहर निकलो।"

जयराज ने कहा, "सर्दी ज्यादा है। अभी बारिश होकर चुकी है। कंबल आपको लौटा दिया जाएगा।"

नींद-जड़ी मुद्रा से बाबू ने कहा, "नहीं है, दफ्तर से बाहर जाओ।"

जयराज ने आगे बढ़कर कंबल उठा लिया। कहा, "कंबल तो यह है। तो आपका नहीं है? यह यहीं पहुँच जाएगा।" कहकर कंबल लेकर जयराज चुपचाप बाहर निकल गया।

सुदर्शना बेंच पर बैठी सामने देख रही थी। रेलें बिछी थीं और आपस में कटती-फटती जहाँ-तहाँ चली जा रही थीं। उन पर पानी की चमक ठहरी थी और स्टेशन के धुँधले प्रकाश में वहाँ कभी-कभी चाँदी की किरणें बिछी सी लगती थीं। सुदर्शना कंबल ओढ़े थी। भीतर के वस्त्र उसके भीगे थे। उसे सर्दी लग रही थी और रह-रहकर वह काँपती थी। ओढ़े हुए कंबल में से भी पानी पार हो गया था और वह बदन को ठंडा-ठंडा लगता था।

जयराज ने कहा, "कंबल भीगा है, उतार डालो। लाओ, मैं फैला दूँ।"

उसने कंबल को हाथ लगाया और सुदर्शना ने उसे झट उतारकर अलग कर दिया।

जयराज ने बेंच के पीछे उसे सुखा दिया और नया कंबल सुदर्शना के हाथ में देते हुए कहा, "लो, इसे ओढ़ लो। कुरता गीला है, लाओ मुझे दो, निचोड़कर सुखा दूँ।"

सुदर्शना ने सुना, कंबल हाथ में लिया और बराबर बेंच पर रख दिया, ओढ़ा नहीं।

जयराज ने एक-एक कर अपने सब कपड़े उतार दिए। वह सिर्फ धोती के ऊपर बनियान पहने हुए था।

सुदर्शना ने कंबल बराबर में रख दिया और यह नहीं कहा कि कंबल यह रखा है, तुम ओढ़ लो। और लटके हुए पैर बेंच पर लेकर गीली धोती के पल्ले को तान, दोनों हाथों के बीच अपना सिर लिये वह ऐसी बैठ गई, मानो अब कुछ देखना नहीं है, करना नहीं है। जयराज व्यस्त होकर उसके पास बेंच पर आ बैठा और कंबल खोलकर उसे ओढ़ाने लगा।

सुदर्शना मानो नींद में थी, उसे कुछ जैसे पता नहीं चल रहा था।

जयराज ने कहा, "कुरता उतार दो और जरा लेट जाओ, आराम कर लो।"

सुदर्शना मानो सुषुप्ति में सबकुछ करने लगी। वह कुरता भी उतार देगी, लेट भी जाएगी। उसने कुरता उतारकर अलग कर दिया और जैसे नींद की झोंक में वह झुकी पड़ने लगी। बीच ही में सँभाल लेकर जयराज ने कहा, "सुदर्शना, सुदर्शना! देखो गिर मत जाओ, ठीक से लेटो।"

और सुदर्शना उसकी गोद में ढुलक पड़ी।

जयराज न समझ सका कि क्या करे और वह अपनी गोद को यथावस्थित रखकर बेंच पर इस प्रकार बैठ गया कि अब तो मानो उसे उठना नहीं है। उसकी गोद में यों पड़ी हुई असहाया को किस प्रकार हटा देकर वह यहाँ से उठेगा? वह इस भाँति बैठ गया कि गोदवाली को कोई असुविधा न हो। सुदर्शना गोद में गिर पड़कर, कुलबुलाकर मानो वहाँ

अपना स्थान ठीक करने लगी। पैर और हाथ चलाकर उसने कंबल को ठीक-ठीक ऊपर ले लिया। कंबल इस भाँति कुछ जयराज के ऊपर भी आ गया। घोंसला सा बनाकर वहाँ फिर अपनी जगह को ठीक-ठीक करके उसकी गोद में जो चिड़िया चिपक सोई है, जयराज मानो थपका-थपकाकर उसे सुलाना चाहने लगा। उसने कहा, "सर्दी लगती है ?"

सुदर्शना उत्तर में गोद में कुछ कुलबुलाकर और सिमट गई।

जयराज अत्यंत उत्तिष्ठ होकर सामने देखता हुआ बैठा रहा।

उसके निर्वस्त्र गात पर कभी अत्यंत शीतल कोमल-स्पर्श, देह का स्पर्श होता था। वह देह मानो उसके गात पर अपने को छोड़ दे रही थी। ऐसे समय उसके शरीर में बिजली दौड़ जाती थी। तब वह जपता—राम, राम, राम, राम।

राम क्या है, उसने नहीं जाना। वह कभी नहीं जानेगा। पर राम के नाम के जप को वह ऐसा कातर बनकर, ऐसा प्रार्थी बनकर थामे रहता, मानो यही उसका अंतिम सहारा है। वह जल्दी-जल्दी कहता—राम, राम, राम, राम।

चिड़िया घोंसले में अब आराम से सोई पड़ी है। आराम से ? हाँ, आराम जब कम होता है, वह कुलबुलाकर करवट ठीक कर लेती है। उसकी धोती भीगी है सही, पर कंबल के नीचे उसे गरमी भी मिल रही है।

जयराज को लगता है, इस भटक गई हुई चिड़िया की छाती की धड़कन उसे सुन पड़ रही है। उसे मालूम होता है कि उसे चैन मिल रहा है। उसे मालूम होता है कि उसकी अपनी देह में भी गरमी आ रही है। मालूम होता है कि उसकी देह में उद्धतता भी चढ़ती आ रही है। कि···और जल्दी-जल्दी मन-मन में वह कर रहा है—राम, राम, राम, राम।

सुदर्शना ने 'अँह' किया, 'अँह' किया और इस बार जो उसने अपनी करवट ठीक की, तो दोनों बाँहें जयराज के इधर-उधर पड़ गईं और शरीर का उत्तर भाग जँघाओं पर आराम से टिक गया।

उस समय जयराज की साँस तेजी से आने-जाने लगी। वह सीधा उठकर भाग जाता। पर वह बाल भर भी हिला-डुला नहीं। उस शरीर के कोमल दबाव को और उस जीवित नारी-मांस-स्पंदन को, जो श्वास-प्रश्वास के साथ नीचे-ऊपर होता था, अपने ही शरीर पर सटा पाकर वह उस शरीर को निस्पंद, जड़, अचेतन बना देना चाहता था। पर वह जप रहा है—राम, राम, राम, राम।

इस जगती तल पर हे राम यह क्या है ? हे राम, राम, राम, राम।

इतने में प्लेटफॉर्म को हिलाती हुई गाड़ी स्टेशन पर आई और जयराज की आँखों के सामने ठहर गई। जयराज की गोद में पड़ी एक चिड़िया सुख की नींद सो रही है। वह अब क्या करे ? इस गाड़ी से तो उसे जाना है। रेलगाड़ियों की खिड़कियों से रोशनी आ रही है। रेलगाड़ी के उन कमरों में लोग सोए होंगे और सवेरा होगा कि वे अपने-अपने घर होंगे।

उसमें बारिश भी नहीं जाती है और हवा से बचने को खिड़कियाँ भी लगाई जा सकती हैं।

उसने मानो अपनी टाँग कुछ हिलाई। उसके मन में आया कि वह कुछ कदम आगे बढ़कर एक-दूसरे दरजे के डिब्बे में पहुँच सकता है। वहाँ बिछा गद्दा होगा, जो सूखा होगा। हाँ, यह बेचारी भी क्या दूसरे दर्जे की बेंच के गद्दे पर अधिक आराम नहीं पाएगी? कुछ मिनटों में फिर कहाँ रहेगा हरीपुर और कहाँ रहेगा स्टेशन। उसने मानो चाहा कि उसे जगा दे और कहे कि देखो, गाड़ी आ गई है, चलो, चलें। लेकिन मानो उसने सहसा ही अपने को सावधान कर लिया। वह स्थिर दृष्टि से गाड़ी को देखता रहा, जो उन दोनों को आराम भी दे सकती है और छुटकारा भी दे सकती है। वह रेल अभी चल देगी और बात की बात में हरीपुर से दूर हो जाएगी। उसने अपनी गोद में सोई हुई नारी को देखा। मानो पूछना चाहा, 'क्या तुमको सोना ही है? क्या मेरी गोद सदा इसी तरह बनी रहने को है? क्या तुम्हें कहीं आना-जाना नहीं है? गाड़ी आई है, उठो, खड़ी होओ।'

लेकिन वह चिड़िया आराम से साँस लेती हुई वहीं पड़ी रही।

जयराज ने अपने को कुछ समेटा सा। उसने जोर की आवाज देकर एक आदमी को पास बुलाया और उससे कहा, भाई बिलासपुर का एक टिकट ला सकते हो? यह उसने इस तरह कहा कि सुदर्शना को बिना सुनाई दिए न रहा। सुदर्शना इस पर गोद में कुलबुलाई और उठ बैठी। बैठकर झट ऊपर से कंबल उतारकर अलग करते हुए उसने कहा, "लो।"

जयराज ने कहा, "क्यों-क्यों?"

सुदर्शना ने उसी भाँति कंबल उसकी ओर को अलग थामे रहकर कहा, "लो, तुम जाओ।"

उस समय जयराज को कुछ भी नहीं सूझा। वह सुदर्शना को देखता रह गया। सुदर्शना की आँखों में न अभियोग था, न निराशा। वे आँखें कहती थीं कि वह कुछ नहीं है। और तुम जहाँ चाहो, चले जाओ। वह दुनिया में चाहे जैसे रह लेगी। तुम उसके लिए अपना एक पल भी क्यों खोओगे? निरुपाय? तो रह लूँगी निरुपाय। लेकिन तुम अवश्य ही चले जा सकते हो। वह अपनी फैली बाँहों में कंबल थामे अपनी इकहरी गीली धोती में बैठी है कि लो और जाओ और भगवान् तुम्हें सुखी रखे। मैं? मैं सब ठीक हूँ।

जयराज ने कहा, "क्यों, क्या बात है?"

सुदर्शना ने कहा, "इस गाड़ी से तुम्हें जाना है तो लो।"

जयराज ने कहा, "कोई बात नहीं। दूसरी से चला जाऊँगा।"

सुदर्शना कुछ क्षण तो उसे देखती रही। फिर कंबल खोला और उसे अपने ऊपर लेकर चुपचाप उस गोदी ही में लेट गई।

इतने में गाड़ी ने सीटी दी। वह सरकती जाने लगी। जयराज पराजित दृष्टि से जाती हुई गाड़ी को सामने देखने लगा। वह सामने से निकलती हुई चली गई। निकल जाने पर

उसकी जगह में समाकर अँधेरा फिर वैसा ही सुन्न खड़ा हो गया।

उस शून्य को भेदकर टिकने योग्य आधार पाने के यत्न में जयराज आँख गड़ाकर उस अँधेरे को देखने लगा। पर वहाँ कुछ न था। शून्य सूना था, गाड़ी निकल गई थी और सुदर्शना गोद में सोई थी। वह कहने लगा, "राम, राम, राम।"

गाड़ी के निकल जाते ही उसे बेहद सर्दी मालूम होने लगी। उसने हाथ मले, सीटी बजाई, सिर खुजलाया, फिर वह कंबल के नीचे लेटी हुई सुदर्शना के सिर को धीरे-धीरे थपकाने लगा।

सोई-सोई सुदर्शना ने भीतर ही से कूजकर कहा, "कंबल ओढ़ लो। सर्दी बहुत हो रही है।" और एक हाथ से उसने कंबल को ऊपर उठा दिया। जयराज ने भी कंबल को अपने कंधों तक ले लिया और उसके हाथ की उँगलियाँ कमर तक गईं और फैले हुए सुदर्शना के बालों में फिरने लगीं। उसकी उँगलियाँ अव्यवस्थित पड़े और ठंडे हो रहे बालों को सुलझाती और उलझाती सुदर्शना के सिर से कटि तक और कटि से सिर तक अलग गति से फिर रही थीं और वह वेगपूर्वक राम-राम जप रहा था।

सुदर्शना का शरीर उसके गात पर दबाव देकर चिपटता ही आया। तब उसने सुदर्शना के बालों में घूमते हुए हाथों को एकदम उठा लिया और वह सीधी निगाह से अँधेरे में देखने लगा। दुनिया से हटा और उसके विधि-निषेध से मुक्त, दो घड़ी रुककर वहाँ से चले जाने के लिए जब सब आँखों के अभाव में यहाँ वह स्टेशन की बेंच पर बैठा है, तब क्या है, जिसकी उसे आशंका हो ? क्या है, जिसे उसे रोकने की जरूरत हो ? क्यों नहीं निर्भय होकर सबकुछ के प्रति वह अपने को खोल देता है ? द्वंद्व काहे का ? 'न'-कार किसके प्रति ?

पर उसकी देह गरमा रही है। वह कह रहा है—"राम, राम, राम, राम।"

सुदर्शना क्या चाहती है ? लेकिन वह तो कुछ भी नहीं चाहती। वह सो रही है, क्योंकि यह सोने का समय है और उसकी आँखों में नींद है। वह गोद में सो रही है, क्योंकि यह गोद उसके और बेंच के बीच में आ गई है। एक-वस्त्रा होकर सो रही है, क्योंकि और कपड़ा भीगने पर सुखाने डालने के लिए उससे माँग लिया गया है। वह तो इस अँधेरे पहर में सोना ही चाहती है, क्योंकि यह सोने का समय है और उसकी आँखों में नींद है।

आज की रात में सबकुछ से छूटकर, आकाश और धरती के बीच में लिए वह अकेली बन गई है। वहीं, उसी खोखले अज्ञात से यह आदमी मिला है, जिसको इतना जानती है कि वह जयराज है। उसके ऊपर और नहीं उसे जानना मिला कि वह क्या है ? जयराज में उसको क्या निषिद्ध है ? विधि-निषेध, इस सबसे तो वह परे हट आई है। किसके लिए अब उसमें अपनापन है और किसी से बँधने और किसी ओर से हटने का विधान उसके लिए भी हो ? जब कुछ उसने अपने लिए अनिवार्य नहीं रखा है, तब निषिद्ध भी क्या उसके लिए हो सकता है ?

इसलिए चिपट-चिपटकर, कुलबुलाकर और करवटें ले-लेकर ठीक आराम की व्यवस्था बनाकर वह इस गोद में लेटी है। हम पूछें, क्यों बालक माँ की गोद के साथ अधिक-से-अधिक घनिष्ठ न हो? बालक के आराम पर कौन उँगली उठा सकता है? उसमें लज्जा कहाँ है, उल्लंघन कहाँ है, उस रस में मैल भी कहाँ है?

और सुदर्शना जयराज की गोद में लेटी है, क्योंकि दुनिया दखल देने को उपस्थित नहीं है और यह समय सोने का है। उसमें बाधा कहाँ है? अविश्वास कहाँ है? उसने चिंतापूर्वक कुलबुलाकर उस गोद में अपने अतिशय आराम का व्यवस्था कर ली है। उसने वहाँ तकिया भी बना लिया है, गद्दा भी पा लिया है और रजाई की गरमी भी उसने बना ली है। जग से टूटी, अतीत से परोक्ष, सब तरह के नातों के अभाव में वह निरी शावक, निरी चिड़िया बनी यहाँ आराम से सो रही है। कल क्या था—राम जाने। कल क्या होगा—नहीं हिसाब। अगले मिनट क्या हो जाएगा—नहीं प्रतीक्षा। कैफियत उसे कहीं भी पहुँचानी नहीं है। वह अतीत से दबी नहीं है, वर्तमान से शंकित नहीं है, भविष्य से प्रार्थी नहीं है।

जो है; वह उसी में संपूर्ण है, उसी में उपलब्ध है। वह आराम से सो रही है। और यह समय सोने का है।

उसने कूजकर पूछा, "तुम्हें नींद नहीं आ रही है?"

जयराज ने अँधेरे में आँख फाड़कर देखने की कोशिश से हैरान होकर, इस मानो अपने ही भीतर से आते हुए प्रश्न को सुना। जैसे दूर से, फिर भी बिल्कुल पास से कहीं कोई पूछ रहा है, 'तुम्हें नींद नहीं आ रही है?' उस समय मानो अपने से झगड़कर उसने उत्तर फेंका, 'नहीं, बिल्कुल नहीं।'

किसी ने फिर कूजा, 'रात बहुत हो गई है।'

जयराज ने जैसे आगे बढ़ती आती हुई चुनौती को ललकार के साथ स्वीकार किया हो। कहा, 'हाँ, रात बहुत हो गई है।'

इन शब्दों की ध्वनि के भीतर भरे अप्रेम और पौरुषता ने मानो सुदर्शना के भीतर पहुँचकर चैन से कूज उठे उसके जी को ठोकर दी। वह उठकर बैठ गई।

"क्यों, क्यों?"

बोली, "मैं बैठ जाती हूँ। तुम लेट लो।"

जयराज ने सुदर्शना को देखा। उन आँखों में न अभियोग था, न निराशा। उसमें कुछ भी माँग न थी, स्निग्ध स्वीकृति ही थी। किंतु जयराज फिर भी अपने आप एक व्यर्थता के बोध से घबरा सा गया। यह नारी उससे कहे, "मैं बैठती हूँ, तुम लेट जाओ?" उसने रूखे पड़कर कहा, "नहीं, मुझे नींद नहीं है।"

सुदर्शना ने थोड़ी देर बाद धीमे से पूछा, "क्या बजा होगा?"

"साढ़े बारह तो हो गया होगा।"

"बहुत सर्दी है।"

"हाँ, बहुत सर्दी है।"

कुछ देर हो गई और दोनों चुप रहे। तदनंतर सुदर्शना धीमे स्वर से बोली, "तुम लेट जाओ, मैं कहती हूँ।"

मानो सुदर्शना के भीतर की माता ने यह कहा।

इस निर्व्याज भाव से प्रकट हुई सुदर्शना की सत्-चिंता ने जयराज के व्यर्थ भाव से कठोर हो रहे चित्त को हलके से छू दिया। जयराज के भीतर का तनाव मानो एक साथ ही ढीला हो गया। उसने बिल्कुल ही बदल गई वाणी से कहा, "नहीं, नहीं।"

सुदर्शना कहना चाहती थी कि खाली बेंच पर मैं आराम से सो जाऊँगी, तुम मेरी फिकर न करो। लेकिन 'नहीं, नहीं।' स्निग्ध वाणी के प्रति वह ऐसी कृतज्ञ हो उठी कि उसके मुँह से यह बात निकल ही न सकी।

उस समय दोनों के भीतर यह एक ही उदय हो आया कि उन दोनों के बीच में किसी प्रश्न और उत्तर की अपेक्षा नहीं है। इन दोनों में किसी परिचयापेक्षा का भी व्यवधान नहीं है। दोनों जैसे काल के आदि से चिर-परिचित हैं, चिर अभिन्न हैं। कि दोनों के बीच की वाणी मौन है और शब्द झमेला हैं। शब्द मात्र अपने आवरण के लिए हैं। जब अपना सामना करते कठिनता होती है, जब यत्नपूर्वक अपने प्रति विमुखता अपनानी होती है, तब बीच में मानो अंतर डालने के लिए वह भाषा और ये शब्द हैं। और ये दोनों तो मानो वहाँ पहुँचकर परस्पर प्राप्त हैं, जहाँ शब्द मौन में ऐसा खोया है, जैसे बूँद सागर में।

सुदर्शना कृतज्ञता में विभोर हो गई और एक क्षण भी बैठी न रहकर फिर जयराज की गोद में उसी भाँति गिर गई और उसी मिनट सो गई।

उस समय जयराज के आग्रहग्रस्त पौरुष में हठात् स्निग्धता आ गई और उसने प्रतीति पाई कि सुदर्शना ऐसी अछूत नहीं है, ऐसी भूत नहीं है कि राम नाम के जप से उसकी छूत भगानी ही हो। उसके भीतर के तने हुए बंधन शिथिल हो आए और स्नेह-स्निग्ध उसने सुदर्शना के सिर को थपकते हुए कहा, "सुदर्शना, तुम क्या सोचती थीं कि मैं तुम्हें याद करता रहूँगा?"

सुदर्शना ने कहा, "हमें नींद आ रही है।"

यह सुनकर जयराज के मानस तथा शरीर के स्नायुओं का उत्तेजन एकदम अनावश्यक होने लगा। तब उत्तरोत्तर स्वस्थ और अनुद्विग्न और अकुंठित भाव से सुदर्शना को गोद में लिये रहकर उसके बालों में अपने हाथ फेरता रहा।

सुदर्शना ने थोड़ी देर में कहा, "सोते नहीं हो?"

जयराज ने उसका सिर थपकाकर कहा, "नहीं, मुझे नींद नहीं आ रही है।"

कुछ देर बाद उसने भी पूछा, "सुदर्शना, तुम सोती हो?"

सुदर्शना ने मानो आधी नींद में कहा, "हमें जी नींद आ रही है।"

सुदर्शना के सिर और गाल पर धीरे-धीरे थपककर जयराज ने कहा, "अच्छा, तुम सोओ—कंबल ठीक ओढ़ लो। सुदर्शना, मैं अभी सोचता था, मैं तुमसे कहूँ कि आओ, यह रात हम जागे-जागे काट दें। आओ, हम बातें करें कि रात सवेरे से मिल जाए, लेकिन तुम सोओ। मैं स्वार्थी नहीं बनूँगा।"

सुदर्शना ने कुनमुनाकर कहा, "हमें जी नींद आ रही है।"

"हाँ-हाँ, तुम सोओ।"

जयराज कहने लगा, "मैं नहीं जानता था सुदर्शना कि मुझमें तुम अभी हो और तुमसे इस तरह मिलकर अपने भीतरवाली तुमको मुझे पा लेना है। और इस तरह तुम्हारे द्वारा ही मैं अपने को ज्यादा पाऊँगा, मैं नहीं जानता था। अकेला चलता रहा। आशा हार-हार रहती थी और जीवन रेगिस्तान लगता था। लोक फिर-फिर कर मैं राष्ट्र के नाम को पकड़ लेता रहा और चला चलता रहा। मैं चलता ही चला आ रहा हूँ। मैंने पीछे की तरफ नहीं देखा, आगे राष्ट्र को रखकर वहीं पाँख गाड़ मैं भागता रहा। जी हारता और मैं आँख मीच लेता। मैं कहता, 'राष्ट्रदेवो भव।' कोई हिम्मत देनेवाला न था, न कोई ढाढ़स बँधाता था। कोई न था, जिसमें अपने को बाँट लेता; कोई न था, जो कहता, चले चलो, मैं भी हूँ। सब थे, जो कहते थे, आइए, व्याख्यान दे जाइए। कोई न था, जो कहे, आओ पानी पी लो। चला चलूँ, यह सबको अभीष्ट था। चलने का सामर्थ्य और हौंस देनेवाला कोई न था। लेकिन यह झूठ था। अपनी पीठ की तरफ कैसे कोई भाग सकता है। लेकिन मैं यही करता रहा। अपने से मुँह मोड़कर पाखंड करता रहा। अपने को इनकार करने से क्या चलेगा, सुदर्शना!"

करवट बदलते हुए सुदर्शना ने कहा, "हमें जी नींद आ रही है।"

"हाँ! सोओ, सोओ, सुदर्शना। मुझे माफ करो।" और वह आग्रहपूर्वक चुप हो गया।

उसने देखा कि आधी रात बीत गई है। बादल उड़ गए हैं, तारे आँख खोल-मींचकर दुनिया को देख रहे हैं।

उसने कहा, "सुदर्शना सोती हो?"

नींद में सुदर्शना कुनमुनाई, "उँ-उँ-उँ!"

"सुदर्शना, मैं राष्ट्र के लिए जिया। लेकिन जीवन-रस तो मुझमें से चुकता ही गया। कहाँ से विसर्जित करने के लिए प्राण पाता रहा, मैं नहीं जानता था। लेकिन अब तो जानता हूँ। सुदर्शना, तुम युग-युग जियो। जहाँ रहो, सुख से रहो। हम क्या उस स्रोत को जानते हैं, जहाँ से हमें जीवन-रस मिलता है? लेकिन वहाँ स्नेह है, यज्ञ है। अब मैं देखता हूँ, मैं कभी अकेला न था। सदा ही अमृत से रक्षित मैं चलता रहा। सुदर्शना, तुम सोती हो?"

सुदर्शना जैसे गाढ़ी नींद में कुनमुनाई—"उँ-उँ-उँ!"

"सोओ, सुदर्शना सोओ।" जयराज ने उसके गालों पर थपकते हुए कहा, "जहाँ

रहो, सुख की नींद सोओ। एक रोज मिट्टी की गोद भी होगी। लेकिन में कहता हूँ, वहाँ भी तुम सुखी रहोगी। मैं अनंत जीवन नहीं मानता, न अनंत प्राण मानता हूँ। लेकिन मेरे लिए तो प्रणय का क्षण भी अनंत है। सत्य जीवन का क्षण भी शाश्वत है। क्या पति को छोड़कर यहाँ आ गई हो? किंतु स्नेहमयी के लिए भगवान् कहाँ नहीं है? और उसके लिए वर्ण्य क्या है? नियम कहाँ है? मैं आज जानता हूँ, यज्ञाहुत स्नेह सदा विजयी होता है। वह बंधन तोड़ता है, क्योंकि वह मुक्तिदाता है। वह कभी असंयत नहीं है। क्योंकि सदैव वह निर्बंध है, निर्बाध है।…"

सुदर्शना ने बेचैन एक करवट ली।

"सुदर्शना, सोओ, सोओ। मैंने अपने स्नेह को अस्वीकार करना न चाहा। मैंने उसे इनकार कर नष्ट कर देना चाहा। आज तुमने मुझे सीख दी कि यह सब वृथा था। मेरा अहंकार था। इस अहंकार में मुझसे यज्ञ क्या बनता? राष्ट्रसेवा क्या बनती? आज मैंने जाना, स्नेह अंगीकार के लिए है, अस्वीकरण के लिए नहीं। सुदर्शना सोओ, सोओ।"

फिर उसने तारों की ओर देखा। ये तारे सैकड़ों बार उसने देखे हैं। आज जैसे वे तारे उसके बिल्कुल अपने ही हो गए हैं। उनमें से एक-एक को मानो 'तुम' संबोधन से पुकारकर पूछना चाहता है, 'जय रामजी की भाई, कहो, तुम हँस रहे हो, अच्छे तो हो।'

उसने कहा, "सुदर्शना, सोती हो?"

सुदर्शना कुलबुलाई और अपने दोनों ओर से कंबल समेटकर सटा लेने के लिए वह उठना सा चाहने लगी।

"क्या है, क्या है?"

"अहँ, इधर जाने कहाँ से हवा ठंडी-ठंडी लगती है?"

जहाँ बताया गया, उधर से जयराज ने टटोलकर देखा। टाँगों के पास की धोती बहुत गीली थी और वहाँ के बेंच में की दराजों से हवा आकर बेहद सर्द लगती थी। बोला, "ओहो, धोती तो बेहद भीगी है!"

ऊपर अनवगुंठित तारे खिले थे। काला व्योम तना था और नीचे धरती स्थिर और नग्न, तारों की आँखों के नीचे खुली और मग्न बिछी पड़ी थी। इस महाव्योम के तले स्त्री क्या है? पुरुष क्या है? आवरण क्या है? और निरावरणता भी क्या है? वे सब एकदम कुछ नहीं हैं। मात्र सुदर्शना और जयराज हैं। इस बोध के अतिरिक्त किसी भी और तुच्छता के लिए वहाँ अवकाश न था।

उसने कहा, "सुदर्शना, धोती उतार डालो। सूखे हिस्से की तह करके मैं नीचे-नीचे बिछाए देता हूँ, तब सो जाना।" यह कहकर वह अपेक्षा करने लगा कि धोती उसे मिले और वह तह करके उसे बिछा दे।

सुदर्शना ने उठकर उसकी ओर देखा—

निकट था कि जयराज को अपने शब्दों में कुछ अनौचित्य का भान हो आए कि तभी सुदर्शना ने मानो झींककर धोती अलग करते हुए कहा, "हमें नींद आ रही है, हाँ तो।"

जयराज ने तुरंत उठकर धोती की तह कर दी और सूखे हिस्से को ऊपर रखकर बिछाते हुए कहा, "लो, अब लेट जाओ।"

कहकर वह चलने लगा। सुदर्शना ने अपने को सर्दी से अच्छी तरह ढकते हुए पूछा, "तुम कहाँ जाते हो?"

"मैं जरा वक्त देख आऊँ। अभी आया।"

"नहीं।"

"अभी आया। मैं अभी आया।"

"नहीं, नहीं।"

जयराज आकर बेंच पर सुदर्शना के पास बैठ गया। तब सुदर्शना अनायास उसकी गोद में ढुलक गिरी। जयराज ने अत्यंत निराविष्ट भाव और हलके चित्त से हँसकर कहा, "क्यों जी, तुम्हें यह ख्याल नहीं होता कि मैं बैठे-बैठे थक भी सकता हूँ?"

सुदर्शना ने करवट बदलते हुए किया, 'ऊँ-ऊँ-ऊँ-ऊँ।'

इस कुनमुन-कुनमुन कूजती हुई जयराज की गोद में पड़ी हुई चिड़िया को क्या यह मालूम है कि यह स्टेशन है, स्टेशन का प्लेटफॉर्म है, प्लेटफॉर्म की बेंच है और यह कि न वह चार साल की बच्ची है और न चोंच और पर वाली चिड़िया ही है? क्या उसे मालूम है कि यह स्टेशन, यह प्लेटफॉर्म, यह बेंच और यह जयराज उसी दुनिया के अंतर्गत हैं, जहाँ विधि-निषेध का असद्भाव नहीं है और जहाँ उचित-अनुचित भी है, हया-शर्म भी है। पर हमें नहीं मालूम। इतना हम जानते हैं कि धोती के बिछ जाने से सर्दी सचमुच रुक गई है और कूजती तथा कुनमुनाती बड़े सुख से गोदी में सोई है।

अरे ओ, ढके-ढके मानव, जो दूसरे की आँख से अपने को ढकता है। सूरज की धूप से अपने को ढकता है; हवा के स्पर्श से अपने को ढकता है; सच की जोत से अपने को ढकता है; अरे क्यों, कपड़ों से लदा-लदा ही क्या तू सभ्य है? कपड़ों को उतारने के साथ-साथ क्या तेरी सभ्यता, तेरी संभावना तिरोहित हो जाएगी? क्यों रे, लदे-ढके मानव?

लेकिन सुदर्शना गीली धोती को अलग करके कुनमुन-कुलबुल करती हुई जयराज की गोद में पड़ी है। और जयराज अपने हाथ के स्पर्श से उसे गरमी दे रहा है।

जयराज ने कहा, "सुदर्शना सोती हो?"

सुदर्शना ने किया, "ऊँ-ऊँ-ऊँ-ऊँ।"

"मेरी गाड़ी चार बजे और जाती है।"

"ऊँ ऊँ-ऊँ।"

"दो बज गया होगा!"

फिर वही, 'ऊँ ऊँ ऊँ।'

"सुदर्शना, अब तुम क्या करोगी?"

सुदर्शना के गाल पर, कुछ रीझ में और कुछ खीझ में, थपकते हुए जयराज ने कहा, "अच्छा, सोओ सुदर्शना। मत ही सुनो और सोती ही रहो।"

और तारे, उज्ज्वल, अगणित, बुंदियों से तारे, काले व्योम पर खिले टँके थे। और धरती अनावृतवक्षा, प्रमदा की नाईं प्रतीक्षा में थकी उनके नीचे चुप सोई थी।

□

सवेरा होने लगा। पक्षी चहचहा आए। तारे खो गए। उस समय सुदर्शना जागकर उठी। जयराज बेंच की पीठ पर सिर टेके ऊँघ रहा था। प्लेटफॉर्म सुनसान था। उसने धोती उठाकर पहन ली, कुरता पहन लिया, फैले हुए कंबलों को तहाकर बेंच पर रख दिया। उसके मन में न अभाव था, न अभियोग। जैसे अब उसे कुछ पाना शेष न था। सवेरा उसे प्यारा लग रहा था और उसके मन में पूर्णता उमगी आ रही थी। किसी के प्रति उसमें धिक्कार को लेश न था। उसने सोते हुए जयराज को देखा। जिसकी गोद में अभी वह शावक की भाँति पड़ी थी, उसी के लिए उसके हृदय में एक मातृत्व का सा भाव हिलोर ले आया। वह सोचने लगी कि क्या मैं अपनी गोद में तकिया देकर कंबल ओढ़ाकर इस बेचारे को नहीं सुला सकती? किंतु इसमें इसकी नींद भंग हो जाएगी।

वह इस रात के गर्भ में से फटते-उठते प्रभात को देखने लगी। उसके मन में का सब संशय भाग गया। अभाव विलय हो गया। अशेष प्रश्न, उसका जी मानो चारों दिशाओं को एक साथ अभिवादन देना चाहता है। सब ओर से प्रीति, सब ओर मंगल है। इस प्रभातकालीन उषा के प्रकाश में उसने जयराज को देखा। कौन उसके लिए आज वर्जित है, कौन उसके लिए निषिद्ध है। किसके साथ पार्थक्य उसके लिए अनिवार्य है। 'अरे, कोई नहीं, कोई नहीं।' उसका हृदय मानो चारों दिशाओं में आलिंगन प्रसार करता हुआ आह्वान का गाना गा उठा। मानो बाँहें फैलाकर उषा से, वनस्पति से, आकाश से, सबसे वह चाहने लगी, 'मुझे लेओ, मुझे लेओ। मैं अस्वीकृति नहीं दूँगी, अस्वीकृति नहीं लूँगी। सब मुझमें आ जाओ और सब मुझे लेओ, मुझे लेओ।"

उसका मन स्वच्छता से भरता ही गया। उसे सामने मानो सबकुछ सद्यःस्नात, ताजा, प्रस्तुत प्रतीत होने लगा। प्लेटफॉर्म के किनारे जाकर समानांतर बनी प्रतिकूल दिशाओं में मानो अनंत दूर जाती हुई, उन लोहे की रेलों को वह देखने लगी, मानो इनमें भी वह चिर-रहस्य और उसका वह चिर-रहस्याधिप अनुपस्थित नहीं है। इसमें भी वह रम-रम रहा है।

जयराज की आँखें खुलीं। उसने देखा, गोद खाली है और उसके पास दो कंबल तह हुए रखे हैं। एक उसके कंधों पर ओढ़ाया हुआ है। उसने देखा, तड़का काफी फूट चुका है। उसे ख्याल हुआ—उसकी चार बजे की गाड़ी! वह झपटकर उठा, कुरते को बाँह में

डाला और देखा—एक ओर, दूर सुदर्शना प्लेटफॉर्म के पास खड़ी है। उसने निकट जाकर कहा, "सुदर्शना!"

सुदर्शना ईषतस्मित से मुस्कराई, "तुम उठ गए! देखो, कैसा सुहावना है!" और उसने प्राची की लालिमा की ओर संकेत किया।

जयराज ने कहा, "सुदर्शना!"

सुदर्शना ने कहा, "कंबल मैं रख आई थी।"

जयराज ने कहा, "सुदर्शना!"

वह पूछना चाहता है कि सुदर्शना अब?

किंतु सुदर्शना के भीतर सब प्रश्न शांत हो गए हैं। उसने कहा, "कंबल वहाँ रखे हैं न?"

जयराज चुप।

सुदर्शना जयराज की वाग्बद्धता को अन्यथा नहीं समझ सकी। किंतु स्नेह तो यज्ञ है। इसमें मेरा-तेरा कहाँ है? इससे स्नेह को लेकर समाज में उलझन कैसे पैदा की जा सकती है? उसने कहा, "जयराज, मुझे कुछ आज्ञा देना चाहते हो?"

जयराज इतना ही कह सका, "सुदर्शना!" और चुप रह गया।

सुदर्शना ने कहा, "मैं जानती हूँ, तुममें मेरे लिए अपेक्षा नहीं है। जयराज, यही अनपेक्षता सबकुछ है। मैं अब जाती हूँ।"

"कहाँ?"

"जाती हूँ।"

अब जयराज क्या पूछे कि कहाँ?

"मेरा प्रणाम लो जयराज और मेरे आशीर्वाद लो। क्योंकि एक बात मैं तुम्हें बताती हूँ। मैं इसी वर्ष माता हो जाऊँगी। प्रभु तुम्हें सदा सुखी रखें?"

जयराज ने पुकारा, "सुदर्शना!"

सुदर्शना नहीं ठिठकी, सो नहीं। पर जयराज के चरण छूकर प्रस्थानोद्यत उसने कहा, "मैं जाती हूँ।"

जयराज ने पाया, वह कह रहा है, "जाओ···" क्योंकि वह और कुछ भी नहीं कह सकता है।

और वह जयराज के सामने-सामने पीठ मोड़कर प्लेटफॉर्म के किनारे-किनारे फूटती उषा की ओर बढ़ती चली गई, बढ़ती चली गई।

जयराज देखता रहा, देखता रहा। फिर लौट आया।

□

जनता में

जनता एक्सप्रेस, जिसमें तीसरा ही दर्जा है। अप्रैल का महीना है, तीसरे पहर का समय। गाड़ी भरी जा रही है। छत पर लोग हैं और दरवाजे के बाहर भी लटके हुए हैं। हैंडिल उखड़े तो बीसियों जान से जाएँ। और सुनते हैं, ऐसा हुआ भी है। लेकिन जिंदगी का बहाव है, जो मौत से रुकना नहीं जानता। लोग जा रहे हैं, क्योंकि जाना जरूरी है; पिच रहे हैं, मर रहे हैं, फिर भी जा रहे हैं। क्योंकि कुंभ है और जाना आवश्यक है कि जिससे मौत पुण्य में हो।

लीजिए, स्टेशन आनेवाला है। लोग तैयार हो बैठे। डिब्बा बस अब एक था। बलिष्ठ खिड़कियों पर तैनात हो गए। जिधर प्लेटफॉर्म को आना था, उधर योद्धा जमे, शेष दूसरी तरफ आ बैठे।

गाड़ी धीमी हुई और एक दुर्भाग्य का पता चला। वह यह कि चार मुसाफिर उस स्टेशन पर उतरने वाले हैं। कमबख्तों को वहीं उतरना था। खैर, फैसला हुआ कि दरवाजा न खुलेगा। इन्हें खिड़कियों की राह ही बाहर किया जाएगा और पीछे-पीछे उनकी गठरी-पोटरियों को भी फेंक दिया जाएगा।

गाड़ी का रुकना था कि कुछ पता न चला कि क्या हो रहा है। हो-हल्ला वह कि क्या पूछिए। जहाँ-तहाँ चटाख-पटख और उठा-पटक। योद्धा मोर्चे पर थे। लेकिन नीचे प्लेटफॉर्म पर कम विकट भट न थे। इधर खिड़की से उठाकर एक बुड्ढे देहाती को नीचे सरकाने का प्रयत्न शुरू होता ही था कि देखते-देखते एक आकार दैत्य सा बृहत् खिड़का में से तीर के मानिंद टूटकर हमारे सामने सीधा आन खड़ा हुआ है। लगा कि सिरा और सामानों के ऊपर से यह विराटता खिड़की की क्षुद्रता में से किस जादू-मंतर के जोर से यहाँ आविर्भूत हो पड़ी है—यह समझें-समझें कि उसने पराक्रम दिखाना शुरू कर दिया। कितना विकराल और अद्‌भुत वह पराक्रम! कैसे वह सबके अवरोधों और प्रतिरोधों को सर्वथा व्यर्थ करके खिड़की के छिद्र में से एक-एक कर अनगिनत बोरे, कनस्तर, ट्रंक खींचकर बाहर से अंदर करने लगा था। अवकाश अपने में जाने अनंत होता है क्या? सामान आता गया और समाता

गया। देखते-देखते एक अंबार खड़ा हो गया। डिब्बे के आदमी अब अपनी जान की खैर में जहाँ-तहाँ बचने और सिमटने लगे। वह महाशय प्राणी, धीर और शांत, अपना कार्य किए जा रहा था। महाप्राण पुरुषों भाँति हिंसा-अहिंसा जैसे निष्फल विचार से वह उत्तीर्ण था। चारों ओर से पड़ती हुई गालियों और चोटों के प्रति धीर और उदात्त, मौन और एकांत बस वह सामान खींचे जा रहा था। गठरी-पोटलियों के बाद देखते हैं, एक नई प्रकार की सामग्री ने आना शुरू किया है। इस खिड़की से दूसरी तरफ की खिड़की की खबर लें, ऐसी लंबी-लंबी लकड़ी की पाटियाँ देखते हैं, सब प्रतिरोधों को बेधती हुई चली-ही-चली आ रही हैं। एक, दो, तीन, चार...छह। मालूम हुआ छह खाटें मय साज-सामान साथ चल रही हैं। बिना खाट के सफर आप ही बताइए, आरामदेह कैसे हो सकता है?

इंजन ने सीटी दी। चलो, अब गाड़ी चलेगी। लोगों की साँस में साँस आई। उसी क्षण, उसी खिड़की की अभिसंधि में से इनसानियत के कुछ आला नमूनों ने आना शुरू किया। यह एक, वह दो, लीजिए ये तीन। यों नौ अदद इनसान आकर डिब्बे में एकदम मौजद हो गए। प्लेटफॉर्म से क्योंकर उचकते थे कि पैरमय और सिर से समतल होकर चपटी खंजर की नोक मानिंद तीर की तेजी से आएँ और आकर अंदर सरकंडे से सीधे खड़े हो जाएँ। सच मानिए, इस हिकमत को योगाभ्यास की चरम सिद्धि से किसी तरह कम मानने की हिम्मत नहीं होती

रेल सरकी। नौ और एक दस। वे दस एक तरफ और बाकी डिब्बा एक तरफ। अब जो दृश्य उपस्थित हुआ है, वर्णन में नहीं आ सकता। सामान हटा, आदमी हटे और उन दसों के लिए और खाट आदि को लेकर जिंदगी के सब सामान के लिए जगह निकली। असबाब भी बैठा, आदमी भी बैठे। चलिए शांति हुई। कुल हंगामे के बाद योगफल निकला तो यह निकला कि चार उतरे और दस आए और छह से हमारी जनसंख्या बढ़ी।

पर प्रश्न संख्या का नहीं है। प्रश्न गुण का है। गुण हजार से बढ़कर एक हो सकता है। और ये दस एक से बढ़कर एक थे। कौन थे? और क्या थे? अनुमान से जानना मुश्किल होता है। कपड़े के नाम पर आठ तो उसमें काफी अपरिग्रही थे। कंधों पर बंडी के नाम पर कुछ था और चीकट-चिथड़े से यथावश्यक अपनी कमर लपेटे थे। पर दोनों के बदन पर था नफीस चुन्नट किया तंजेब का कुरता, अंदर जाली की बनियान, मखमली काली किनारे की घुटनों तक बँधी धोती, सिर घोट और आँखों में सुरमा। शनैः-शनैः आविष्कृत हुआ कि जगह का हद नहीं है, क्योंकि वह बाहर नहीं दिल में होती है। यह भी कि गाली-गलौज सामयिक स्वार्थ भाषा है, सहज भाषा समझौता है। जगह हो गई है, गालियाँ थम गई हैं और यह प्रचार की ठेठ अकिंचन मनुष्यता भी डिब्बे के कुटुंब का भाग बन गई है।

एक-दो स्टेशन जा न पाए थे कि उनकी ताश की चौकड़ी जम गई। बाकी सुलफे

की चिलम घुमाने लगे और आपस में चिकोटियाँ काट तरह-तरह की आवाजें पैदा करके अपना मनोविनोद करने लगे। जिंदगी का ज्वार किनारे के अभाव में वहीं तरफ-तरफ से उनमें से राह बनाकर फूटा आ रहा था।

उनके उभरे हुए पुट्ठे, कइयों के टूटे और फूले हुए कान, मैले तन पर पर मैला लिबास, उस्तरे से साफ उघड़ी टाँगें, आँखों में सुरमा और गले में ताबीज—जी नहीं, सब मिलाकर मुझको कुछ अच्छा नहीं लग रहा था। तीसरा दर्जा एक अनुभव है। अनुभव मुझे प्रिय है। लोग म्यूजियम बनाते हैं। बेजान म्यूजियम से यह जो जानदार म्यूजियम है तीसरा दरजा, क्या ज्यादा कीमती नहीं है? यहाँ ज्ञान ज्यादा है, वैचित्र्य ज्यादा है। अनुभूति पास हो तो उसका सामान ज्यादा है। लेकिन अच्छाई भी शायद बुरी हो सकती है। मेरा मन अप्रिय विचारों का शिकार हो रहा था। वे जिनके बदन से अधिक वाणी उघड़ी थी, जिन्हें लिहाज नहीं, लज्जा नहीं।···और मैं अपने कोने में सिमटा अंग्रेजी किताबों में तरह-तरह के सभ्य विचार खींचकर अपनी अरुचि पर चढ़ाने लगा। मुझे खीज हुई, क्षोभ हुआ।

सोचा, गांधीजी का तीसरे दर्जे में चलना एकदम सही नहीं था। वह ड्रामा था, आदर्श नहीं था। जी हाँ, आदर्श किसी तरह नहीं हो सकता। आदमी को चढ़ना है, न कि उतरना।

सोचा, क्या इन जैसों को समकक्ष मानना होगा, इनके समकक्ष? अहँ, सब थोथा ड्रामावाद है। यह आदर्शवाद भी तो नहीं है। मुझे इस फेर से निकलना चाहिए। पैसा? पैसा सवाल नहीं है।

कमखर्ची गुण नहीं है। कमखर्ची उनके लिए है, जिनके पास खर्चने को पैसे नहीं हैं। पैसे हैं तो तीसरे दर्जे में बैठना गुनाह है।

पुस्तक में विराजमान रसेल महोदय की सुधि हुई। केंद्रित शासन व्यक्ति की सर्जनात्मक उद्भावना को मंद करने का कारण होता है।

यह ठीक है। संस्कति उस उद्भावना का परिणाम है, ठीक है। प्रतिभा और शासन का विरोध है, ठीक है। मैंने अनुभव किया कि डिब्बे में चाहे असभ्यता हो, मेरे हाथ की इस पुस्तक में सभ्यता एकदम सही बनकर बैठी हुई है।

"बाबूजी, बाबूजी!" देखा, सामने की बेंच के मारवाड़ी भाई पानी चाहते हैं। रसेल को औंधा करके अलग रखा। लालाजी के हाथ से लोटा लिया और सुराही से उसमें पानी डालकर पेश किया।

बालक माँ की गोद में था। कोई वर्ष भर का होगा। बड़ी विस्मित आँखें। हरी और खुली मुद्रा।

लाला साहब ने लोटा ही उसके मुँह से लगाया। पर वहाँ से मुँह हटाकर बालक ने कहा, "ब्बो।"

"पी ले! पीता क्यों नहीं?"

बालक ने सिर हिलाया, हाथ फैलाया और कहा, "ब्बो!"

"क्या लेगा?"

"ब्बो!"

बालक की उँगली के इशारे से मैं अपना दोष समझ गया। मेरी डलिया में बैठी कुछ हरी ककड़ियाँ अवगुंठन में से झाँक करके बालक को निमंत्रण देने लग गई थीं। उसी त्रुटि की ओर उस बालक का ध्यान गया था। लखनऊ की ककड़ियाँ मजनूँ की पसलियाँ नहीं होतीं, लैला की उँगलियाँ होती हैं। अपने दोष–मार्जन में लैला की दो मुलायम उँगलियाँ निकालकर बच्चे की ओर बढ़ाईं और बाकी को फिर परदे में चुप बंद कर दिया।

लालाजी ने कहा, "जी नहीं, जी नहीं।"

लेकिन बच्चे ने विस्मित आँखों से देखा और फिर एक को ऐसी सफाई से उड़ाया कि कब मेरे हाथ से निकलकर वह मुँह में जा पहुँची, मुझे पता ही न चला। दूसरी ककड़ी वहीं लालाजी की गोद में छोड़ मैंने रसेल महाशय को सीधा किया। उसके बेतार को लिया।

केंद्रित होते जाने से अधिकार विनाश को रोकता है। समय है कि शासन के विकेंद्रीकरण की दिशा में अब सोचा जाए। दुनिया की एक हुकूमत अपने आप में कोई ऊँची बात नहीं है। देखना होगा कि वह नैतिक है या क्या। नैतिक शासन व्यवस्था में विकेंद्रित होगा। यदि आधार उसका नैतिक न होगा तो शासन जाने–अनजाने केंद्रित और फौजी होता जाएगा। यहाँ तक कि डिक्टेटर…।

"अबे, ओ उल्लू के पट्ठे!"

यह सुना और साथ ही जोर का एक चटाखा।

"ओ बे मरदूद! चलता है कि नहीं। पत्ता चल!"

दुनिया की हुकूमत में सिर उठाया और देखा कि पास की बेंच पर बैठे एक पहलवान महाशय तरह–तरह के मुँह बना रहे हैं और ताश की बाजी में अपना पत्ता छोड़ने का उन्हें बिल्कुल ध्यान नहीं है।

"अबे ओ पागल की दुम! तुझ पर जिन्न तो नहीं चढ़ा है।"

कहने के साथ एक साथी ने उसकी जाँघ पर जोर का थप्पड़ दिया और उसके चिकोटी भरी।

"मर कमबख्त," हमारे पहलवान ने कहा, "देख तो…।"

कहकर उसने मुँह को ऐसा सिकोड़ा कि थूथनी की शक्ल बन आई। थोड़ी देर मुँह उस हालत में रखकर यकायक उसे इस कदर फाड़ा कि हलक के छेद और ऊपर लटका टेंटुआ दिख आया। कुल मिलाकर मुँह अब एक भिट बन गया, समझ न आया कि यह क्या माजरा है।

कि फिर साथियों का ध्यान बँटा। अब तो ताश की बाजी बिछी-की-बिछी रह गई और सब एकटक से उस बालक की ओर देख उठे, जो माँ के कंधे से लगा उनको निहार रहा था। मैंने देखा कि उनकी आँखें एक अलौकिक विस्मय और तृष्णा से खिल आई हैं। एक आनंद और उत्कंठा से चमक रही हैं।

अब होता क्या है कि वे दस-के-दस आदमी बालक की तरह विह्वल आँखों से देखते और तरह-तरह के मुँह बनाने शुरू करते हैं। कोई मुँह को तिरछा करता है, कोई गोल। कोई आँख फेरता है तो कोई जीभ को ही बाहर निकालकर विविध भंगिमा से उसे नचाता है। सबकी कोशिश है कि बालक और सबको छोड़कर उस एक पर रीझे। उसे जितनी खुशी मिले, सिर्फ मुझसे मिले। सबके चेहरे विमल आनंद से खिल आए हैं और दस-के-दसों का मन जैसे उसकी नन्ही मुट्ठी में बंद है।

"अबे, हट बे! अपनी शक्ल तो देख, तेरे पास आएगा वह?"

सुननेवाले ने झट अँगोछा खींच करके अपना मुँह पोंछ डाला। बोला, "जा बे। वहीं बैठ। ले अब तो मुँह पोंछ लिया।" कहकर उसने मुँह पोंछा, अंटी में से खींचकर दर्पण निकालकर देखा और फिर बच्चे की तरफ दोनों हाथों को बढ़ाया। बालक ने भी इधर से अनायास बाँह फैला दी।

उस समय क्या हुआ? वह व्यक्ति उठा! बेधड़क हाथ बढ़ाकर माँ के कंधे पर से उसने बालक को खींच लिया। मेरी तरफ बालक की पीठ और माता का मुँह, यद्यपि उस पर घूँघट था, मुझसे एकदम अदृश्य न था। मारवाड़ी बंधु की वह पुत्रवधू रही होगी। अनजान मैले, बेडौल हाथ उसके कंधे पर दबाव देकर, गोद में थमे उसके बालक को छीन ले जाते हैं। लेकिन माँ उलटे कृतज्ञ और प्रसन्न है।

मुँह ऊपर करके पहले तो उस आदमी ने बालक को अपनी नाक की नोक पर बैठाना चाहा। ऐसे कि दोनों पैरों के तलुवे उसकी नाक पर ही परे पक्के जम जाएँ। कुरतेवाले ने कहा, "अबे, देखता नहीं है, गरमी लग रही है, गरमी!" कहकर कुरते के पल्ले से वह बच्चे को हवा करने लगा। एक बोला, "भाई, खिड़की बंद करो, खिड़की।"

झटपट दोनों-तीनों-चारों खिड़कियाँ बंद कर दी गईं। दूसरे ने कहा, "मैं बताऊँ एक बात। यह हमारे किशनजी हैं, किशनजी!"

"अबे हट! तुझे कुछ पता भी है। बता, पैर में पैंजनियाँ कहाँ हैं? नहीं, रामजी हैं, रामजी।"

"तो क्या हुआ?" उसने कहा, "अगले स्टेशन पर पैंजनियाँ मिल न जाएँगी। हम तो किशनजी बनाएँगे। और मोर के पंख वहाँ मिलते नहीं हैं, चुनार स्टेशन पर, बस पूरे किशन हो गए कि नहीं?"

"अबे, ओ बदमाश, नाक तोड़ेगा क्या? अच्छा किशनजी हैं, जो नाक तोड़ दे रहा

है।" कहते हुए पहले आदमी ने बालक को और ऊपर किया और अपने माथे पर बैठा लिया।

रसेल इस वक्त मुझसे छूट गया, कारण सामने इनसान मिला हुआ था। बच्चा ऐन मेरी आँखों की सीध में था। दसों की आँखें उस पर थीं, यानी एक मेरी भी। जो बालक को ऊपर करके सिर पर लिये था, उसे स्वयं बच्चे को आँखों से देखने की आवश्यकता न थी। अपने समूचेपन से वह तो उसे देख रहा था। देखने में दूरी है। वे उसे पाए हुए थे। अब हो सकता है कि यथार्थ कृष्ण स्थितप्रज्ञ हों अथवा कि न भी हों, लेकिन यह नकली कृष्ण यथार्थ स्थितप्रज्ञ निकले। वह उसी तरह विस्मित थे और न दुःखी, न सुखी।

"अबे ओ उल्लू! जो ऊपर से उसने नहला दिया तो…।"

"तो उल्लू यह खुद हुआ कि मैं? नहाकर भाई मैं तो ठंडा हो जाऊँगा। कैसी गरमी है।" फिर कहा, "किशन महाराज, ऐसा किया तो वह चपत लगेंगे, हाँ कि तेरी माँ भी याद करे, समझे?"

देखा गया कि दूसरे उसके साथी इस बीच बहुत ईर्ष्यालु और बेसबर हो आए हैं। तंजेब के कुरते वाले ने रोब से कहा, "ओ बे गाबदी ला, अब इधर दे, इधर। मेरे पास ताड़ का पंखा है।"

कहने के साथ खड़े होकर उसने उतावली से बच्चे को जैसे छीनकर खींच लिया और बराबर वाले साथी को डपटकर कहा, "क्या आँख फाड़े देखता है? यह नहीं कि सुजनी निकालकर रखे। अबे वह नई वाली ट्रंक में है।"

जब तक सुजनी निकली, तजेबा कुत वाला खड़ा-खड़ा उसे खिलाता रहा। सयदा सुजनी बिछ जाने पर कहा, "तो किशनजी, थक गए होंगे। अब लेट जाओ। ला बे पंखा ला।" बालक लेट गया और दसों जने आसपास घिरकर उसे एकटक निहारने लगे। सब उसे दिखाकर तरह-तरह के मुँह बनाते और निकालते थे।

अंत में बालक ने भी शायद अपना कर्तव्य जानकर मुँह बनाया और आवाजें निकालनी शुरू कीं।

तंजेबी कुरते ने उस समय अपना पूरा कौशल लगा दिया। मनाया-फुसलाया डाँटा, धमकाया, हिलाया-डुलाया और अंत में कहा, "तो जा बे बदमाश! जा वहीं माँ के पास मर। लो जी, लेना।"

किशोरिका कुलवधू ने सुना और पीछे की ओर हाथ बढ़ाकर सीधे उन हाथों से शिशु को ले लिया। धन्यता उस माँ के चेहरे पर लिखी थी। अपनी संतान पर बरसते हुए स्नेह को देखकर मन की गद्‌गदता उसके मुख पर छिपाए न छिप रही थी।

उसके बाद से तो वे दस जने थे और एक वह बालक था। मानो उन सबकी जान उस एक में थी। हर स्टेशन पर कुछ-न-कुछ छोटी-मोटी चीज खरीदकर बच्चे को देने में मानो आपस में उन्होंने होड़ लगा रखी थी।

होते-होते कानपुर आ गया और काठ-किवाड़ सहित वे वहाँ उतरने को हुए। तंजेबी भाई ने कहा, "हमारे किशनजी महाराज सो रहे हैं क्या?"

माँ ने घूँघट में से फुसफसाकर कुछ कहा और शायद चाहा कि बालक जग जाए।

मारवाड़ी बंधु ने कहा, "हाँ, सो रहा है।"

तंजेबी ने पुकारकर कहा, "पेड़ा! ओ पेड़े वाले।"

दो पेड़े लेकर मारवाड़ी बंधु को देते हुए कहा, "यह उन्हें देना और कहना, हम पैंजनियाँ लेकर आएँगे। अभी तो जा रहे हैं। आप कहाँ रहते हैं?"

बंधु ने मानो फटकार में शब्द फेंकते हुए कहा, "भियाणी।"

"अच्छा तो उसे प्यार करना। बहूरानी, उसे हम सबका बहुत-बहुत प्यार देना।"

सबकी ओर से प्रतिनिधि बनकर उसने यह कहा और वे लोग उतरकर शनैः-शनैः हमसे खो गए। सामने से उनके विलीन हो जाने पर मारवाड़ी भाई ने धीमे से मुझसे पूछा, "बाबूजी! ये कौन थे? बड़े गँवार थे।"

मैंने उनकी ओर देखा और चुप रहा।

"बाबूजी, सच कहना, मुसलमान तो नहीं थे?"

अचरज से मैंने पूछा, "क्यों?"

बोले, "तब तो बड़ी बुरी बात हुई, बाबूजी! कारण कि मुसलमान का स्पर्श⋯"

मैंने कहा, "आपको संशय क्यों होता है?"

"उनके सिर पर जो चोटी नहीं थी, बाबू! उनके गुन आप नहीं जानते।"

मैंने हँसकर कहा, "वे किशनजी को तो मानते थे।"

बोले, "उससे क्या होता है? पिछान चोटी से होती है।" और एकाएक मुड़कर क्रोध में कहा, "और तैने क्यों दिया था री लल्ला को उनके हाथ में? जाने क्या पराशचित करना पड़े।"

मैंने आश्वासन के लहजे में कहा, "नहीं, मुसलमान नहीं थे।"

बोले, "बाबू, तुम नहीं जानते। आजकल हिंदू-मुसलमान सब एक हो रहे हैं। सब किरिस्तान हो रहे हैं।"

□

पत्नी

शहर के एक ओर तिरस्कृत मकान। दूसरा तल्ला। वहाँ चौके में एक स्त्री अँगीठी सामने लिये बैठी है। अँगीठी की आग राख हुई जा रही है। वह जाने क्या सोच रही है। उसकी अवस्था बीस-बाइस के लगभग होगी। देह से कुछ दुबली है और संभ्रांत-कुल की मालूम होती है।

एकाएक अँगीठी में राख होती हुई आग की ओर स्त्री का ध्यान गया। घुटनों पर हाथ देकर वह उठी। उठकर कुछ कोयले लाई। कोयले अँगीठी में डालकर फिर किनारे ऐसे बैठ गई, मानो याद करना चाहती है कि अब क्या करूँ? घर में और कोई नहीं है और समय बारह से ऊपर हो गया है।

दो प्राणी इस घर में रहते हैं—पति और पत्नी। पति सवेरे से गए हैं कि लौटे नहीं और पत्नी चौके में बैठी है।

वह सुनंदा सोचती है—नहीं, सोचती कहाँ है, अलस-भाव से वह तो वहाँ बैठी ही है। सोचने को है तो यही कि कोयले न बुझ जाएँ, वह जाने कब जाएँगे। एक बज गया है। कुछ हो, आदमी को अपनी देह की फिक्र तो करनी चाहिए। और सुनंदा बैठी है। वह कुछ कर नहीं रही है। जब वह आएँगे, तब रोटी बना देगी। वह जाने कहाँ-कहाँ देर लगा देते हैं और कब तक बैठूँ। मुझसे नहीं बैठा जाता। कोयले भी लहक आए हैं। और उसने झल्लाकर तवा अँगीठी पर रख दिया। नहीं, अब वह रोटी बना ही देगी। उसने जोर से खीझकर आटे की थाली सामने खींच ली और रोटी बेलने लगी। थोड़ी देर बाद उसने जीने पर पैरों की आहट सुनी। उसके मुख पर कुछ तल्लीनता आई। क्षण भर वह आभा उसके चेहरे पर रहकर चली गई और वह फिर उसी भाँति काम में लग गई।

कालिंदीचरण पति आए। उनके पीछे-पीछे तीन और उनके मित्र भी आए। ये आपस में बातें करते चले आ रहे थे और खूब गरम थे। कालिंदीचरण अपने मित्रों के साथ सीधे अपने कमरे में चले गए। उनमें बहस छिड़ी थी। कमरे में पहुँचकर रुकी हुई बहस फिर छिड़ गई। ये चारों व्यक्ति देशोद्धार के संबंध में कटिबद्ध हैं। चर्चा उसी

सिलसिले में चल रही है। भारतमाता को स्वतंत्र करना होगा—और नीति-अनीति, हिंसा-अहिंसा को देखने का यह समय नहीं है। मीठी बातों का परिणाम बहुत देखा। मीठी बातों से बाघ के मुँह से अपना सिर नहीं निकाला जा सकता। उस वक्त बाघ को मारना ही एक इलाज है। आतंक! हाँ आतंक। हमें क्या आतंकवाद से डरना होगा? लोग हैं, जो कहते हैं कि आतंकवादी मूर्ख हैं, वे बच्चे हैं। हाँ, वे हैं बच्चे और मूर्ख। उन्हें बुजुर्गी और बुद्धिमानी नहीं चाहिए। हमें नहीं अभिलाषा अपने जीने की। हमें नहीं मोह अपने बाल-बच्चों का। हमें नहीं गर्ज धन-दौलत की। तब हम मरने के लिए आजाद क्यों नहीं हैं? जुल्म को मिटाने के लिए कुछ जुल्म होगा ही। उससे वे डरें, जो डरते हैं। डर हम जवानों के लिए नहीं है।

फिर वे चारों आदमी निश्चय करने में लगे कि उन्हें खुद क्या करना चाहिए।

इतने में कालिंदीचरण को ध्यान आया कि न उसने खाना खाया है, न मित्रों को खाने के लिए पूछा है। उसने अपने मित्र से माफी माँगकर छुट्टी ली और सुनंदा की ओर चला।

सुनंदा जहाँ थी, वहाँ है। वह रोटी बना चुकी है। अँगीठी के कोयले उलटे तवे से दबे हैं। माथे को उँगलियों पर टिकाकर वह बैठी है। बैठी-बैठी सूनी सी देख रही है। सुन रही है कि उसके पति कालिंदीचरण अपने मित्रों के साथ क्यों और क्या बातें कर रहे हैं। उसे जोश का कारण नहीं समझ में आता। उत्साह उसके लिए अपरिचित है। वह उसके लिए कुछ दूर की वस्तु है, स्पृहणीय और मनोरम और हरियाली। वह भारतमाता की स्वतंत्रता को समझना चाहती है, पर उसको न भारतमाता समझ में आती है, न स्वतंत्रता समझ में आती है। उसे इन लोगों की इस जोरों की बातचीत का मतलब ही समझ में नहीं आता। फिर भी, उत्साह की उसमें बड़ी भूख है। जीवन की हौंस उसमें बुझती सी जा रही है, पर वह जीना चाहती है। उसने बहुत चाहा है कि पति उससे भी कुछ देश की बात करे। उसमें बुद्धि तो जरा कम है, फिर धीरे-धीरे क्या वह भी समझने नहीं लगेगी? सोचती है, कम पढ़ी हूँ तो इसमें मेरा ऐसा कसूर क्या है? अब तो पढ़ने को मैं तैयार हूँ। लेकिन पत्नी के साथ पति का धीरज खो जाता है। खैर, उसने सोचा है, उसका काम तो सेवा है। बस, यह मानकर जैसे कुछ समझने की चाह ही छोड़ दी है। वह अनायास भाव से पति के साथ रहती है और कभी उनकी राह के बीच में आने की नहीं सोचती! वह एक बात जानती है कि उसके पति ने अगर आराम छोड़ दिया है, घर-मकान छोड़ दिया है, जानबूझकर उखड़े-उखड़े और मारे-मारे जो फिरते हैं, इसमें वे कुछ भला ही सोचते होंगे। इसी बात को पकड़कर वह आपत्तिशून्य भाव से पति के साथ विपदा-पर-विपदा सह रही है। पति ने कहा भी है कि तुम मेरे साथ क्यों दु:ख उठाती हो। पर सुनकर वह चुप रह गई है, सोचती रह गई है कि देखो, यह कैसी बात करते हैं। वह जानती है कि

जिसे सरकार कहते हैं, वह सरकार उनके इस तरह के कामों से बहुत नाराज है। सरकार सरकार है। उसके मन में कोई स्पष्ट भावना नहीं है कि सरकार क्या होती है, पर यह जितने हाकिम लोग हैं, वे बड़े जबरदस्त होते हैं और उनके पास बड़ी-बड़ी ताकतें हैं। इतनी फौज, पुलिस के सिपाही और मजिस्ट्रेट तथा मुंशी और चपरासी तथा थानेदार और वायसराय ये सब सरकार ही हैं। इन सबसे कैसे लड़ा जा सकता है? हाकिम से लड़ना ठीक बात नहीं है, पर यह उसी लड़ने में तन-मन बिसार बैठे हैं। खैर, लेकिन ये सब-के-सब इतने जोर से क्यों बोलते हैं? उसको यही बहुत बुरा लगता है। सीधे-सादे कपड़े में एक खुफिया पुलिस का आदमी हरदम उनके घर के बाहर रहता है। ये लोग इस बात को क्यों भूल जाते हैं? इतने जोर से क्यों बोलते हैं?

बैठे-बैठे वह इसी तरह की बातें सोच रही है। देखो, अब दो बजेंगे। उन्हें न खाने की फिक्र, न मेरी फिक्र। मेरी तो खैर कुछ नहीं, पर अपने तन का ध्यान तो रखना चाहिए। ऐसी ही बेपरवाही से तो वह बच्चा चला गया। उसका मन कितना भी इधर-उधर डोले, पर अकेली जब होती है, तब भटक-भटककर वह मन अंत में उसी बच्चे के अभाव पर आ पहुँचता है। तब उसे बच्चे की वही-वही बातें याद आती हैं—वे बड़ी प्यारी आँखें, छोटी-छोटी उँगलियाँ और नन्हे-नन्हे ओंठ याद आते हैं। अठखेलियाँ याद आती हैं। सबसे ज्यादा उसका मरना याद आता है। ओह! यह मरना क्या है? इस मरने की तरफ उससे देखा नहीं जाता। यद्यपि वह जानती है कि मरना सबको है—उसको मरना है, उसके पति को मरना है, पर उस तरफ भूल से छन भर देखती है तो भय से भर जाती है। यह उससे सहा नहीं जाता। बच्चे की याद उसे मथ उठती है। तब वह विह्वल होकर आँख पोंछती है और हठात् इधर-उधर की किसी काम की बात में अपने को उलझा लेना चाहती है। पर अकेले में, वह कुछ करे, रह-रहकर वही वह याद—वही वह मरने की बात उसके सामने हो रहती है और उसका चित्त बेबस हो जाता है।

वह उठी। अब उठकर बरतनों को माँज डालेगी, चौका भी साफ करना है। ओह! खाली बैठी मैं क्या सोचती रहा करती हूँ।

इतने में कालिंदीचरण चौके में घुसे।

सुनंदा कठोरतापूर्वक शून्य को ही देखती रही। उसने पति की ओर नहीं देखा।

कालिंदी ने कहा, "सुनंदा, खानेवाले हम चार हैं। खाना हो गया?"

सुनंदा चून की थाली और चकला-बेलन तथा बटलोई वगैरह खाली बरतन उठाकर चल दी, कुछ भी बोली नहीं।

कालिंदी ने कहा, "सुनती हो, तीन आदमी मेरे साथ और हैं। खाना बन सके तो कहो, नहीं तो इतने में ही काम चला लेंगे।

सुनंदा कुछ भी नहीं बोली। उसके मन में बेहद गुस्सा उठने लगा। यह उससे क्षमा-

प्रार्थी से क्यों बात कर रहे हैं? हँसकर क्यों नहीं कह देते कि कुछ और खाना बना दो। जैसे मैं गैर हूँ। अच्छी बात है तो मैं भी गुलाम नहीं हूँ कि इनके ही काम में लगी रहूँ। मैं कुछ नहीं जानती, खाना-वाना और वह चुप रही।

कालिंदीचरण ने जरा जोर से कहा, "सुनंदा।"

सुनंदा के जी में ऐसा हुआ कि हाथ की बटलोई को खूब जोर से फेंक दे। किसी का गुस्सा सहने के लिए वह नहीं है। उसे तनिक भी सुध न रही कि अभी बैठे-बैठे इन्हीं अपने पति के बारे में कैसी प्रीति की और भलाई की बातें सोच रही थी। इस वक्त भीतर-ही-भीतर गुस्से से घुटकर रह गई।

"क्यों? बोल भी नहीं सकती?"

सुनंदा नहीं ही बोली।

"तो अच्छी बात है। खाना कोई भी नहीं खाएगा?"

यह कहकर कालिंदी तैश में पैर पटकते हुए लौटकर चले गए।

कालिंदीचरण अपने दल में उग्र नहीं समझे जाते, किसी कदर उदार समझे जाते हैं। सदस्य अधिकतर अविवाहित हैं। कालिंदीचरण विवाहित ही नहीं हैं, वे एक बच्चा खो चुके हैं। उनकी बात का दल में आदर है। कुछ लोग उनके धीमेपन पर रुष्ट भी हैं। वे दल में विवेक के प्रतिनिधि हैं और उत्ताप पर अंकुश का काम करते हैं।

बहस इतनी बात पर थी कि कालिंदी का मत था कि हमें आतंक को छोड़ने का ओर बढ़ना चाहिए। आतंक से विवेक कुंठित होता है और या तो मनुष्य उससे उत्तेजित ही रहता है या उसके भय से दबा रहता है। दोनों ही स्थितियाँ श्रेष्ठ नहीं हैं। हमारा लक्ष्य बुद्धि को चारों ओर से जगाना है, उसे आतंकित करना नहीं। सरकार व्यक्ति और राष्ट्र के विकास के ऊपर बैठकर उसे दबाना चाहती है। हम इसी विकास के अवरोध को हटाना चाहते हैं—इसी को मुक्त करना चाहते हैं। आतंक से वह काम नहीं होगा। जो शक्ति के मद में उन्मत्त हैं, असली काम तो उनका मद उतारने और उनमें कर्तव्य भावना का प्रकाश जगाने का है। हम स्वीकार करें कि मद उसका टक्कर खाकर, चोट पाकर ही उतरेगा। यह चोट देने के लिए हमें अवश्य तैयार रहना चाहिए, पर यह नोचा-नाची उपयुक्त नहीं। इससे सत्ता का कुछ बिगड़ता तो नहीं, उलटे उसे अपने औचित्य पर संतोष हो आता है।

पर जब सुनंदा के पास से लौटकर आया, तब देखा गया कि कालिंदी अपने पक्ष पर दृढ़ नहीं है। वह सहमत हो सकता है कि हाँ, आतंक जरूरी है। "हाँ", उसने कहा, "यह ठीक है कि हम लोग कुछ काम शुरू कर दें।" इसके साथ ही कहा, "आप लोगों को भूख नहीं लगी है क्या? उनकी तबीयत खराब है, इससे यहाँ तो खाना बना नहीं। बताओ क्या किया जाए? कहीं होटल चलें?"

एक ने कहा कि कुछ बाजार से यहीं मँगा लेना चाहिए। दूसरे की राय हुई कि होटल ही चलना चाहिए। इसी तरह की बातों में लगे थे कि सुनंदा ने एक बड़ी थाली में खाना परोसकर उनके बीच ला रखा। रखकर वह चुपचाप चली गई। फिर आकर पास ही चार गिलास पानी के रख दिए और फिर उसी भाँति चुपचाप चली गई।

कालिंदी को जैसे किसी ने काट लिया।

तीनों मित्र चुप हो रहे। उन्हें अनुभव हो रहा था कि पति-पत्नी के बीच स्थिति में कहीं कुछ तनाव पड़ा हुआ है। अंत में एक ने कहा, "कालिंदी, तुम तो कहते थे खाना नहीं है।"

कालिंदी ने झेंपकर कहा, "मेरा मतलब काफी नहीं है।"

दूसरे ने कहा, "बहुत काफी है। सब चल जाएगा।"

"देखूँ, कुछ और हो तो—" कहकर कालिंदी उठ गया।

आकर सुनंदा से बोला, "यह तुमसे किसने कहा था कि खाना वहाँ ले आओ? मैंने क्या कहा था?"

सुनंदा कुछ न बोली।

"चलो, उठा लाओ थाली। हमें किसी को यहाँ नहीं खाना है।" हम होटल जाएँगे।

सुनंदा नहीं बोली। कालिंदी भी कुछ देर गुम खड़ा था। तरह-तरह की बातें उसके मन में और कंठ में आती थीं। उसे अपना अपमान मालूम हो रहा था और अपमान असह्य था।

उसने कहा, "सुनती नहीं हो कि कोई क्या कह रहा है? क्यों?"

सुनंदा ने मुँह फेर लिया।

"क्या मैं बकते रहने के लिए हूँ?"

सुनंदा भीतर-ही-भीतर घुट गई।

"मैं पूछता हूँ कि जब मैं कह गया था, तब खाना ले जाने की क्या जरूरत थी?"

सुनंदा ने मुड़कर और अपने को दबाकर धीमे से कहा, "खाओगे नहीं? एक तो बज गया।"

कालिंदी निरस्त्र होने लगा। यह उसे बुरा मालूम हुआ। उसने मानो धमकी के साथ पूछा, "खाना और है।"

सुनंदा ने धीमे से कहा, "अचार लेते जाओ।"

"खाना और नहीं है? अच्छा लाओ अचार।"

सुनंदा ने अचार ला दिया और लेकर कालिंदी भी चला गया।

सुनंदा ने अपने लिए कुछ भी बचाकर नहीं रखा था। उसे यह सूझा ही न था कि उसे भी खाना है। अब कालिंदी के लौटने पर उसे जैसे ही मालूम हुआ कि उसने अपने

लिए कुछ भी बचाकर नहीं रखा है। वह अपने से रुष्ट हुई। उसका मन कठोर हुआ। इसलिए नहीं कि क्यों उसने खाना नहीं बचाया। इस पर तो उसमें स्वाभिमान का भाव जागता था। मन कठोर यों हुआ कि वह इस तरह की बात सोचती ही क्यों है? छिह। यह भी सोचने की बात है और उसमें कड़वाहट भी फैली। हठात् यह उसके मन को लगता ही है कि देखो, उन्होंने एक बार भी नहीं पूछा कि तुम क्या खाओगी। क्या मैं यह सह सकती थी कि मैं तो खाऊँ और उनके मित्र भूखे रहें? पर पूछ लेते तो क्या था। इस बात पर उसका मन टूटता सा है, मानो उसका जो तनिक सा मान था, वह भी कुचल गया हो। पर वह रह-रहकर अपने को स्वयं अपमानित कर लेती हुई कहती है कि छिह-छिह सुनंदा तुझे ऐसी जरा सी बात का अब तक ख्याल होता है। तुझे तो खुश होना चाहिए कि उनके लिए एक रोज भूखे रहने का तुझे पुण्य मिला। मैं क्यों उन्हें नाराज करती हूँ? अब से नाराज न करूँगी। पर वह अपने तन की भी सुध तो नहीं रखते। यह ठीक नहीं है। मैं क्या करूँ?

और वह अपने बरतन माँजने में लग गई। उसे सुन पड़ा कि वे लोग फिर जोर-शोर से बहस करने में लग गए हैं। बीच-बीच में हँसी के कहकहे भी उसे सुनाई दिए। ओह! सहसा उसे ख्याल हुआ, बरतन तो पीछे भी मल सकती हूँ। लेकिन उन्हें कुछ जरूरत हुई तो? यह सोच झटपट हाथ धो वह कमरे के दरवाजे के बाहर दीवार से लगकर खड़ी हो गई।

एक मित्र ने कहा, "अचार और है? अचार और मँगाओ यार।"

कालिंदी ने अभ्यासवश जोर से पुकारा, "अचार लाना भाई, अचार।" मानो सुनंदा कहीं बहुत दूर हो। पर वह तो बाहर लगी खड़ी ही थी। उसने चुपचाप अचार लाकर रख दिया।

जाने लगी तो कालिंदी ने तनिक स्निग्ध वाणी से कहा, "थोड़ा पानी भी लाना।"

और सुनंदा ने पानी ला दिया। देकर लौटी और फिर बाहर द्वार से लगकर ओट में खड़ी हो गई, जिससे कालिंदी कुछ माँगें तो जल्दी से ला दे।

□

तत्सत्

एक गहन वन में दो शिकारी पहुँचे। वे पुराने शिकारी थे। शिकार की टोह में दूर-दूर घूमे थे, लेकिन ऐसा घना जंगल उन्हें नहीं मिला था। देखते जी में दहशत होती थी। वहाँ एक बड़े पेड़ की छाँह में उन्होंने वास किया और आपस में बातें करने लगे।

एक ने कहा, "ओह, कैसा भयानक जंगल है!"

दूसरे ने कहा, "और कितना घना!"

इसी तरह कुछ देर बात करके और विश्राम करके वे शिकारी आगे बढ़ गए।

उनके चले जाने पर पास के शीशम के पेड़ ने बड़ से कहा, "बड़ दादा! अभी तुम्हारी छाँह में ये कौन थे? वे गए?"

बड़ ने कहा, "हाँ गए। तुम उन्हें नहीं जानते हो?"

शीशम ने कहा, "नहीं, वे बड़े अजब मालूम होते थे। कौन थे, दादा?"

दादा ने कहा, "जब छोटा था, तब इन्हें देखा था। इन्हें आदमी कहते हैं। इनमें पत्ते नहीं होते, तना-ही-तना होता है। देखा, वे चलते कैसे हैं? अपने तने की दो शाखों पर ही चलते चले जाते हैं।"

शीशम ने कहा, "ये लोग इतने ही ओछे रहते हैं, ऊँचे नहीं उठते क्यों, दादा?"

बड़ दादा ने कहा, "हमारी-तुम्हारी तरह इनमें जड़ें नहीं होतीं। बढ़ें तो काहें पर? इससे वे इधर-उधर चलते रहते हैं, ऊपर की ओर बढ़ना उन्हें नहीं आता। बिना जड़ न जाने वे जीते किस तरह हैं।"

इतने में बबूल, जिसमें हवा साफ छनकर निकल जाती थी, रुकती नहीं थी और जिसके तन पर काँटे थे, बोला, "दादा, ओ दादा, तुमने बहुत दिन देखे हैं। यह बताओ कि किसी वन को भी देखा है। ये आदमी किसी भयानक वन की बात कर रहे थे। तुमने उस भयावने वन को देखा है?"

शीशम ने कहा, "दादा, हाँ! सुना तो मैंने भी था। वह वन क्या होता है।"

बड़ दादा ने कहा, "सच पूछो तो भाई, इतनी उमर हुई, उस भयावने वन को तो मैंने

भी नहीं देखा। सभी जानवर मैंने देखे हैं। शेर, चीता, भालू, हाथी, भेड़िया। पर वन नामक जानवर को मैंने अब तक नहीं देखा।"

एक ने कहा, "मालूम होता है, वह शेर-चीतों से भी डरावना होता है।"

बड़ दादा ने कहा, "डरावना जाने तुम किसे कहते हो। हमारी तो सबसे प्रीति है।"

बबूल ने कहा, "दादा, प्रीति की बात नहीं है। मैं तो अपने पास काँटे रखता हूँ, पर वे आदमी वन को भयावना बताते थे। जरूर वह चीतों से बढ़कर होगा।"

दादा, "सो तो होता ही होगा। आदमी एक टूटी सी टहनी से आग की लपट छोड़कर शेर-चीतों को मार देता है। उन्हें ऐसे मरते अपने सामने हमने देखा है। पर वन की लाश हमने नहीं देखी। वह जरूर कोई बड़ा खौफनाक होगा।"

इसी तरह उनमें बातें होने लगीं। वन को उनमें से कोई नहीं जानता था। आसपास के और पेड़ साल, सेमर, सिरस उस बातचीत में हिस्सा लेने लगे। वन को कोई मानना नहीं चाहता था। किसी को उसका कुछ पता नहीं था। पर अज्ञात भाव से उसका डर सबको था। इतने में पास ही जो बाँस खड़ा था और जो जरा हवा पर 'खड़-खड़, सन्-सन्' करने लगता था, उसने अपनी जगह से ही सीटी सी आवाज देकर कहा, "मुझे बताओ, मुझे बताओ, क्या बात है। मैं पोला हूँ। मैं बहुत जानता हूँ।"

बड़ दादा ने गंभीर वाणी से कहा, "तुम तीखा बोलते हो। बात है कि बताओ तुमने वन देखा है? हम लोग सब उसको जानना चाहते हैं।"

बाँस ने रीती आवाज से कहा, "मालूम होता है, हवा मेरे भीतर के रिक्त में वन-वन-वन-वन ही कहती हुई घूमती रहती है, पर ठहरती नहीं। हर घड़ी सुनता हूँ, वन है। पर मैं उसे जानता नहीं हूँ। क्या वह किसी को दिखा है?"

बड़ दादा ने कहा, "बिना जाने फिर तुम इतना तेज क्यों बोलते हो?"

बाँस ने सन्-सन् की ध्वनि में कहा, "मेरे अंदर हवा इधर से उधर बहती रहती है, मैं खोखला जो हूँ। मैं बोलता नहीं बजता हूँ। वही मुझमें से बोलती है।"

बड़ ने कहा, "वंश बाबू, तुम घने नहीं हो, सीधे-ही-सीधे हो। कुछ भरे होते तो झुकना जानते। लंबाई में सबकुछ नहीं है।"

वंश बाबू ने तीव्रता से 'खड़-खड़, सन्-सन्' किया कि ऐसा अपमान वह नहीं सहेंगे। देखो वह कितने ऊँचे हैं!

बड़ दादा ने उधर से आँख हटाकर फिर और लोगों से कहा कि हम सबको घास से इस विषय में पूछना चाहिए। उसकी पहुँच सब कहीं है। वह कितनी व्याप्त है। और ऐसी बिछी रहती है कि किसी को उससे शिकायत नहीं होती।

तब सबने घास से पूछा, "घास री घास! तू वन को जानती है?"

घास ने कहा, "नहीं तो दादा, मैं उन्हें नहीं जानती। लोगों की जड़ों को ही मैं जानती

हूँ। उनके फल मुझसे ऊँचे रहते हैं। पद-तल के स्पर्श से सबका परिचय मुझे मिलता है। जब मेरे सिर पर चोट ज्यादा पड़ती है, समझती हूँ यह ताकत का प्रमाण है। धीमे कदम से मालूम होता है, यह कोई दुखियारा जा रहा है। दु:ख से मेरी बहुत बनती है, दादा! मैं उसी को चाहती हुई यहाँ-से-वहाँ तक बिछी रहती हूँ। सबकुछ मेरे ऊपर से निकलता है। पर वन को मैंने अलग करके कभी नहीं पहचाना।"

दादा ने कहा, "तुम कुछ नहीं बतला सकती?"

घास ने कहा, "मैं बेचारी क्या बतला सकती हूँ, दादा!"

तब बड़ी कठिनाई हुई। बुद्धिमती घास ने जवाब दे दिया। वाग्मी वंश बाबू भी कुछ न बता सके। और बड़ दादा स्वयं अत्यंत जिज्ञासु थे। किसी की समझ में नहीं आया कि वन नाम के भयानक जंतु को कहाँ से, कैसे जाना जाए।

इतने में पशुराज सिंह वहाँ आए। पैने दाँत थे, बालों से गरदन शोभित थी। पूँछ उठी थी। धीमी गर्वीली गति से वह वहाँ आए और किलक-किलककर बहते जाते हुए निकट के एक चश्मे में से पानी पीने लगे।

बड़ दादा ने पुकारकर कहा, "ओ सिंह भाई, तुम बड़े पराक्रमी हो, जाने कहाँ-कहाँ छापा मारते हो। एक बात तो बताओ, भाई!"

शेर ने पानी पीकर गर्व से ऊपर को देखा। दहाड़कर कहा, "कहो, क्या कहते हो?"

बड़ दादा ने कहा, "हमने सुना है कि कोई वन होता है, जो यहाँ आसपास है और बड़ा भयानक है। हम तो समझते थे कि तुम सबको जीत चुके हो। उस वन से कभी तुम्हारा मुकाबला हुआ है? बताओ, वह कैसा होता है?"

शेर ने दहाड़कर कहा, "लाओ सामने वह वन, जो अभी मैं उसे फाड़-चीरकर न रख दूँ। मेरे सामने भला वह क्या हो सकता है?"

बड़ दादा ने कहा, "तो वन से कभी तुम्हारा सामना नहीं हुआ?"

शेर ने कहा, "सामना होता तो क्या वह जीता बच सकता था। मैं अभी दहाड़ देता हूँ। हो अगर वन, तो आए वह सामने। खुली चुनौती है। या वह है या मैं हूँ।"

ऐसा कहकर उस वीर सिंह ने वह तुमुल घोर गर्जन किया कि दिशाएँ काँपने लगीं। बड़ दादा के देह के पत्र खड़-खड़ करने लगे। उनके शरीर के कोटर में वास करते हुए शावक चीं-चीं कर उठे।

चहुँओर जैसे आतंक भर गया। पर वह गर्जना गूँजकर रह गई। हुंकार का उत्तर कोई नहीं आया।

सिंह ने उस समय गर्व से कहा, "तुमने यह कैसे जाना कि कोई वन है और वह आसपास रहता है। जब मैं हूँ, आप सब निर्भय रहिए कि वन कोई नहीं है। कहीं नहीं है। मैं हूँ, तब किसी ओर का खटका आपको नहीं रखना चाहिए।"

बड़ दादा ने कहा, "आपकी बात सही है। मुझे यहाँ सदियाँ हो गई हैं। वन होता तो

दिखता अवश्य। फिर आप हो, तब कोई और क्या होगा। पर वे दो शाख पर चलनेवाले जीव जो आदमी होते हैं, वे ही यहाँ मेरी छाँह में बैठकर उस वन की बात कर रहे थे। ऐसा मालूम होता है कि ये बे-जड़ के आदमी हमसे ज्यादा जानते हैं।

सिंह ने कहा, "आदमी को मैं खूब जानता हूँ। मैं उसे खाना पसंद करता हूँ। उसका मांस मुलायम होता है, लेकिन वह चालाक जीव है। उसको मुँह मारकर खा डालो, तब तो वह अच्छा है, नहीं तो उसका भरोसा नहीं करना चाहिए। उसकी बात-बात में धोखा है।"

बड़ दादा तो चुप रहे, लेकिन औरों ने कहा कि सिंहराज, तुम्हारे भय से बहुत से जंतु छिपकर रहते हैं। वे मुँह नहीं दिखाते। वन भी शायद छिपकर रहता हो। तुम्हारा दबदबा कोई कम तो नहीं है। इससे जो साँप धरती में मुँह गाड़कर रहता है, ऐसी पेड़ की बातें उससे पूछनी चाहिए। रहस्य कोई जानता होगा तो अँधेरे में मुँह गाड़कर रहनेवाला साँप जैसा जानवर ही जानता होगा। हम पेड़ तो उजाले में सिर उठाए खड़े रहते हैं, इसलिए हम बेचारे क्या जानें।

शेर ने कहा, "जो मैं कहता हूँ, वही सच है। उसमें शक करने की हिम्मत ठीक नहीं है। जब तक मैं हूँ, कोई डर न करो। कैसा साँप और कैसा कुछ और। क्या कोई मुझसे ज्यादा जानता है?"

बड़ दादा यह सुनते हुए अपनी दाढ़ी की जटाएँ नीचे लटकाए बैठे रह गए, कुछ नहीं बोले। औरों ने भी कुछ नहीं कहा। बबूल के काँटे जरूर उस वक्त तनकर कुछ उठ आए थे। लेकिन फिर भी बबूल ने धीरज नहीं छोड़ा और मुँह नहीं खोला।

अंत में जम्हाई लेकर मंथर गति से सिंह वहाँ से चला गया।

भाग्य की बात कि साँझ का झुट-पुटा होते-होते चुपचाप घास में से जाते हुए दिख गए चमकीले देह के नागराज। बबूल की निगाह तीखी थी। झट से बोला, "दादा, ओ बड़ दादा! वह जा रहे हैं सर्पराज। ज्ञानी जीव हैं। मेरा तो मुँह उनके सामने कैसे खुल सकता है? आप पूछो तो जरा कि वन का ठौर-ठिकाना क्या उन्होंने देखा है?"

बड़ दादा शाम से ही मौन हो रहते हैं। यह उनकी पुरानी आदत है। बोले, "संध्या आ रही है। इस समय वाचालता नहीं चाहिए।"

बबूल झक्की ठहरे। बोले, "बड़ दादा, साँप धरती से इतना चिपटकर रहते हैं कि सौभाग्य से हमारी आँखें उन पर पड़ती हैं। और यह सर्प अतिशय श्याम हैं, इससे उतने ही ज्ञानी होंगे। वर्ण देखिए न, कैसा चमकता है। अवसर खोना नहीं चाहिए। इनसे कुछ रहस्य पा लेना चाहिए।"

बड़ दादा ने तब गंभीर वाणी से साँप को रोककर कहा, "हे नाग! हमें बताओ कि वन का वास कहाँ है और वह स्वयं क्या है?"

साँप ने साश्चर्य कहा, "किसका वास? वह कौन जंतु है? और उसका वास पाताल तक तो कहीं है नहीं।"

बड़ दादा ने कहा कि हम कोई उसके संबंध में कुछ नहीं जानते। तुमसे जानने की

आशा रखते हैं। जहाँ जरा छिद्र हो, वहाँ तुम्हारा प्रवेश है। टेढ़ा-मेढ़ापन तुमसे बाहर नहीं है। इसलिए तुमसे पूछा है।

साँप ने कहा, "मैं धरती के सारे गर्त जानता हूँ। भीतर दूर तक पैठकर उसी के अंतर्भेद को पहचानने में लगा रहता हूँ। वहाँ ज्ञान की खान है। तुमको अब क्या बताऊँ। तुम नहीं समझोगे। तुम्हारा वन, लेकिन कोई गहराई की सच्चाई नहीं जान पड़ती। वह कोई बनावटी सतह की चीज है। मेरा वैसी ऊपरी और उथली बातों से वास्ता नहीं रहता।"

बड़ दादा ने कहना चाहा कि तो वन।

साँप ने कहा, "वह फर्जी है।" यह कहकर वह आगे बढ़ गए।

मतलब यह है कि सब जीव-जंतु और पेड़-पौधे आपस में मिले और पूछताछ करने लगे कि वन को कौन जानता है, वह कहाँ है, क्या है? उनमें सबको ही अपना-अपना ज्ञान था। अज्ञानी कोई नहीं था। पर उस वन का जानकार कोई नहीं था। एक नहीं जाने, दो नहीं जानें, दस-बीस नहीं जानें। लेकिन जिसको कोई भी नहीं जानता, ऐसी भी भला कोई चीज कभी हुई है या हो सकती है, इसलिए उन जंगली जंतुओं में और वनस्पतियों में खूब चर्चा हुई, खूब चर्चा हुई। दूर-दूर तक उसकी तू-त, मैं-मैं सुनाई देती थी। ऐसी चर्चा हुई, ऐसी चर्चा हुई कि विद्याओं-पर-विद्याएँ उसमें से प्रस्तुत हो गईं। अंत में तय पाया कि दो टाँगोंवाला आदमी ईमानदार जीव नहीं है। उसने तभी वन की बात बनाकर कह दी है। वह बन गया है। सच में वह नहीं है।

उस निश्चय के समय बड़ दादा ने कहा कि भाइयो, उन आदमियों को फिर आने दो। इस बार साफ-साफ उनसे पूछना है कि बताएँ वन क्या है। बताएँ तो बताएँ, नहीं तो खामख्वाह झूठ बोलना छोड़ दें। लेकिन उनसे पूछने से पहले उस वन से दुश्मनी ठानना हमारे लिए ठीक नहीं है। यह भयावना सुनते हैं। जाने वह और क्या हो।

लेकिन बड़ दादा की वहाँ विशेष चली नहीं। जवानों ने कहा कि ये बूढ़े हैं, उनके मन में तो डर बैठा है। और जंगल के न होने का फैसला पास हो गया।

एक रोज आफत के मारे फिर वे शिकारी उस जगह आए। उनका आना था कि जंगल जाग उठा। बहुत से जीव-जंतु, झाड़ी-पेड़, तरह-तरह की बोली बोलकर अपना विरोध दरशाने लगे। वे मानो उन आदमियों की भर्त्सना कर रहे थे। आदमी बेचारों को अपनी जान का संकट मालूम होने लगा। उन्होंने अपनी बंदूकें सँभालीं। इस टूटी सी टहनी को, जो आग उगलती है, वह बड़ दादा पहचानते थे। उन्होंने बीच में पड़कर कहा, "अरे, तुम लोग अधीर क्यों होते हो? इन आदमियों के खत्म हो जाने से हमारा-तुम्हारा फैसला निर्भ्रम नहीं कहलाएगा। जरा तो ठहरो। गुस्से से कहीं ज्ञान हासिल होता है? ठहरो, इन आदमियों से उस सवाल पर मैं खुद निपटारा किए लेता हूँ।" यह कहकर बड़ दादा आदमियों को मुखातिब करके बोले, "भाई आदमियो! तुम भी इन पोली चीजों का नीचा मुँह करके रखो, जिनमें तुम आग भरकर लाते हो। डरो मत। अब यह बताओ कि वह जंगल क्या है, जिसकी

तुम बात किया करते हो? बताओ वह कहाँ है?"

आदमियों ने अभय पाकर अपनी बंदूकें नीची कर लीं और कहा, "यह जंगल ही तो है, जहाँ हम सब हैं।"

उनका इतना कहना था कि चीं-चीं, कीं-कीं सवाल-पर-सवाल होने लगे—

"जंगल यहाँ कहाँ है? कहीं नहीं है।"

"तुम हो। मैं हूँ। यह है। वह है। जंगल फिर हो कहाँ सकता है?"

"तुम झूठे हो।"

"धोखेबाज!"

"स्वार्थी!"

"खत्म करो इनको।"

आदमी यह देखकर डर गए। बंदूकें सँभालना चाहते थे कि बड़ दादा ने मामला सँभाला और पूछा, "सुनो आदमियो, तुम झूठे साबित होगे, तभी तुम्हें मारा जाएगा। क्या यह आग फेंकनी लिये फिरते हो। तुम्हारी बोटी का पता न मिलेगा। और अगर झूठे नहीं हो तो बताओ जंगल कहाँ है?"

उन दोनों आदमियों में से प्रमुख ने विस्मय से और भय से कहा, "हम सब जहाँ हैं, वही तो जंगल है।"

बबूल ने अपने काँटे खड़े करके कहा, "बको मत, वह समेर है, वह सिरस है, वह साल है, वह घास है, वह हमारे सिंहराज हैं, वह पानी है, वह धरती है। तुम जिनकी छाँह में हो, वह हमारे बड़ दादा हैं। तब तुम्हारा जंगल कहाँ है? दिखाते क्यों नहीं? तुम हमको धोखा नहीं दे सकते।"

प्रमुख पुरुष ने कहा, "यह सबकुछ ही जंगल है।"

इस पर गुस्से में भरे हुए कई जानवरों ने कहा, "बात से बचो नहीं, ठीक बताओ, नहीं तो तुम्हारी खैर नहीं है।"

अब आदमी क्या कहें। परिस्थिति देखकर वे बेचारे जान से निराश होने लगे। अपनी मानवी बोली (अब तक प्राकृतिक बोली में बोल रहे थे) में एक ने कहा, "यार, कह क्यों नहीं देते कि जंगल नहीं है। देखते नहीं, किनसे पाला पड़ा है!"

दूसरे ने कहा, "मुझसे तो कहा नहीं जाएगा।"

"तो क्या मरोगे?"

"सदा कौन जिया है। इसमें इन भोले प्राणियों को भुलावे में कैसे रखूँ?"

यह कहकर प्रमुख पुरुष ने सबसे कहा, "भाइयो, जंगल कहीं दूर या बाहर नहीं है। आप लोग सभी वह हो।"

इस पर फिर गोलियों-से सवालों की बौछार उन पर पड़ने लगी।

"क्या कहा? मैं जंगल हूँ? तब बबूल कौन है?"

"झूठ! क्या मैं यह मानूँ कि मैं बाँस नहीं जंगल हूँ। मेरा रोम-रोम कहता है, मैं बाँस हूँ।"

"और मैं घास?"

"और मैं शेर।"

"और मैं साँप।"

इस भाँति ऐसा शोर मचा कि उन बेचारे आदमियों की अक्ल गुम होने को आ गई। बड़ दादा न हों तो आदमियों का काम वहाँ तमाम था।

उस समय आदमी और बड़ दादा में कुछ ऐसी धीमी-धीमी बातचीत हुई कि वह कोई सुन नहीं सका। बातचीत के बाद पुरुष उस विशाल बड़ के वृक्ष के ऊपर चढ़ता दिखाई दिया। चढ़ते-चढ़ते वह उसकी सबसे ऊपर की फुनगी तक पहुँच गया। वहाँ दो नए-नए पत्तों की जोड़ी खुले आसमान की तरफ मुस्कराती हुई देख रही थी। आदमी ने उन दोनों को बड़े प्रेम से पुचकारा। पुचकारते समय ऐसा मालूम हुआ जैसे मंत्र-रूप में उन्हें कुछ संदेश भी दिया है।

वन के प्राणी यह सबकुछ स्तब्ध भाव से देख रहे थे। उन्हें कुछ समझ में नहीं आ रहा था।

देखते-देखते पत्तों की वह जोड़ी उद्ग्रीव हुई, मानो उनमें चैतन्य भर आया। उन्होंने अपने आसपास और नीचे देखा। जाने उन्हें क्या दिखा कि वे काँपने लगे। उनके तन में लालिमा व्याप गई। कुछ क्षण बाद मानो वे एक चमक से चमक आए। जैसे उन्होंने खंड को कुल में देख लिया। देख लिया कि कुल है, खंड कहाँ है।

वह आदमी अब नीचे उतर आया था और अन्य वनचरों के समकक्ष खड़ा था। बड़ दादा ऐसे स्थिर-शांत थे, मानो योगमग्न हों कि सहसा उनकी समाधि टूटी। वे जागे। मानो उन्हें अपने चरम शीर्ष से, अभ्यंतरादभ्यंतर में से, तभी कोई अनुभूति प्राप्त हुई हो।

उस समय सब ओर मौन व्याप्त था। उसे भंग करते हुए बड़ दादा ने कहा, "वह है।"

कहकर वह चुप हो गए। साथियों ने दादा को संबोधित करते हुए कहा, "दादा! दादा!!..."

दादा ने इतना ही कहा, "वह है, वह है।"

"कहाँ है? कहाँ है?"

"सब कहीं है। सब कहीं है।"

"और हम?"

"हम नहीं, वह है।"

□

पाजेब

बाजार में एक नई तरह की पाजेब चली है। पैरों में पड़कर वह बड़ी अच्छी मालूम होती है। उसकी कड़ियाँ आपस में लचक के साथ जुड़ी रहती हैं कि पाजेब का मानो निज का आकार कुछ नहीं है, जिस पाँव में पड़े उसी के अनुकूल हो रहती है।

पास-पड़ोस में तो सब नन्ही-बड़ी के पैरों में आप वही पाजेब देख लीजिए। एक ने पहनी कि फिर दूसरी ने भी पहनी। देखा-देखी में इसी तरह उनका न पहनना मुश्किल हो गया है।

हमारी मुन्नी ने भी कहा कि बाबूजी, हम पाजेब पहनेंगे। बोलिए, भला कठिनाई से चार बरस की उम्र और पाजेब पहनेगी।

मैंने कहा कि कैसी पाजेब?

बोली कि हाँ, वही जैसे रुकमिन पहनती है, जैसी शील पहनती है।

मैंने कहा कि अच्छा-अच्छा!

बोली कि मैं तो आज ही माँग लूँगी।

मैंने कहा कि अच्छा भाई, आज ही सही।

उस वक्त तो खैर मुन्नी किसी काम में बहल गई। लेकिन जब दोपहर आई मुन्नी की बुआ, तब वह मुन्नी सहज माननेवाली न थी।

बुआ ने मुन्नी को मिठाई खिलाई, गोद में लिया और कहा कि अच्छा तो तेरी पाजेब अब के इतवार को जरूर लेती आऊँगी।

इतवार को बुआ आई और पाजेब ले आई। मुन्नी उन्हें पहनकर खुशी के मारे यहाँ-से-वहाँ छमकती फिरी। रुकमिन के पास गई और कहा, "देख रुकमिन, मेरी पाजेब।" शीला को भी अपनी पाजेब दिखाई। सबने पाजेब पहनी देखकर उसे प्यार किया और तारीफ की। सचमुच वह चाँदी की सफेद दो-तीन लड़ियाँ सी टखनों के चारों ओर लिपटकर, चुपचाप बिछी हुई, ऐसी सुघड़ लगती थी कि बहुत ही, और बच्ची की खुशी का ठिकाना न था।

और हमारे महाशय आशुतोष, जो मुन्नी के बड़े भाई थे, पहले तो मुन्नी को सजी-धजी देखकर बड़े खुश हुए। वे हाथ पकड़कर अपनी बढ़िया मुन्नी को पाजेब-सहित दिखाने के लिए आसपास ले गए। मुन्नी की पाजेब का गौरव उन्हें अपना भी मालूम होता था। वे खूब हँसे और ताली पीटी, लेकिन थोड़ी देर बाद वह ठुमकने लगे कि मुन्नी को पाजेब दी, सो हम भी बाईसिकल लें।

बुआ ने कहा कि अच्छा बेटा, अबके जन्मदिन को तुझे भी बाईसिकल दिलवाएँगे।

आशुतोष बाबू ने कहा कि हम तो अभी लेंगे।

बुआ ने कहा, "छी-छी, तू कोई लड़की है? जिद तो लड़कियाँ किया करती हैं और लड़कियाँ रोती हैं। कहीं बाबू साहब लोग रोते हैं!"

आशुतोष बाबू ने कहा कि तो हम बाईसिकल जरूर लेंगे जन्मदिन वाले रोज।

बुआ ने कहा कि हाँ, यह बात पक्की रही। जन्मदिन पर तुझको बाईसिकल मिलेगी।

इस तरह वह इतवार का दिन हँसी-खुशी पूरा हुआ। शाम होने पर बच्चों की बुआ चली गईं। पाजेब का शौक घड़ी भर का था। वह फिर उतारकर रख रखा दी गई, जिससे कहीं खो न जाए। पाजेब वह बारीक और सुबुक काम की थी और खासे दाम लग गए थे।

श्रीमती ने हमसे कहा कि क्यों जी, लगती तो अच्छी है। मैं भी एक बनवा लूँ?

मैंने कहा कि क्यों न बनवाओ! तुम कौन चार बरस की नहीं हो। खैर, यह हुआ। पर मैं रात को अपनी मेज पर था कि श्रीमती ने आकर कहा कि तुमने पाजेब तो नहीं देखी?

मैंने आश्चर्य से कहा कि क्या मतलब?

बोली कि देखो, यहाँ मेज-वेज पर तो नहीं है। एक तो उसमें की है, पर दूसरे पैर की मिलती नहीं है। जाने कहाँ गई?

मैंने कहा कि जाएगी कहाँ? यहीं-कहीं देख लो। मिल जाएगी।

उन्होंने मेरे मेज के कागज उठाने-धरने शुरू किए और अलमारी की किताब टटोल डालने का भी मंसूबा दिखाया।

मैंने कहा कि यह क्या कर रही हो, यहाँ वह कहाँ से आई?

जवाब में वह मुझी से पूछने लगी कि तो फिर कहाँ है?

मैंने कहा कि तुमने ही तो रखी होगी। कहाँ रखी थी।

बतलाने लगीं कि मैंने दोपहर के बाद कोई दो बजे उतारकर दोनों को अच्छी तरह सँभालकर उसके नीचे वाले बक्से में रख दी थी। अब देखो तो एक है, दूसरी गायब है।

मैंने कहा कि तो चलकर वह इस कमरे में कैसे आ जाएगी? भूल हो गई होगी। एक रखी होगी, एक वहीं-कहीं फर्श पर छूट गई होगी। देखो, मिल जाएगी। कहीं जा नहीं सकती।

इस पर श्रीमती कह–सुन करने लगीं कि तुम तो ऐसे ही हो। खुद लापरवाह हो, दोष उलटे मुझे देते हो। कह तो रही हूँ कि मैंने दोनों सँभालकर रखी थीं।

मैंने कहा कि सँभालकर रखी थी तो फिर यहाँ–वहाँ क्यों देख रही हो? जहाँ रखी थीं, वहीं से ले लो न। वहाँ नहीं है तो फिर किसी ने निकाली ही होगी।

श्रीमती बोलीं कि मेरा भी यही ख्याल हो रहा है। हो न हो, बंसी नौकर ने निकाली है। मैंने रखी, तब वह वहाँ मौजूद भी था।

मैंने कहा कि तो उससे पूछा?

बोलीं कि वह तो साफ इनकार करता है।

मैंने कहा, "तो फिर?"

श्रीमती जोर से बोलीं कि तो फिर मैं क्या बतलाऊँ? तुम्हें तो किसी बात का फिकर है नहीं। डाँटकर कहते क्यों नहीं हो, उस बंसी को बुलाकर? जरूर पाजेब उसी ने ली है?

मैंने कहा कि अच्छा, तो उसे क्या कहना होगा? यह कहूँ कि ला भाई, पाजेब दे दे!

श्रीमती झल्लाकर बोलीं कि हो चुका बस कुछ तुमसे। तुम्हीं ने तो उस नौकर की जात को शहजोर बना रखा है। डाँट न फटकार, नौकर ऐसे सिर न चढ़ेगा तो क्या होगा।

बोलीं कि कह तो रही हूँ कि किसी ने उसे बक्स में से निकाला ही है। और सोलह में पंद्रह आने वह बंसी है। सुनते हो न, वही है।

मैंने कहा कि मैंने बंसी से पूछा था। उसने नहीं ली मालूम होती है।

इस पर श्रीमती ने कहा कि तुम नौकरों को नहीं जानते। वे बड़े छँटे होते हैं। जरूर बंसी ही चोर है। नहीं तो क्या फरिश्ते लेने आते।

मैंने कहा कि तुमने आशुतोष से भी पूछा?

बोलीं, "पूछा था। वह तो खुद ट्रंक और बक्स के नीचे घुस–घुसकर खोज लगाने में मेरी मदद करता रहा है। वह नहीं ले सकता।"

मैंने कहा उसे पतंग का बड़ा शौक है।

बोलीं कि तुम तो उसे बताते–बरजते कुछ हो नहीं। उमर होती जा रही है। वह यों ही रह जाएगा। तुम्हीं हो उसे पतंग की शह देनेवाले।

मैंने कहा कि जो कहीं पाजेब ही पड़ी मिल गई हो तो?

बोलीं कि नहीं, नहीं, नहीं! मिलती तो वह बता न देता?

खैर बातों–बातों में मालूम हुआ कि उस शाम आशुतोष पतंग और एक डोर का पिन्ना नया लाया है।

श्रीमती ने कहा कि यह तुम्हीं हो, जिसने पतंग की उसे इजाजत दी। बस सारे दिन पतंग–पतंग। यह नहीं कि कभी उसे बैठाकर सबक की भी कोई बात पूछो। मैं सोचती हूँ कि एक दिन तोड़ताड़ दूँ उसकी सब डोर और पतंग। हाँ, तो सारे वक्त वही धुन!

मैंने कहा कि खैर, छोड़ो। कल सवेरे पूछताछ करेंगे।

सवेरे बुलाकर मैंने गंभीरता से उससे पूछा कि क्यों बेटा, एक पाजेब नहीं मिल रही है, तुमने तो नहीं देखी?

वह गुम हो आया, जैसे नाराज हो। उसने सिर हिलाया कि उसने नहीं ली। पर मुँह नहीं खोला।

मैंने कहा कि देखो बेटे, ली हो तो कोई बात नहीं, सच कह देना चाहिए।

उसका मुँह और भी फूल आया। और वह गुमसुम बैठ रहा।

मेरे मन में उस समय तरह-तरह के सिद्धांत आए। मैंने स्थिर किया कि अपराध के प्रति करुणा ही होनी चाहिए। रोष का अधिकार नहीं है। प्रेम से ही अपराध वृत्ति को जीता जा सकता है। आतंक से उसे दबाना ठीक नहीं है। बालक का स्वभाव कोमल होता है और सदा ही उससे स्नेह से व्यवहार करना चाहिए। इत्यादि।

मैंने कहा कि बेटा आशुतोष, तुम घबराओ नहीं। सच कहने में घबराना नहीं चाहिए। ली हो तो खुलकर कह दो, बेटा! बल्कि सच बोलने पर तो इनाम मिला करता है।

आशुतोष सब सुनता हुआ बैठा रह गया। उसका मुँह सूजा था। वह सामने मेरी आँखों में नहीं देख रहा था। रह-रहकर उसके माथे पर बल पड़ते थे।

"क्यों बेटे, तुमने ली तो नहीं?"

उसने सिर हिलाकर क्रोध से अस्थिर और तेज आवाज में कहा कि मैंने नहीं ली, नहीं ली, नहीं ली। यह कहकर वह रोने सा हो आया, पर रोया नहीं। आँखों में आँसू रोक लिये।

उस वक्त मुझे प्रतीत हुआ, उग्रता दोष का लक्षण है।

मैंने कहा, "देखो बेटा, डरो नहीं। अच्छा जाओ। ढूँढ़ो, शायद कहीं पड़ी हुई वह पाजेब मिल जाए। मिल जाएगी तो हम तुम्हें इनाम देंगे।"

चला गया और दूसरे कमरे में जाकर पहले तो एक कोने में खड़ा हो कल देर चुपचाप खड़े रहकर वह फिर यहाँ-वहाँ पाजेब की तलाश में लग गया।

श्रीमती आकर बोली, "आशू से तुमने पूछ लिया, क्या ख्याल है?"

मैंने कहा कि संदेह तो मुझे होता है। नौकर का काम तो यह है नहीं!

श्रीमती ने कहा कि नहीं जी, आशू भला क्यों लेगा?

मैं कुछ बोला नहीं। मेरा मन जाने कैसे गंभीर प्रेम के भाव से आशुतोष के प्रति उमड़ रहा था। मुझे ऐसा मालूम होता था कि ठीक इस समय आशुतोष को हमें अपनी सहानुभूति से वंचित नहीं करना चाहिए, बल्कि कुछ अतिरिक्त स्नेह इस समय बालक को मिलना चाहिए। मुझे यह एक भारी दुर्घटना मालूम होती थी। मालूम होता था कि अगर आशुतोष ने चोरी की है तो उसका इतना दोष नहीं है, बल्कि यह हमारे ऊपर बड़ा भारी

इलजाम है। बच्चे में चोरी की आदत भयावह हो सकती है। लेकिन बच्चे के लिए वैसी लाचारी उपस्थित हो आई, यह और भी कहीं भयावह है। यह हमारी आलोचना है। हम उस चोरी से बरी नहीं हो सकते।

मैंने बुलाकर कहा, "अच्छा सुनो! देखो, मेरी तरफ देखो। यह बताओ कि पाजेब तुमने छुन्नू को दी है न?"

वह कुछ देर तक कुछ नहीं बोला। उसके चेहरे पर रंग आया और गया। मैं एक-एक छाया ताड़ना चाहता था।

मैंने आश्वासन देते हुए कहा कि कोई बात नहीं। हाँ-हाँ, बोलो, डरो नहीं। ठीक बताओ बेटे? कैसा हमारा सच्चा बेटा है।

मानो बड़ी कठिनाई के बाद उसने अपना सिर हिलाया।

मैंने बहुत खुश होकर कहा कि दी है न छुन्नू को?

उसने सिर हिला दिया।

अत्यंत सांत्वना के स्वर में स्नेहपूर्वक मैंने कहा कि मुँह से बोलो, "छुन्नू को दी है?"

उसने कहा, "हाँ-आँ।"

मैंने अत्यंत हर्ष के साथ दोनों बाँहों में लेकर उसे उठा लिया। कहा कि ऐसे ही बोल दिया करते हैं अच्छे लड़के। आशू हमारा राजा बेटा है। गर्व के भाव से उसे गोद से लिये-लिये मैं उसकी माँ की तरफ गया। उल्लासपूर्वक बोला कि देखो, हमारे बेटे ने सच कबूल किया है। पाजेब उसने छुन्नू को दी है।

सुनकर उसकी माँ खुश हो आई। उन्होंने उसे चूमा। बहुत शाबाशी दी और उसकी बलैया लेने लगीं!

आशुतोष भी मुस्करा आया, अगरचे एक उदासी भी उसके चेहरे से दूर नहीं हुई थी।

उसके बाद अलग ले जाकर मैंने उससे बड़े प्रेम से पूछा कि पाजेब छुन्नू के पास है न? जाओ, माँगकर ला सकते हो उससे?

आशुतोष मेरी ओर देखता हुआ बैठा रह गया। मैंने कहा कि जाओ, बेटे! ले आओ।

उसने जवाब में मुँह नहीं खोला।

मैंने आग्रह किया तो वह बोला कि छुन्नू के पास नहीं हुई तो वह कहाँ से देगा?

मैंने कहा कि तो जिसको उसने दी होगी, उसका नाम बता देगा। सुनकर वह चुप हो गया। मेरे बार-बार कहने पर वह यही कहता रहा कि पाजेब छुन्नू के पास न हुई तो वह देगा कहाँ से?

अंत में हारकर मैंने कहा कि वह कहीं तो होगी। अच्छा, तुमने कहाँ से उठाई थी?

"पड़ी मिली थी।"

"और फिर नीचे जाकर वह तुमने छुन्नू को दिखाई?"

"हाँ!"

"फिर उसी ने कहा कि इसे बेचेंगे?"

"हाँ!"

"कहाँ बेचने को कहा?"

"कहा, मिठाई लाएँगे। नहीं, पतंग लाएँगे।"

"अच्छा, पतंग को कहा?"

"हाँ!"

"सो पाजेब छुन्नू के पास रह गई?"

"हाँ!"

"तो उसी के पास होनी चाहिए न? या पतंगवाले के पास होगी। जाओ बेटा, उससे ले आओ। कहना, हमारे बाबूजी तुम्हें इनाम देंगे।"

वह जाना नहीं चाहता था। उसने फिर कहा कि छुन्नू के पास नहीं हुई तो कहाँ से देगा?

मुझे उसकी जिद बुरी मालूम हुई। मैंने कहा कि तो कहीं तुमने उसे गाड़ दिया है? क्या किया है? बोलते क्यों नहीं?

वह मेरी ओर देखता रहा और कुछ नहीं बोला।

मैंने कहा, "कुछ कहते क्यों नहीं?"

मैंने डपटकर कहा कि जाओ, जहाँ हो, वहीं से पाजेब लेकर आओ।

वह अपनी जगह से नहीं उठा और नहीं गया तो मैंने उसे कान पकड़कर कहा कि सुनते हो? जाओ, पाजेब लेकर आओ। नहीं तो घर में तुम्हारा काम नहीं है।

इस तरह उठाया जाकर वह उठ गया और कमरे से बाहर निकल गया। निकलकर बरामदे के एक कोने में रूठा मुँह बनाकर खड़ा रह गया।

मुझे बड़ा क्षोभ हो रहा था। यह लड़का सच बोलकर अब किस बात से घबरा रहा है, यह मैं कुछ समझ न सका। मैंने बाहर आकर जरा धीरे से कहा कि जाओ भाई, जाकर छुन्नू से कहते क्यों नहीं हो?

पहले तो उसने कोई जवाब नहीं दिया और जवाब दिया तो बार-बार कहने लगा कि छुन्नू के पास नहीं हुई तो वह कहाँ से देगा?

मैंने कहा कि जितने में उसने बेची होगी, वह दाम दे देंगे। समझे न! जाओ, तुम कहो तो।

छुन्नू की माँ तो कह रही है कि उसका लड़का ऐसा काम नहीं कर सकता। उसने पाजेब नहीं देखी।

जिस पर आशुतोष की माँ ने कहा कि नहीं, तुम्हारा छुन्नू झूठ बोलता है। क्यों रे आशुतोष, तैने दी थी न?

आशुतोष ने धीरे से कहा कि हाँ, दी थी।

दूसरी ओर से छुन्नू बढ़कर आया और हाथ-फटकारकर बोला, "मुझे नहीं दी। क्यों रे, मुझे कब दी थी?"

आशुतोष ने जिद बाँधकर कहा कि दी तो थी। कह दो, नहीं दी थी?

नतीजा यह हुआ कि छुन्नू की माँ ने छुन्नू को खूब पीटा और खुद भी सन लगा। कहती जाती कि हाय रे, अब हम चोर हो गए। यह कुलच्छिन औलाद जाने कब मिटेगी?

बात दूर तक फैल चली। पड़ोस की स्त्रियों में हवा पड़ने लगी। और श्रीमती ने घर लौटकर कहा कि छुन्नू और उसकी माँ दोनों एक से हैं।

मैंने कहा कि तुमने तेजा-तेजी क्यों कर डाली? ऐसे कोई बात भला कभी सुलझती है!

बोली कि हाँ, मैं तेज बोलती हूँ। अब जाओ न, तुम्हीं उनके पास से पाजेब निकालकर लाते क्यों नहीं? तब जानूँ, जब पाजेब निकलवा दो।

मैंने कहा कि पाजेब से बढ़कर शांति है। और अशांति से तो पाजेब मिल नहीं जाएगी।

श्रीमती बुदबुदाती हुईं नाराज होकर मेरे सामने से चली गईं।

थोड़ी देर बाद छुन्नू की माँ हमारे घर आईं। श्रीमती उन्हें लाई थीं। अब उनके बीच गरमी नहीं थी। उन्होंने मेरे सामने आकर कहा कि छुन्नू तो पाबेज के लिए इनकार करता है। वह पाजेब कितने की थी। मैं उसके दाम भर सकती हूँ।

मैंने कहा, "यह आप क्या कहती हैं। बच्चे बच्चे हैं। आपने छुन्नू से सहूलियत से पूछा भी?"

उन्होंने उसी समय छुन्नू को बुलाकर मेरे सामने कर दिया। कहा, "क्यों रे, बता क्यों नहीं देता, जो तैने पाजेब देखी हो?"

छुन्नू ने जोर से सिर हिलाकर इनकार किया और बताया, "पाजेब आशुतोष के हाथ में मैंने देखी थी और वह पतंगवाले को दे आया है। मैंने खूब देखी थी, वह चाँदी की थी।"

"तुम्हें ठीक मालूम है?"

"हाँ, वह मुझसे कह रहा था कि तू भी चल। पतंग लाएँगे।"

"पाजेब कितनी बड़ी थी, बताओ तो?"

छुन्नू ने उसका आकार बताया। जो ठीक ही था।

मैंने उसकी माँ की तरफ देखकर कहा कि देखिए न, पहले यही कहता था कि मैंने

पाजेब देखी तक नहीं। अब कहता है कि देखी है।

माँ ने मेरे सामने छुन्नू को खींचकर तभी धम्म-धम्म पीटना शुरू कर दिया। कहा कि क्यों रे, झूठ बोलता है? तेरी चमड़ी न उधेड़ी तो मैं नहीं।

मैंने बीच-बचाव करके छुन्नू को बचाया। वह शहीद की भाँति पिटता रहा था। रोया बिल्कुल नहीं था और एक कोने में खड़े आशुतोष को जाने किस भाव से वह देख रहा था।

खैर, मैंने सबको छुट्टी दी। कहा कि जाओ बेटा छुन्नू, खेलो। उसकी माँ को कहा कि आप उसे मारिएगा नहीं और पाजेब कोई ऐसी बड़ी चीज नहीं है।

छुन्नू चला गया। तब उसकी माँ ने पूछा कि आप उसे कसूरवार समझते हो।

मैंने कहा कि मालूम तो होता है कि उसे कुछ पता है और वह मामले में शामिल है।

इस पर छुन्नू की माँ ने पास बैठी हुई मेरी पत्नी से कहा, "चलो बहनजी, मैं तुम्हें अपना सारा घर दिखाए देती हूँ। एक-एक चीज देख लो। होगी पाजेब तो जाएगी कहाँ?"

मैंने कहा, "छोड़िए भी, बेबात का बात बढ़ाने से क्या फायदा!" जो ज्यों-त्यों मैंने उन्हें दिलासा दिया। नहीं तो वह छुन्नू का पीट-पीट हाल-बेहाल कर डालने का प्रण ही उठाए ले रही थीं। कुलच्छनी, आज इस धरती में नहीं गाड़ दिया तो मेरा नाम नहीं।

खैर, जिस-तिस भाँति बखेड़ा टाला। मैं इस झंझट में दफ्तर भी समय पर नहीं जा सका। जाते वक्त श्रीमती को कह गया कि देखो, आशुतोष को धमकाना मत। प्यार से सारी बातें पूछना। धमकाने से बच्चे बिगड़ जाते हैं और हाथ कुछ नहीं आता। समझी न?

शाम को दफ्तर से लौटा तो श्रीमती ने सूचना दी कि आशुतोष ने सब बतला दिया है। ग्यारह आने पैसे में वह पाजेब पतंगवाले को दे दी है। पैसे उसने थोड़े-थोड़े करके देने को कहे हैं। पाँच आने जो दिए, वह छुन्नू के पास हैं। इस तरह रत्ती-रत्ती बात उसने कह दी है।

कहने लगीं कि बड़े मैंने प्यार से पूछ-पूछकर यह सब उसके पेट में से निकाला है। दो-तीन घंटे मैं मगज मारती रही। हाय राम, बच्चे का भी क्या जी होता है।

मैं सुनकर खुश हुआ। मैंने कहा कि चलो अच्छा है, अब पाँच आने भेजकर पाजेब मँगा लेंगे। लेकिन यह पतंगवाला भी कितना बदमाश है, बच्चों के हाथ से ऐसी चीजें लेता है। उसे पुलिस में दे देना चाहिए। उचक्का कहीं का!

फिर मैंने पूछा कि आशुतोष कहाँ है?

उन्होंने बताया कि बाहर ही कहीं खेल-खाल रहा होगा।

मैंने कहा कि बंसी, जाकर उसे बुला तो लाओ।

बंसी गया और उसने आकर कहा कि वह अभी आते हैं।

"क्या कर रहा है?"

"छुन्नू के साथ गिल्ली-डंडा खेल रहे हैं।"

थोड़ी देर में आशुतोष आया। तब मैंने उसे गोद में लेकर प्यार किया। आते आते उसका चेहरा उदास हो गया था और गोद में लेने पर भी वह विशेष प्रसन्न मालूम नहीं हुआ।

उसकी माँ ने खुश होकर कहा कि हमारे आशुतोष ने सब बातें अपने आप पूरी-पूरी बता दी हैं। हमारा आशुतोष बड़ा सच्चा लड़का है।

आशुतोष मेरी गोद में टिका रहा। लेकिन अपनी बड़ाई सुनकर भी उसको कुछ हर्ष नहीं हुआ प्रतीत होता था।

मैंने कहा कि आओ चलो। अब क्या बात है? क्यों हजरत तुमको पाँच आने ही तो मिले हैं न? हमसे पाँच आने पैसे माँग लेते तो क्या हम न देते? सुनो, अब से ऐसा मत करना, बेटे!

कमरे में ले जाकर मैंने उससे फिर पूछताछ की, "क्यों बेटा, पतंगवाले ने पाँच आने तुम्हें दिए न?"

"हाँ!"

"और वे छुन्नू के पास हैं?"

"हाँ!"

"अभी तो उसके पास होंगे न?"

"नहीं।"

"खर्च कर दिए?"

"नहीं।"

"नहीं खर्च किए?"

"खर्च किए कि नहीं खर्च किए?"

उस ओर से प्रश्न करने पर वह मेरी ओर देखता रहा, उत्तर नहीं दिया।

"बताओ, खर्च कर दिए कि अभी हैं?"

जवाब में उसने एक बार 'हाँ' कहा तो दूसरी बार 'नहीं' कहा।

मैंने कहा कि तो यह क्यों नहीं कहते कि तुम्हें नहीं मालूम है?

"हाँ।"

"बेटा, मालूम है न?"

"हाँ!"

"पतंगवाले से पैसे छुन्नू ने लिये हैं न?"

"हाँ।"

"तुमने क्यों नहीं लिये?"

वह चुप।

"पाँचों इकन्नी थीं या दुअन्नी और पैसे भी थे?"

वह चुप।

"बतलाते क्यों नहीं हो?"

चुप।

"इकन्नियाँ कितनी थीं, बोलो?"

"दो।"

"बाकी पैसे थे?"

"हाँ।"

"दुअन्नी नहीं थी?"

"हाँ!"

"दुअन्नी थी?"

"हाँ!"

मुझे क्रोध आने लगा। डपटकर कहा कि सच क्यों नहीं बोलते जी? सच बताओ कितनी इकन्नियाँ थीं और कितना क्या था?

वह गुमसुम खड़ा रहा, कुछ नहीं बोला।

"बोलते क्यों नहीं?"

वह नहीं बोला।

"सुनते हो। बोलो···नहीं तो।"

आशुतोष डर गया। और कुछ नहीं बोला।

"सुनते नहीं, मैं क्या कह रहा हूँ?"

इस बार भी वह नहीं बोला तो मैंने पकड़कर उसके कान खींच लिये। वह बिना आँसू लाए गुमसुम खड़ा रहा।

"अब भी नहीं बोलोगे?"

वह डर के मारे पीला हो आया, लेकिन बोल नहीं सका। मैंने जोर से बुलाया, "बंसी, यहाँ आओ, इसको ले जाकर कोठरी में बंद कर दो।"

बंसी नौकर उसे उठाकर ले गया और कोठरी में बंद कर दिया।

दस मिनट बाद मैंने फिर उसे पास बुलवाया। उसका मुँह सूजा हुआ था। बिना कुछ बोले उसके ओठ हिल रहे थे। कोठरी में बंद होकर भी वह रोया नहीं।

मैंने कहा, "क्यों रे! अब तो अक्ल आई?"

वह सुनता हुआ गुमसुम खड़ा रहा।

"अच्छा पतंगवाला कौन सा है? दाईं तरफ का वह चौराहेवाला?" उसने कुछ

ओठों में ही बड़बड़ा दिया। जिसे मैं कुछ न समझ सका।

"वह चौराहेवाला? बोलो।"

"हाँ।"

"देखो, अपने चाचा के साथ चले जाओ। बता देना कि कौन सा है, फिर उसे स्वयं भुगत लेंगे। समझते हो न?"

यह कहकर मैंने अपने भाई को बुलाया। सब बात समझाकर कहा, "देखो, पाँच आने के पैसे ले जाओ। पहले तुम दूर रहना। आशुतोष पैसे ले जाकर उसे देगा और अपनी पाजेब माँगेगा। अव्वल तो वह पाजेब लौटा ही देगा। नहीं तो उसे डाँटना और कहना कि तुझे पुलिस के सुपुर्द कर दूँगा। बच्चों से माल ठगता है? समझे? नरमी की जरूरत नहीं है।"

"और आशुतोष अब जाओ, अपने चाचा के साथ जाओ।" वह अपनी जगह पर खड़ा था। सुनकर भी टस-से-मस होता दिखाई नहीं दिया।

"नहीं जाओगे?"

उसने सिर हिला दिया कि नहीं जाऊँगा।

मैंने तब उसे समझाकर कहा कि भैया घर की चीज है, दाम लगे हैं। भला पाँच आने में रुपयों का माल किसी के हाथ खो दोगे। जाओ, चाचा के संग जाओ। तुम्हें कुछ नहीं कहना होगा। हाँ, पैसे दे देना और अपनी चीज वापस माँग लेना। दे दे, नहीं दे नहीं दे। तुम्हारा इससे सरोकार नहीं। सच है न, बेटे! अब जाओ।

पर वह जाने को तैयार ही नहीं दिखा। मुझे लड़के की गुस्ताखी पर बड़ा बुरा मालूम हुआ। बोलो, इसमें बात क्या है? इसमें मुश्किल कहाँ है? समझाकर बात कर रहे हैं, सो समझता ही नहीं, सुनता ही नहीं।

मैंने कहा कि क्यों रे, नहीं जाएगा?

उसने फिर सिर हिला दिया कि नहीं जाऊँगा।

मैंने प्रकाश, अपने छोटे भाई को बुलाया। कहा, "प्रकाश इसे पकड़कर ले जाओ।"

प्रकाश ने उसे पकड़ा और आशुतोष अपने हाथ-पैरों से उसका प्रतिकार करने लगा। वह साथ जाना नहीं चाहता था।

मैंने अपने पर बहुत जब्र करके फिर आशुतोष को पुचकारा। कहा कि जाओ भाई! डरो नहीं। अपनी चीज घर में आएगी। इतनी सी बात समझते नहीं। प्रकाश इसे गोदी में ले जाओ और जो चीज माँगे, उसे बाजार से दिलवा देना। जाओ भाई, आशुतोष!

पर उसका मुँह फूला हुआ था। जैसे-तैसे समझाने पर वह प्रकाश के साथ चला। ऐसे चला, मानो पैर उठाना उसे भारी हो रहा हो। आठ बरस का यह लड़का होने आया, फिर भी देखो न कि किसी भी बात की उसमें समझ नहीं है। मुझे जो गुस्सा आया तो क्या बतलाऊँ।

लेकिन यह याद करके कि गुस्से से बच्चे सँभलने की जगह बिगड़ते हैं, मैं अपने को दबाता चला गया। खैर, वह गया तो मैंने चैन की साँस ली।

लेकिन देखता क्या हूँ कि कुछ देर में प्रकाश लौट आया है।

मैंने पूछा, "क्यों?"

बोला कि आशुतोष भाग आया है।

मैंने कहा कि अब वह कहाँ है?

"वह रूठा खड़ा है। घर में नहीं आता।"

"जाओ, पकड़कर तो लाओ।"

वह पकड़ा हुआ आया। मैंने कहा, "क्यों रे, तू शरारत से बाज नहीं आएगा? बोल, जाएगा कि नहीं?"

वह नहीं बोला तो मैंने कसकर उसे दो चाँटे दिए। थप्पड़ लगते ही वह एकदम चीखा, पर फौरन चुप हो गया। वह वैसे ही मेरे सामने खड़ा रहा।

मैंने उसे देखकर मारे गुस्से से कहा कि ले जाओ इसे मेरे सामने से। जाकर कोठरी में बंद कर दो। दुष्ट!

इस बार वह आध-एक घंटे बंद रहा। मुझे ख्याल आया कि मैं ठीक कर रहा हूँ, लेकिन जैसेकि दूसरा रास्ता न दिखता था। मार-पीटकर मन को ठिकाना देने की आदत पड़ गई थी और कुछ अभ्यास न था।

खैर, मैंने इस बीच प्रकाश को कहा कि तुम दोनों पतंगवालों के पास जाओ। मालूम करना कि किसने पाजेब ली है। होशियारी से मालूम करना। मालूम होने पर सख्ती करना। मुरौव्वत की जरूरत नहीं, समझे?

प्रकाश गया, पर लौटने पर बताया कि किसी के पास पाजेब नहीं है।

सुनकर मैं झल्ला आया। कहा कि तुमसे कुछ काम नहीं हो सकता। जरा सी बात नहीं हुई, तुमसे क्या उम्मीद रखी जाए?

वह अपनी सफाई देने लगा। मैंने कहा, "बस, तुम जाओ।"

प्रकाश मेरा बहुत लिहाज मानता था। वह मुँह डालकर चला गया। कोठरी खुलवाने पर आशुतोष को फर्श पर सोता पाया। उसके चेहरे पर अब भी आँसू नहीं थे। सच पूछो तो मुझे उस समय बालक पर करुणा हुई। लेकिन आदमी में एक ही साथ जाने क्या-क्या विरोधी भाव उठते हैं। मैंने उसे जगाया। वह हड़बड़ाकर उठा। मैंने कहा, "कहो, क्या हालत है?"

थोड़ी देर तक वह समझा ही नहीं। फिर शायद पिछला सिलसिला याद आया। झट उसके चेहरे पर वही जिद, अकड़ और प्रतिरोध के भाव दिखाई देने लगे।

मैंने कहा कि या तो राजी-राजी चले जाओ, नहीं तो इस कोठरी में फिर बंद किए देते हैं।

आशुतोष पर इसका विशेष प्रभाव पड़ा हो, ऐसा नहीं मालूम हुआ।

खैर, उसे पकड़कर लाया और समझाने लगा। मैंने निकालकर उसे एक रुपया दिया और कहा, "बेटा, इसे पतंगवाले को देना और पाजेब माँग लेना। कोई घबराने की बात नहीं। तुम तो समझदार लड़के हो।"

उसने कहा कि जो पाजेब उसके पास नहीं हुई तो वह कहाँ से देगा?

"इसका क्या मतलब, तुमने कहा न कि पाँच आने में पाजेब दी है। न हो छुन्नू को भी साथ लेना। समझे?"

वह चुप हो गया। आखिर समझाने पर जाने को तैयार हुआ। मैंने प्रेमपूर्वक उसे प्रकाश के साथ जाने को कहा। उसका मुँह भारी देखकर डाँटनेवाला ही था कि इतने में सामने उसकी बुआ दिखाई दी।

बुआ ने आशुतोष के सिर पर हाथ रखकर पूछा कि कहाँ जा रहे हो, मैं तो तुम्हारे लिए केले और मिठाई लाई हूँ।

आशुतोष का चेहरा रूठा ही रहा। मैंने बुआ से कहा कि उसे रोको मत, जाने दो।

आशुतोष रुकने को उद्यत था। वह चलने में आनाकानी दिखने लगा।

बुआ ने पूछा, "क्या बात है?"

मैंने कहा, "कोई बात नहीं, जाने दो न उसे।"

पर आशुतोष मचलने पर आ गया था। मैंने डाँटकर कहा, "प्रकाश, इसे ले क्यों नहीं जाते हो?"

बुआ ने कहा कि बात क्या है? क्या बात है?

मैंने पुकारा, "तू बंसी भी साथ जा। बीच से लौटने न पाए।" सो मेरे आदेश पर दोनों आशुतोष को जबरदस्ती उठाकर सामने से ले गए।

बुआ ने कहा, "क्यों उसे सता रहे हो?"

मैंने कहा कि कुछ नहीं, जरा यों ही···।

फिर मैं उनके साथ इधर-उधर की बातें ले बैठा। राजनीति राष्ट्र की ही नहीं होती, मोहल्ले में भी राजनीति होती है। यह भार स्त्रियों पर टिकता है। कहाँ क्या हुआ, क्या होना चाहिए, इत्यादि चर्चा स्त्रियों को लेकर रंग फैलाती है। इसी प्रकार की कुछ बातें हुईं, फिर छोटा सा बक्सा सरकाकर बोली, "इसमें वे कागज हैं, जो तुमने माँग थे। और यहाँ···"

यह कहकर उन्होंने अपनी बास्कट की जेब में हाथ डालकर पाजेब निकालकर सामने की, जैसे सामने बिच्छू हो। मैं भयभीत भाव से कह उठा कि यह क्या?

बोलीं कि उस रोज भूल से यह एक पाजेब मेरे साथ ही चली गई थी। □

पढ़ाई

यह सुनयना जाने कितने बरस की हो जाने पर ठीक-ठीक सुनयना बनेगी? अभी तो दिन भर नूनी ही बनी रहकर उधम मचाती डोलती रहती है। जब दो बरस की थी, मैंने गोद में बैठाकर पूछा, "बिट्टी, तेरा नाम क्या है?"

बिट्टी ने कहा, "ऊँ-ई।"

बिट्टी की बुआ ने कहा, "नूनी! हाँ, बिट्टी, फिर कहना नूनी।"

और बिट्टी ने फिर कहा, "ऊँ-ई।"

हम सब हँस पड़े और उसने झट दोनों हाथ लगाकर मेरी दाढ़ी पकड़ ली। कहा, "जा-ऊँ-ऊँ-ईं।"

तब तो यह सबकुछ ठीक था। पर अब चार बरस और गुजर गए हैं, वह छह बरस से भी ऊपर की हो गई है। अब पुराना वह सबकुछ नहीं निभ सकेगा। उमर आ गई है कि अब अदब सीखे, कहना माने और शऊर से रहे। और वह शऊर जानती नहीं। छह बरस की लड़कियाँ दूसरी जमात तक पहुँच जाती हैं और एक यह है कि माँ का दूध नहीं छोड़ना चाहती। यों काम में माँ को अँगूठा दिखाकर भाग जाती है। माँ इससे बड़ी असंतुष्ट है, एक तो लड़की है, वह यों बिगड़ी जा रही है। बिगड़ जाएगी तो फिर कौन सँभालेगा? उन्हीं के सिर तो सब पड़ेगा। सो वह भी औरों की तरह फिकर करना छोड़ बैठें, तो कैसे चले। उनकी और सुनंदा की कहासुनी इस बात पर अकसर हो जाती है।

बिट्टी की बुआ कहती है, "अरी, क्यों उसे धमकाया करती है, आखिर बच्ची ही तो है।"

वह कहती हैं, "जीजी, बच्ची तो है, पर लाड़ बखत-बखत का होता है। लाड़ क्या मैं करना नहीं जानती? पर उमर होती है और काम के बखत का लाड़ बिगाड़ ही करता है। और जीजी, काम से आदमी बनता है, लाड़ से तो कोई बनता नहीं है।"

ऐसे समय नए कपड़ों को मैला बनाकर, नूनी यदि आ पहुँचती तो अम्मा उसको कहतीं, "क्या, फिर खेलने बाहर पहुँच गई थी! अब तू ठीक तरह पढ़ेगी नहीं? अच्छी बात है।"

और उनकी मुद्रा को देखकर नूनी बुआ की गोद के पास सरक जाती और बुआ उसे गोद में दुबका लेतीं।

उस समय, 'नहीं जीजी, यह नहीं होगा।' कहतीं और नूनी को उस गोद को से खींचती हुई वह ले जातीं। उसे रुलातीं और फिर अपनी गोद में लेकर तभी मँगवाकर मीठी-मीठी बर्फी खिलातीं।

उनके पेट की कन्या है, पर दुनिया बुरी है। उसने पढ़ना-लिखना जैसी भी चीज अपने बीच में पैदा कर रखी है। और उसी दुनिया में मास्टर लोग भी हैं, जो डंडा दिखाकर बच्चों को पढ़ा देंगे और आपसे रुपया लेकर पेट पाल लेंगे। और उसी दुनिया में एक चीज है प्रतिष्ठा। और भी इसी तरह की बहुत सी चीजें हैं। और फिर है ब्याह, जिसमें एक सास मिलती है और एक ससुर मिलता है।

वह माँ हैं और उसके पेट की कन्या है। पर इस दुनिया को लेकर वह झंझट में पड़ जाती हैं। तभी नूनी को थप्पड़ मारकर अपनी गोदी से दूर करके कहती हैं, "पढ़!"

और नूनी रोती है और पढ़ नहीं सकती।

और माँ कहती है, "कमबख्त, पढ़।"

तब लड़की के पढ़ उठने से ही गुजारा होता है। या माँ के जी में आँसू की भाप सी उठ आने पर भी गुजारा हो जाता है। तब वह कहती हैं, "मास्टरजी, इसे तसवीर वाला सबक पढ़ाना। और मास्टरजी, इसके मन के मुताबिक पढ़ाना···।"

और फिर नूनी की ओर जो देखती हैं तो कहती हैं, "अच्छा मास्टरजी, आज छुट्टी सही। जरा कल जल्दी आ जाना।"

माँ तो माँ है, पर लड़की तो सदा लड़की बनी रहेगी नहीं। माँ के मन में यही बात उठकर दर्द दे रही है। आज तो लड़की है, पर एक कल भी तो आ पहुँचने वाला है, जब उसका ब्याह होगा, चाल पूछेंगे, कितना पढ़ी है, क्या जानती है। तब उनके सामने यह बात किस तरह कहने लायक हो सकेगी कि मेरे बड़े दुलार की है, बड़े प्यार से मैंने पाली है। तब तो खोजकर यही कहना होगा कि खूब काम सीखा है और उस मास्टर से इतना पढ़ी है और वहाँ से यह पास किया है। उस कल के दिन आने पर चुप नहीं रह जाए, बल्कि बहुत-कुछ उस रोज कहने के लिए उसके पास जमा हो—इसी के प्रबंध में तो वह है। वह माँ तो हैं; पर यह भी कैसे भूलें कि इसलिए हैं कि किसी अजनबी पाए और उसे अपनी लड़का सौंप डाले। यह जिम्मेदारी, वह बहुत कम क्षण भूल पाती हैं।

मैं लिख रहा था। उन्होंने आकर कहा, "तुम तो देखते नहीं हो और नूनी यों ही रह जाएगी। पढ़ने-लिखने में उसका चित्त नहीं है और तुम घर से वैरागी बने हो। क्यों नहीं बुलाकर उसे जरा कुछ कहते?"

मैंने कहा, "अभी छह बरस की ही तो है।"

"यों ही बीस बरस की भी हो जाएगी।"

मैंने हँसकर कहा, "यों ही तो बीस बरस की कैसे हो जाएगी? चौदह बरस बीच के काट लेगी, तब होगी।"

"तुम तो यों ही कहते हो। मैं कहती हूँ, नेक उसका ख्याल भी रख लिया करोगे तो कुछ तुम्हारा बिगड़ नहीं जाएगा।"

मैंने कहा, "अच्छी बात है।"

"अच्छी बात नहीं है।"

मैंने कहा, "अच्छा, अच्छी बात नहीं है।"

होते-होते वह सचमुच बिगड़ने सी लगीं।

मैंने कहा, "तुम उसे नूनी फिर क्यों कहती हो? नाम तो उसका सुनयना है। नूनी बनकर वह खिलवाड़ नहीं छोड़ सकती। और तुम कहना चाहती उसे नूनी ही, फिर चाहती हो, खेलना छोड़ दे, अर्थात् नूनी रहना छोड़ दे। तुम उसे नूनी रखना छोड़ दो, वह भी आप छोड़ देगी।"

"हाँ, मैं सुनयना नहीं और कुछ कहूँगी! तुम्हारी मत कैसी है कि उलटे मुझे ही कहते हो, यह नहीं कि उसे नेक बुलाकर समझा देते।"

मैंने कहा, "अच्छा-अच्छा, तुम चाहती क्या हो?"

उन्होंने कहा, "मैं पाठशाला तो भेजना नहीं चाहती। अध्यापिका सब ऐसी ही होती हैं, बच्चे का नेक ख्याल नहीं रखतीं। और धमकावें मारें भी, इसका क्या ठीक है। नहीं, बच्चे को मैं आँख से ओझल नहीं करूँगी। पर एक पढ़ानेवाली और लगा दो। घर पर पूरे पाँच घंटे उसे पढ़ाना चाहिए।"

मैंने कहा, "पाँच घंटे!"

"तुम्हारा बस हो, तुम सारी उमर उसे खेलने दो।"

मैंने कहा, "पाँच घंटे बहुत होते हैं। एक घंटा पढ़ लेना बहुत काफी है। यों अभी जरूरी वह भी नहीं है।"

"तुम्हारे लेखे जरूरी कुछ नहीं है। सिर तो मेरे बीतती है।"

मैंने कहा, "अच्छी बात है, एक घंटा में पढ़ा दिया करूँगा।"

"तुम पढ़ाकर रखोगे? यह होता तो दिन ही अच्छे न होते।"

मैंने कहा, "समझो, अब दिन अच्छे आ गए। मैं पढ़ाऊँगा।"

"पढ़ाना, कहीं तमाशा करो!"

"जैसे पढ़ाऊँगा। पढ़ा दूँगा। यह काम तो मेरे ऊपर रहने दो।"

वह आश्वस्त और प्रसन्न होकर बोलीं, "अच्छी बात है। मैं देख लिया करूँगी।"

और वह चली गईं और मैं अपने काम में लग गया।

पर कुछ ही देर में वह लौट आईं। मेरे सामने के कागजों को सरका देकर मेज के पास आ खड़ी हो रहीं। जिज्ञासा भाव से मैं उनकी ओर देखकर रह गया।

बोलीं, "तुम नाराज तो नहीं हो गए? देखो, नाराज मत होना। मैं क्या करूँ? मेरा मन कहता है, बिट्टन को खूब पढ़ाना चाहिए और खूब अच्छा बनाना चाहिए। इसी से मैं कहती हूँ।"

मैंने कहा, "ठीक तो है।"

"...मेरे मन बिथा बड़ी होती है। तुम जानो उसका ब्याह भी होगा। इसी से मैं इतना कहा करती हूँ।"

मैंने कहा, "ठीक तो है।"

और सोचा, लड़की को ब्याह देने के वक्त की व्यथा को इतने साल दूर से खींच लाकर अपने मन में आज ही प्रत्यक्ष अनुभव कर उठनेवाला स्त्री-माता का हृदय कैसा है?

2

सवेरे-ही-सवेरे कोलाहल सुन पड़ा। जान पड़ता है, यह हो-हल्ला फिर नूनी का लेकर ही है। नूनी नहीं होती घर में, तब सब चुपचाप अपने-अपने में हो रहते हैं, मानो उन्हें अपने काम से और अपने निज से ही मतलब है; एक-दूसरे से कुछ मतलब शेष नहीं रह गया। नूनी न हो बीच में, तो हम दोनों तक को आपस में बात करने के लिए विषय का अभाव सा लगता है। नूनी को लेकर आपस में बोल लेते हैं, झगड़ लेते हैं, मिल लेते हैं। इस तरह खाली से हम नहीं रहते। दिन भरे से हुए से बीत जाते हैं।

सुना, कहा जा रहा है, "तो नहीं पिएगी तू दूध?"

"नहीं पीते।"

"नहीं पीती?"

"हम नहीं पीएँगे!"

"देख लो, जीजी, यह तुम्हारी बेटीजी दूध पीती नहीं हैं।"

यह जोर से कहा गया।

और दूर चौके से नूनी की बुआ ने कहा, "दूध पी ले बेटी। कैसी रानी मेरी बेटी है।"

रानी बेटी ने कहा, "हमें रोज-रोज दूध अच्छा नहीं लगता।"

नूनी की माँ ने कहा, "रोज-रोज खेलना तो बड़ा अच्छा लगता है!"

बुआ ने चौके से आते हुए कहा, "पी ले बेटी, फिर खेलना।" और अपनी ही भौजाई को कहा, "बच्चे को नेक प्यार से कहो, सब मान जाएगा।"

"प्यार से नहीं, मैं तो बड़े गुस्से से कहती हूँ। लड़की इसी से तो मुँह चढ़ी है।"

बुआ ने कहा, "पी बेटा, पी!"

मैं अपने कमरे में बैठकर यह सुनने लगा। मेरी बहन चली गई और लड़की ने शायद दूध पीना आरंभ कर दिया।

इतने में नीचे से पड़ोसी के लड़के हरिया ने आवाज दी, "नूनी, ओ नूनी!"

नूनी ने कहा, "आई!"

नूनी की माँ ने कहा, "पहले दूध पी (और कहा) हरी, वह नहीं आएगी।"

हरिया ने जोर से कहा, "नूनी, अरी आई नहीं।"

इतने में मैंने सुना कि बच्चों को कड़ी ताकीद में रखने की उपयोगिता के संबंध में भाषण आरंभ हो गया है, जिसमें श्रोता वर्ग में केवल बालकों के पिता लोग ही जान पड़ते हैं। और मेज पर शायद एक बाल-मूर्ति भी है, जिसको भलीभाँति डाँट-डपटकर और मार-पीटकर भाषण, सामने-के-सामने, सोदाहरण परिपुष्ट किया जा रहा है।

मैं समझा गया, नूनी अनुशासन की मर्यादा को, हरिया की बाँसुरी की सी आवाज पर, तोड़-ताड़कर अपने शिशु-अभिसार को संपन्न करने के लिए भाग छूटी है। और मैंने जान लिया, अपने विक्षोभ को खर्च कर डालकर स्वस्थ हो जाने के लिए, विवाद मोल लेने को मेरी पत्नी अब फिर बहन के पास पहुँच गई है। और जो वहाँ होना आरंभ हो गया, उसकी स्पष्ट ध्वनि भी मेरे कानों पर आकर थप्पड़ों सी बजने लगी!

मैं उस ओर से उदासीन होकर बाहर छज्जे पर आ गया और गली देखने लगा।

नीचे देखता हूँ, इस चौबीसों घंटे चलनेवाली पत्थर की गली को तो ये बालक लोग भरा समंदर बना बैठे हैं और इस समंदर में अकेली खड़ी हुई नूनी नाम की मछली झुककर अपने टखने छूकर कह रही है, "इत्ता।"

पर मुझे तो कुछ भी मालूम न था। मछली का नाम नूनी तो नहीं है, गोपीचंद है। और हरिया के साथ पाँच-सात जन मिलकर, किनारे खड़े-खड़े कह रहे हैं—

"गोपीचंदर, भरा समंदर।
बोल मेरी मच्छी, कित्ता पानी?"

और गोपीचंदर जैसे सुंदर नाम वालो मीन अबके घुटनों तक ही झुक सकती है, क्योंकि समुद्र इस बीच घुटनों तक बढ़ आया है और बतलाती है, "इत्ता!"

समुद्र क्षण-क्षण बढ़ रहा है और उस मछली के मन को चौकसी रही है। वह देखो, जो अबके गाकर और चिल्लाकर पूछा गया है, "कित्ता?" तो वह दोनों हाथों को कटि पर रखकर, एक ठुमकी लगाकर बतला रही है, "इत्ता।" हाय-हाय देखो उस बेचारी के कटि तक समुद्र का पानी आ गया है। वह सिर तक डूबने को होती जा रही है।

और मुसाफिर भाई, तुम बेखटके इस गली में से निकलते चले जाओ। तुम्हारे लिए रोक-टोक नहीं है। पानी तुम्हें नहीं छुएगा। किनारे खड़े ये जो ऊधम करते हुए लड़के-लड़कियाँ हैं, कैसे ये अब शरारत करके समंदर पर हमला करनेवाले हो रहे हैं और गोपीचंदर नाम की अकेली मछली ही अपने राज्य की रक्षा करने के लिए कटिबद्ध हुई गली के बीच में खड़ी है। मुसाफिर, तुम झट से निकलते हुए चले जाओ, नहीं तो ये लोग

समंदर में घुस पड़ेंगे, तब वह कुछ नहीं जानेगी, एकाध को जरूर पकड़ लेगी और तब उसे उसी की तरह गोपीचंदर नाम की मछली बनकर समंदर में रहकर पहरा देना होगा।

और उनको भी तो देखो। कैसे उल्लसित बाट देख रहे हैं कि पानी उस समंदर की रानी के कान तक आया नहीं कि वे हुकूमत किस धूमधाम अवज्ञा करके समंदर में घुस पड़ेंगे और जोर-शोर से मल-मलकर नहा डालेंगे।

पर मत समझो, रानी चौकन्नी नहीं है। उसके राज्य में पैर रखकर देखो तो? वह एक-एक को ऐसा पकड़ती है कि—हाँ।

सबने पूछा, "मच्छी-मच्छ, कित्ता पानी?"

मच्छी रानी एकदम अपने दोनों तरफ देखती हुई सतर्क हो रही। वह सबको खूब अच्छी तरह ताड़ रही है।

उसने कान तक हाथ बढ़ाया, कहा, "इत्ता।"

और सब धम्म-धम्म गली के पत्थर पर कूदकर बदन मलते हुए नहाने लगे। मच्छी रानी हँसती हुई इन चारों को पकड़ने के लिए दौड़ने लगी।

वह पास आती कि नहानेवाले उछलकर किनारे रहते। बेचारी मछली, पानी छोड़, किनारे की खुश्की पर कैसे पैर रख सकती।

पर सामने को दौड़नेवाली होकर जो एकदम मुड़कर पीछे लपकी कि एक कुरते का छोर मुट्ठी में आ गया। रानी चिल्लाई, "पकड़ लिया।" और हँसती हुई हाँफने लगी।

श्री हरिश्चंद्र इस चोर-कार्य में युक्त पकड़े गए। और पकड़े जाकर वे भी निर्लज्ज हो हँसने लगे।

नौकर ने नूनी का हाथ पकड़कर कहा, "चलो, बहूजी बुलाती हैं।"

नूनी ने हाथ छुड़ाकर कहा, "नहीं जाते।"

नौकर ने छुटा हुआ हाथ जोर से पकड़ लिया।

वह मचल पड़ी, "हम नहीं जाएँगे, नहीं जाएँगे।"

खेल भंग हो गया।

मैंने ऊपर से कहा, "छोड़ दो।"

नौकर छोड़कर चला गया।

मैं अपनी मेज पर आ गया।

खेल फिर अवश्य आरंभ हो गया होगा।

बहूजी ने पूछा, "कहाँ है?"

नौकर ने कहा, "आती नहीं।"

बहूजी ने पूछा, "इसलिए तुझे भेजा था? कहे, आती नहीं?"

नौकर, "बाबूजी ने मना कर दिया।"

"कौन बाबूजी?"

नौकर की कुछ आवाज न आई।

"बाबूजी कौन होते हैं! तुझसे मैंने कहा था या और किसी ने कहा था? चल, ला उसे।"

नौकर बाहर आया और मैंने छज्जे पर पहुँचकर फिर कह दिया, "रहने दो, छोड़ दो।"

लड़की सहमी और फिर खेलने लगी।

नौकर ने मेरी ओर देखा, "बाबूजी!"

मैंने कहा, "तुम जाओ, कुछ बात नहीं।"

नौकर लौटकर आ गया। उसकी बात बहूजी ने चुपचाप सुन ली। कुछ भी उन्होंने नहीं कहा। उन्हीं कपड़ों में बाहर आईं, रोती-पीटती नूनी को खचेड़ती ले चलीं।

भीतर आकर बोलीं, "तेरे बाबूजी अब आकर रोकें न मुझको।"

मैंने सुन लिया और मैं कमरे से निकलकर उनके सामने नहीं जा पहुँच सका। नूनी को एक कोठरी में मूँद दिया गया।

3

मूँद तो दिया गया, पर मूँदा रहने दिया जाता कैसे? क्योंकि माँ ने बेटी को मूँदा था। और क्या मैं जानता नहीं कि इस बीच वह माँ रो भी ली खूब? मैंने खाना न खाया और शाम को भी न खाया।

वह क्या गजब किया मैंने?

क्योंकि जब मैंने कहा, "मैंने लड़की का एक घंटा पढ़ाने को लिया है। मेरी यही पढ़ाई है। अब तुम इसमें दखल देने नहीं पाओगी। तब उसने आँसुओं से सबकुछ, सबकुछ स्वीकार कर लिया।"

पर चौथे रोज वह मायके चल दीं।

4

वह आ गई हैं और मेरी बात सब झूठ मान लेती हैं।

पर हाल वही है। क्योंकि लड़की को पढ़ना है और पिटकर दुबली होगी तो डॉक्टर है और डॉक्टर के लिए पैसा है, पर लड़की को पढ़ना है।

मैं कहता हूँ, "अच्छा, बाबा!"

और अकेले मैं नूनी से मच्छी-मच्छी खेलना चाहता हूँ। और नूनी खेलती नहीं, मुझसे किताब के माने पूछती है।

□□□